本书由安徽师范大学学术著作出版基金资助出版

当代句法理论与英汉句法结构研究

DANGDAI JUFA LILUN YU YINGHAN JUFA JIEGOU YANJIU

张孝荣◎著

安徽师范大学出版社
ANHUI NORMAL UNIVERSITY PRESS
·芜湖·

图书在版编目(CIP)数据

当代句法理论与英汉句法结构研究 / 张孝荣著 .— 芜湖:安徽师范大学出版社,2022.8
ISBN 978-7-5676-5770-0

Ⅰ.①当… Ⅱ.①张… Ⅲ.①英语-句法结构-对比研究-汉语 Ⅳ.①H314.3②H146.3

中国版本图书馆CIP数据核字(2022)第110396号

当代句法理论与英汉句法结构研究　　　张孝荣◎著

责任编辑:吴　琼　　　责任校对:李克非　李　婧
装帧设计:王晴晴　汤彬彬　　责任印制:桑国磊
出版发行:安徽师范大学出版社
　　　　芜湖市北京东路1号安徽师范大学赭山校区
网　　址:http://www.ahnupress.com/
发 行 部:0553-3883578　5910327　5910310(传真)
印　　刷:苏州市古得堡数码印刷有限公司
版　　次:2022年8月第1版
印　　次:2022年8月第1次印刷
规　　格:700 mm × 1000 mm　1/16
印　　张:15.5
字　　数:223千字
书　　号:ISBN 978-7-5676-5770-0
定　　价:46.00元

自　序

自学习语言学伊始，我们都会知道形式派和功能派作为两大主要流派在语言研究中的区分和对立。很多人在进行选择时，在同等条件下，都会考虑功能的视角，因为这可能更贴切中国人的基本思维，也更为有趣，更容易接受。很多人会认为，形式语言学研究较为晦涩，概念复杂，内容抽象，难以掌握，不好应用。

我刚开始接触语言学以及刚开始攻读硕士学位时，也是持有这种功能优于形式的想法。但是，当我在阅读过 Andrew Radford 所撰写的两本生成句法学著作后，我感觉找到了我想要追寻的学术方向和学术道路。生成句法学采用科学的、形式化的方法研究语法结构，同时兼顾词汇研究，语音研究以及语义研究。因此，它不仅是一个句法理论，也是一个语言学理论。采用这一理论研究汉外语言，能够带来诸多收获。自此，我笃定了生成语言学的研究方向，并一直坚持到现在。

生成语法中的一个重要操作是移位，移位可以分为非论元移位、论元移位以及中心语移位。在英汉两种语言中，涉及非论元移位以及论元移位的句法结构相对较多，提供了英汉对比研究的重要土壤。我的学术之路从优选论出发，将优选论应用于句法研究，探讨了基本语序、多元算子移位、话题结构等多种句法构式。在关注到话题结构后，我开始系统探讨英汉话题结构的类型以及生成语法对于话题结构的诠释。因为话题结构涉及非论元移位，这使得我对非论元移位以及移位的局域性有了较为深刻的把握。在接触到控制结构后，我开始从控制的移位理论出发，探讨不同控制结构类型以及控制的移位分析法。我发现与经典的控制式移位分析法相比，存活理论可以有效地规避移位分析法应用于控制结构时的不足，体现出较好的优越性。控制结构中的移位属于论元移位，论元移位中的局域性条件同样会产生作用。综合非论元移位以及论元移位，我申报了国家社科基金项目，并成功获得立项，项目的最终成果《英汉位移现象的句法研究》于2017年在南京大学出版社出版。

移位涉及移位的起始位置，移位的目标位置，移位的方式，移位的理据等问题。另外一个重要的问题是移位可能发生，也可能不发生。禁止进行移位的句法结构就会涉及移位的阻隔效应问题，而阻隔效应正是目前我在努力研究的课题。阻隔效应在不同语言中的体现，强势阻隔效应以及弱势阻隔效应的运作机制，阻隔效应的放行机制等都是极具意义的研究课题。

一个人的学术之路需要引路人的指导，需要有缘人的支持，需要朋辈学人的鼓励。我有幸在学术之路上受到那么多人的帮助和指导，使我在追求学术的过程中始终满怀激情，不断求索。一个人在学术上的成功不可能一蹴而就，而是需要不断的积累，从一开始的一篇小文章、一个小课题出发，不断进步提高，内容越来越丰富，研究的深度和广度得以不断拓展，取得的成果的质量也就越来越高。

有人说，学术之路是枯燥的，是压抑的，需要无穷的耐心和坚守。我感觉并非总是如此，无论是在南开大学攻读硕士学位，还是在广东外语外贸大学攻读博士学位，我总觉得每次翻开生成语法的文献时，总是能够感到颇有乐趣，有所收获。有了这份趣味感和获得感，个人所追寻的学术之路肯定不会太枯燥，也不会过于压抑。

兴趣，努力，坚持，收获，再努力，再坚持，再收获，做任何事情，想要快乐多一点，成功多一点，可能都离不开这些基本元素。所以，今后我还将继续坚持，持续努力，期待更多的收获。

张孝荣

二〇二二年一月

目 录

第一章　绪　论

第一节　句法理论概述

语言有诸多单位，如音素、音位、音节、词素、词、短语、小句[①]、句子以及语篇。这些语言单位从小到大，逐次排列。根据研究对象所涉及的不同语言单位，语言学可以分为语音学、音系学、形态学、句法学、语义学、语用学以及篇章语言学等不同子学科。其中，句法学主要关注的是短语、小句以及句子的内部结构及其建构规则。可以说，句法结构研究一直是语言研究的重要分支，历来受到语言学家们的重视。其研究对象不仅涉及句法本身，还关注句法-音系、句法-韵律、句法-词库、句法-语义、句法-语用以及句法-篇章等多种不同的接口研究。研究范式主要包括结构主义研究模式、形式主义研究模式、功能主义研究模式、社会文化模式、批评话语模式以及认知模式等，体现出微观视角和宏观视角的差异。句法学的研究课题和理论基础的变迁在一定程度上可以反映出语言研究理念和范式的变化，成为语言研究发展和进步的重要标志。

① 这里的小句对应的是英文中的 clause，而非 small clause（如 He considers me stupid）。英文中的 clause 和 small clause 有时候都可以译成小句。为了避免歧义，某些学者将 clause 译成“小句”，将 small clause 译成“小小句”。

研究句法学可以使用多种理论范式，Carnie，Sato & Siddiqi（2014）编著的《句法学手册》中除了主要阐述转换生成语法（transformational generative grammar）这一理论之外，还介绍了中心语驱动短语结构语法（head-driven phrase structure grammar）、词汇功能语法（lexical-functional grammar）、角色参照语法（role and reference grammar）、依存语法（dependency grammar）、功能话语语法（functional discourse grammar）、构式语法（construction grammar）以及范畴语法（categorial grammar）等理论。不可否认的是，转换生成语法从过去到现在一直是句法研究的主流范式，关注这一理论的学者数量最多，影响力也最大。基于这一原因，本书所述的当代句法理论主要指的是转换生成语法理论。转换生成语法也被称为转换语法（transformational grammar）或者生成语法（generative grammar），该理论的主要创始者和推动者为Noam Chomsky，他撰写的主要著作成为研究转换生成语法理论的必读书目。在不同的发展阶段，Chomsky对自己的理论模型进行过大刀阔斧的改革，从而推动生成语法理论经历了多个发展时期，生成语法理论具体的操作手段和模型架构发生过比较大的变化。虽然存在让人感觉变化过快、存在自我否定之嫌疑，但是不得不承认的是，每一个阶段的变化都促使人们更为深入地了解语言现象的本质，持续探索语言机制的基本属性，从而推动语言研究的稳步发展，丰富句法理论的深入建构。

从宏观的学科归属上来看，Chomsky曾经将转换生成语法归类为认知科学的一个分支，主要将人类语言作为一个重要的能力（capacity）加以探索。但是，近些年来，他的观点发生了一定改变，他明确指出转换生成语法应隶属于生物语言学（biolinguistics）（Lenneberg 1967；Jenkins 2000；Boeckx & Grohmann 2013）。从语言学的角度来看，一般而言，转换生成语法被归入句法学的研究范畴。生成语法理论在不同的阶段使用过多个理论模型，以管辖约束理论[①]（Government and Binding Theory）和最简方案（Minimalist Program）为例，它们的理论模型可以通过下图加

① 又称“管约论”。

以展示（Chomsky 1981，1985；Haegeman 1994；Hornstein, Nunes & Grohmann 2005）。

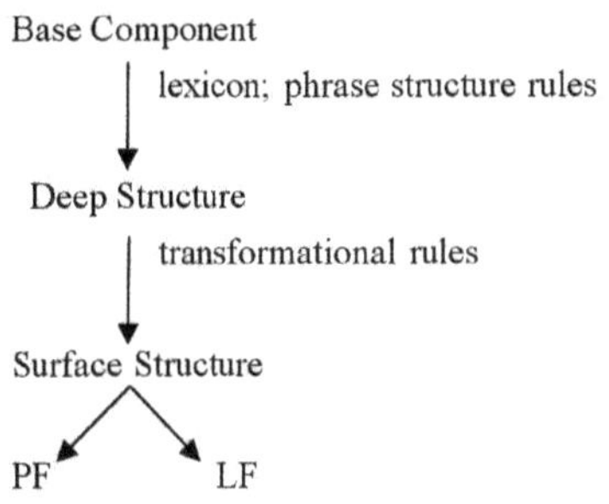

图1-1　Government and Binding Theory

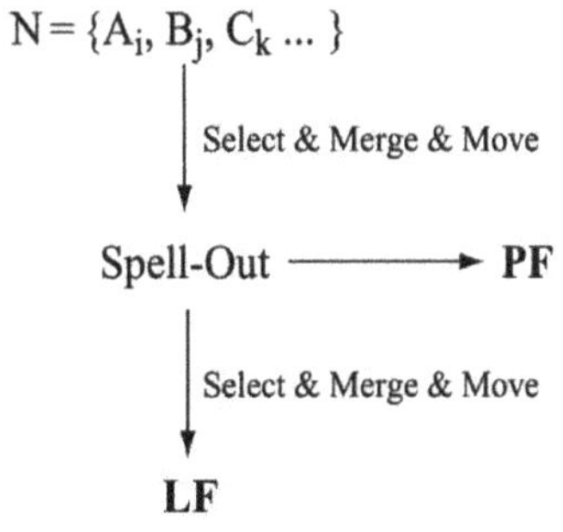

图1-2　Minimalist Program

观察上述两图可以发现，无论是管约论时期的理论模型，还是最简方案时期的理论模型，转换生成语法既要考虑句法操作，也要关注句法结构式的语音实现和语义表达。因此可以说，转换生成语法并非一个单纯的句法理论，而应该是一个具有代表性的语言理论。转换生成语法不仅关注句法结构研究本身，还需要考虑句法和语音以及语义的接口研究，甚至可以讨论句法和语用以及信息结构的接口关系。

无论转换生成语法理论的理论模型如何变迁，它的研究目标以及核心理念从未发生改变，从而体现出这一理论一致性的学术追求和发展道路。从研究目标来看，该理论一直致力于回答以下五个问题：第一，语言知识是由什么内容构成的？第二，语言知识是如何习得的？第三，语言知识是如何使用的？第四，语言知识对应的人脑机制是什么？第五，语言知识是如何进化的？这五个问题被称为"生成语法五问"（Jenkins 2000），始终贯穿于转换生成语法研究的各个阶段，成为推进转换生成语法理论模型变革的主要动力。早期的理论模型主要关注的是前三个问题，而近期的研究则更多的讨论第四个和第五个问题，从而促进了语言研究更为深入的发展。近些年来，对于上述问题的探讨，对生物语言学、进化语言学等学科的发展同样起到了重要的推动作用。

从核心理念来看，生成语法秉承的内在论假设（Innateness

Hypothesis）（Chomsky 1985；2006；2012）认为人类第一语言习得的过程受到人脑中语言机制（Language Faculty）的制约，从而使得儿童能够在语言体验的基础上成功习得第一语言的语法。语言机制为人类所独有，从而使语言作为人类所独有的物种属性，体现出与一般动物的差别。人类第一语言习得的过程有两个重要特征，即第一语言习得的一致性（uniformity）和快速性（rapidity），这是之前任何语言理论所无法解释的。从历史渊源来看，人类第一语言习惯中输入-输出的不对称现象自古希腊以来一直悬而未决，成为困扰语言学家乃至哲学家们的历史性难题，因这一不对称现象首先由柏拉图谈起，因而被命名为“柏拉图问题”，Chomsky 则将之表述为刺激的贫乏论（poverty of the stimulus）。内在论假设中的语言机制主要通过普遍语法（Universal Grammar）理论来进行阐释，以便刻画人类所独有的内在性语言（I-language）。普遍语法理论构成了转换生成语法理论的核心理念，对于普遍语法的研究是转换生成语法理论各个发展阶段所体现的共有特征。在几十年的发展历程中，生成语法理论通过普遍语法来不断尝试为刺激贫乏论和“柏拉图问题”找到更为合理的解决方案。

本书的主要理论基础为 Chomsky 所提出的原则和参数理论（如 Chomsky 1981；1986；1995；2001；2005；2008；2013），特别是 20 世纪 90 年代后提出的最简方案（Chomsky 1995）。除了这一理论，作为生成语法的重要组成部分，优选句法也是本书所选择的另外一个重要的理论基础。这一理论来源于优选论（optimality theory，简称 OT）（Prince & Smolensky 1993/2004；McCarthy 2002，2008）。该理论肇始于音系研究，之后扩展到句法研究领域（Grimshaw 1997；Barbosa *et al*. 1998；Legendre, Grimshaw & Vikner 2001；Legendre *et al*. 2016）。与原则和参数理论不同，优选句法认为普遍语法原则是可以违反的，语言之间的类型学差异来源于普遍性制约条件之间不同等级排列的选择。该理论采用平行处理的模式，一次性进行候选项的遴选，而不涉及串行推导。制约条件主要有两类，一类为标记性制约条件，另一类为忠实性制约条件，两者相互矛盾，对立统一，不同制约条件的排序构成了不同语言中具体参数选择的个性特征，体现出人类句法的共性和个性。原则和参数理论以及优选句法理论同属于生成语法理论，但是两者存在异同。通过这个理论基础的选择，可以为句法研究提供新的视角，展现对比研究的魅力。

转换生成语法的发展需要领军人物，同时需要更多不同背景学者的参与，特别是需要来自不同国家，使用不同语言的研究者的共同努力，从多种语言的角度出发，不断思考、修正、补充普遍语法的内容，从而达到完善普遍语法理论的目的。在目前转换生成语法研究中，以英语作为语料的研究数量最大，影响也最深。需要强调的是，在众多人类语言中，汉语作为使用人口最多的语言，在生成语法研究的探讨中，绝对拥有不可或缺的重要地位。自Huang（1982）以来，国内和国外诸多学者从汉语语料出发，或使用生成语法理论探索汉语语言的句法特征和生成机制，或通过汉语的具体语料反思生成语法的理论内容，或通过生成语法的理论框架进行英汉、汉外对比，或使用生成语法理论进行方言研究或者历时句法研究。可以说，汉语句法学是当前生成语法理论研究的重要组成部分，对生成语法理论的发展作出了重要贡献。

从研究方法来看，早期的语言研究主要是规定性的，通过特定规则的指定和约束统一语言使用的模式，完善语言使用的标准。进入20世纪以来，特别是在描写主义盛行之后，对于语言现象的客观呈现、分类、描写成为语言研究的主流范式。生成语法理论的重心并不仅仅在于对现实语料的写实性刻画，而是要追求语言现象背后的理据，从而达到解释性的高度。这也正是Chomsky（1965）提出句法理论可以分为观察充分性语法、描写充分性语法以及解释充分性语法的主要原因之一。可以说，生成语法理论强调对于语料的描写，但是更加注重对于语言事实的分析和解释，它具有鲜明的解释性特征。

本书的主要目的是通过当代句法理论，特别是原则和参数理论以及优选句法理论探讨英汉语中的句法结构，通过英汉对比的视角，更为详实地了解和把握英汉句法结构的内在机制和特点，并同时解释这一机制和特点产生的深层次动因，这也正是本书命名为《当代句法理论与英汉句法结构研究》的主要动因。

第二节　章节安排

本书共有六个章节，除第一章绪论和第六章结语外，其余四章为核心章节。各章节的主要内容为：

第二章：生成语法中的句法理论。介绍生成语法理论在最简方案时期的主要句法推导理论以及优选句法理论。在生成语法理论中，重点关注语段推导模式、反局域推导模式以及存活式推导模式。优选句法理论则主要阐述优选句法的基本理念、工作机制以及运用实例。本章也将对生成语法理论和优选句法理论做简要比较。

第三章：话题结构的句法分析。主要从一般话题结构、悬垂话题结构、宾语前置结构、“连”字结构以及重动结构讨论英汉话题结构的句法特点和生成过程，同时关注话题结构的线性化问题。

第四章：控制结构的句法分析。主要分析英汉语中不同类型的控制结构。通过强制控制结构、疑问词不定式控制结构、部分控制结构以及兼语结构讨论英汉控制结构的句法特点和生成过程。

第五章：句法结构的优选分析。通过多种语言中基本语序设定、话题结构生成、多元疑问算子移位以及句法可选性现象讨论平行制约条件下句法结构的特征和生成。通过与最简句法模式的比较，突出优选句法模式的特点和优势。

本书的主要意义可以归结为以下三点：

第一，通过具体语言结构的考察讨论不同句法理论以及句法推导模式的优劣，对当代句法理论的构建进行积极思考，并提出有效建议，促进句法理论的不断丰富、完善以及可持续性发展。

第二，使用当代句法理论研究英汉语中具体的句法结构，厘清不同句法结构之间的深层次句法特征以及句法、语义、语用等不同语言模块之间的互动关系。

第三，通过英汉对比以及类型学考察的方式描写英汉语中不同语言结构式之间的共性和个性，丰富汉外对比的研究内容。

本书主要章节中的内容曾在国内期刊发表过，各章节的题目和内容在收录至本书时经过一定的调整，原文发表时的具体信息如下（根据文中章节出现的顺序排列）：

1.《汉语话题结构中的移位研究》，发表于《安徽理工大学学报》（社会科学版）2009年第2期。

2.《宾语前置结构的句法分析》，发表于《南开语言学刊》2010年第2期。

3.《最简方案下“连”字句的结构和推导》，发表于《暨南大学华文学院学报》2009年第3期。

4.《重动句的句法结构及其生成研究》，发表于《解放军外国语学院学报》2017年第2期。

5.《悬垂话题句的线性化研究》，发表于《南京理工大学学报》（社会科学版）2009年第3期。

6.《英汉语话题结构中的阻隔效应》，发表于《安徽师范大学学报》（人文社会科学版）2018年第3期。

7.《控制的合并式分析法》，发表于《外国语》2014年第2期。

8.《英汉疑问词不定式结构中的控制分析》，发表于《解放军外国语学院学报》2014年第3期。与何晓炜（广东外语外贸大学）合著。

9.《英汉语部分控制句的移位分析》，发表于《解放军外国语学院学报》2013年第5期。

10.《现代汉语兼语句中的控制再研究》，发表于《外语教学与研究》2014年第5期。与张庆文（广东外语外贸大学）合著。

11.《话语因素影响下SVO基本语序的优选分析》，发表于《外国语言文学》2007年第3期。

12.《汉语话题结构及其优选分析》，发表于《安徽师范大学学报》（人文社会科学版）2009年第3期。

13.《OT语法下多元疑问算子移位的类型学视野》，发表于《北京第二外国语学院学报》2010年第10期。

14.《可选性现象的优选方案研究》，发表于《北京第二外国语学院学报》2009年第4期。

本次收录的论文除了题目、格式和语言表达方面的局部性修改外，主要内容也进行了一定的调整，对于特定的问题和关键要点予以了更为详细的论证，因而呈现出与论文发表时的一些不同。以上发表成果自2007年起始延续至2018年，时间跨度十余年。不可避免的是，文中的行文风格以及语言表述具有一定的风格差异，或者说具有过去一定时期的局限性。

本研究得到了安徽师范大学学术著作出版基金项目“当代句法理论与英汉句法结构研究”（项目编号2020XJ55）的资助，本书为该项目的最终研究成果。

第二章　生成语法中的句法理论

本章所述的生成语法中的句法理论主要指的是Chomsky句法理论以及以优选论为基础的优选句法理论。Chomsky的句法理论涵盖过多个理论模型，其最新阶段为原则和参数理论下的最简方案。在最简方案的框架下，语段理论、反局域理论以及存活理论最为突出，因而成为本章将要讨论的代表性句法理论。本章将呈现这三种理论的基本内容，并对其进行比较，讨论它们在理论构建和语料分析方面的优劣，深入反思最简句法理论构建应该注意的要点。除此之外，本章也将讨论优选句法的内容，分析其基本理念以及运作机制，同时比较最简句法和优选句法的异同。

第一节　最简方案的新思想

生成语法自20世纪50年代以来，历经数个发展时期。[①] Chomsky于1981年出版了《管辖与约束演讲集》（Lectures on Government and

① 生成语法的发展大致可以分为两个时期：标准理论时期和原则参数时期。标准理论时期又可以分成不同的理论发展阶段：以《句法结构》和《句法理论面面观》为代表的标准理论（Standard Theory）、以《深层结构、表层结构及语义说明》和《论转换的条件》为代表的扩充标准理论（Extended Standard Theory）、以及以《论 *Wh*−移位》和《过滤及控制》为代表的修正扩充标准理论（Revised Extended Standard Theory）。可参见石定栩（2007）、徐烈炯（2009）、邓思颖（2010）、蔡维天（2015）、司富珍（2017）等的介绍和说明。

Binding)，这一重要著作标志着生成语法正式进入原则与参数（Principles and Parameters）理论的第一个阶段——管辖与约束（Government and Binding）理论[①]时期。管约论采用多重表征的模式，以多个原则系统灵活组合的模组式结构（modularity）较为合理地解释了儿童第一语言习得过程中体现的一致性（uniformity）与快速性（rapidity）特征。随着研究的不断深入（Chomsky 1982；1986），生成语法的结构模型变得越来越复杂。为解释语言之间的变异，学者们不断提出新的原则并设置多种参数。到了20世纪90年代初，原则与参数的数量已经极为臃肿，无法有效地解释第一语言习得现象。[②]经过系列探索（Chomsky 1993；1995），Chomsky再次对生成语法理论进行大刀阔斧的改革，将生成语法带入原则与参数理论的第二个时期，即最简方案（The Minimalist Program）时期。

在提出最简方案（Chomsky 1993；1995）的基础上，生成语法理论不断得以发展（Chomsky 2000；2001；2004；2005；2007；2008；2013；2015a；2015b；2017），所提出的观点也日趋成熟。在新的最简方案框架中，核心功能语类CFC（core functional category）由标句词C，时态成分T以及轻动词v构成。能够进入运算系统（computational system）的操作只包括合并（Merge）、移位（Move）以及一致（Agree）。移位可以分析为内部合并（Internal Merge），从而隶属为合作操作的一种类型。吸引（Attract）因为与其他句法操作之间的重叠而被剔除，句法操作的手段得

① Chomsky本人多次提出管约论的提法不能反映这一阶段生成语法理论的全貌。因为管辖和约束只是七大模组（题元理论、X-界标理论、格位理论、约束理论、控制理论、管辖理论和界限理论）其中的两个（参见温宾利（2002）、何元建（2011）等的分析）。不可否认的是，这两个模组具有极其重要的地位，如题元的授予、格位的分派、反身代词的约束域，以及大代语PRO的允准等内容都是基于管辖加以定义和统一的。这应该也是Chomsky在1981年将自己的著作命名为《管辖与约束演讲集》的原因之一。

② 另外，不加限制地设置参数也可能造成理论上的问题。一个过多参数和参数设置的理论模型必然造成生成能力过强的后果，从而生成不合格的句子。限制理论模型的生成能力成为生成语法亟待解决的课题，这也是最简方案诞生的动因之一。

以精简。一个完整的句法推导过程包括如下内容：语言L首先从普遍特征F中选择特征［F］，在对特征［F］组合操作的基础上构成词库LEX，从词库中选择词汇序列LA（lexical array），最后将词汇序列映射（map）到句法中生成句法表达式Exp=<PHON, SEM>。[①]至此，语言机制内部的操作宣告结束。为了实现表达式的语音阐释和语义阐释，语言L必须以表层表征的形式向运用系统（performance system）提供信息，从而形成接口（interface）层面。运用系统[②]包括感觉运动系统和思维系统，接口层面之一的PHON负责给感觉运动系统提供指令[③]，而另外一个接口层面SEM则负责为思维系统提供指令。通过这些运用系统，句法表达式形成"声音"和"意义"等概念，成为口头和书面交流的工具。

为了实现表达式的语音和意义内容，句法操作产生的表达式必须得到运用系统的解读，从而满足"可识别性条件"（legibility condition）（Chomsky 2000）。也就是说，句法生成的指令必须为两个接口系统所识别。如果产生正确的识别，表达式的运算就在接口层面获得汇集（converge）；如若不能识别，那么表达式的运算就会在接口崩溃（crash）。只有可解释性特征在接口是可识别的，因而句法操作的一大重要任务就是在句法表达式到达接口前核查并删除句法成分的不可解释性特征。而不可解释性特征成为了诸多句法操作，特别是位移操作的动因。[④]

在提出"可识别行条件"后，最简方案提出了最强命题SMT

① 这样来看，内在性语言（I-language）只能有三个组成部分：狭义句法、语音部分和语义部分。

② 生成语法一直强调语言能力（competence）和语言运用（performance）的差别。在最简方案中，狭义语言机制（Language Faculty in the Narrow Sense）的内容不能包含运用系统，可能只包含递归操作（recursion）（Hauser, Chomsky & Fitch 2002）。

③ 在早期的模式（Chomsky 1995）当中，运用系统两个部分的术语为发音-感知系统（articulatory-perceptual systems）和概念-意向系统（conceptual-intentional systems）。

④ 现在很多学者或多或少地都依赖移位成分的某个不可解释性特征来解释位移现象（displacement），如移位成分的格位特征［Case］和疑问特征［WH］等。

(Strongest Minimalist Thesis)：语言机制是对可识别性条件的一种理想解答。[①] 符合这一最强句法模式的内容必须具有概念必要性，生成语法内部组件得以进一步调整和变革。D-结构和S-结构作为理论内部的组件在最简方案下被删除[②]，其功能转而通过接口表达式加以实现。管辖和约束的概念也不再是原始（primitive）操作，而是通过合并或者移位加以实现。X-界标（X-bar）被摒弃，而采用了简明短语结构BPS（Bare Phrase Structure）[③]加以重新表述。此时的句法模式摆脱了管约论时期所具有的冗余特征，句法操作更为精简，但是基本保持了管约论时期的解释力度，因而更加符合奥卡姆剃刀（Occam's razor）[④]的要求，体现了笛卡尔的科学思想。

Chomsky（2004；2005）再次讨论了人类语言以及语言机制的本质问题。他提出每个个体的第一语言都经由习得过程达成，具有一致性。在语言习得过程中，三种因素互相作用、相互牵制，它们是：第一，习得过程初期积累语言材料时所形成的个人经验。这个经验的形成必须在语言的初始阶段S_0所允许的范围内进行，其选择不外乎S_0所提供的若干可能；第二，作为人类进化过程中的产物S_0，即广为讨论的内部性语言（I-language）或者普遍语法UG；第三，生物系统的普遍性功能。对应这三点，Chomsky总结了语言发展和设计的三大要素：导致变异的外部语料；人类种属具有的一致性基因禀赋；语言机制之外的结构设计和发展制约等认知系统的共享性原则。第三个要素可以细分为不同的类型，如语料分析的基本原则以及经济性运算（efficient computation）等。

① Chomsky(2001)使用的原话是language is an optimal solution to such [legibility] conditions。值得注意的是Chomsky使用了不定冠词an，这意味着最简方案只是一种研究范式和理念，本身可以包含多个理论构建，从而具有开放性的特征。

② 详细论证过程可以参看Hornstein, Nunes & Grohamnn (2005)中的分析。

③ BPS遵循了包含条件(Inclusiveness Condition)，即推导过程不能加入新成分，所有参与句法操作的成分只能来源于词库。

④ 奥卡姆剃刀指的是研究内容和方法中的经济性问题。在同等解释力的条件下，较为简洁的理论模型应该优于其他内容相较冗繁的模型。

早期的生成语法研究主要针对外部语料所体现的一致和变异补充基因禀赋的内容，即不断丰富UG所承载的内容。正是这一做法导致了参数数量的不断增加以及GB理论的持续膨胀。为了避免这一弊端，最简方案提出生成语法研究的重心应该从第二个因素转向第三个因素，即重点讨论UG和人类其他认知系统所共同拥有的原则和特征，从而为UG减负。[①] 为了达到解释性的高度，语言研究应该厘清上述三个元素之间的关系，进一步探索语言系统为何进化成如今的状态，也就是要达到超越解释的充分性（beyond explanatory adequacy）。在近期生成语法的研究中，对于第三种因素的讨论成为生成语法研究的核心内容之一（Hornstein 2009；Gelderen 2017）。为了体现这一思想，Chomsky设计了新的句法推导模式，即语段式推导（Chomsky 2000；2001；2008）来解释人类语言现象以及多样的句法结构。

自Chomsky（2013）以来，Chomsky将研究重点转移到了标符（label）上来，并用标符替换了原先的X-界标句法结构式。Chomsky（2013）一文重新探讨了投射（标符）性，提出了加标法则（Labeling Algorithm），并分析了句法对象的两种加标情形及其具体应用。Chomsky（2015a）修正并完善了Chomsky（2013）提出的标符理论和加标操作方式。Chomsky（2015a）指出，生成语法事业一直致力于追求强式最简命题（Strong Minimalist Thesis），已经实现了对标符、位移、合成性以及语序这些核心句法特性的深入分析和合理解释。Chomsky（2013；2015a）要重点解决的问题是合并所产生的语类是如何合法获得标符的。Chomsky（2015b）一文则回顾了生成语法理论中存在争议的一些核心句法概念，如外化、加标、合并等，并从理论和实证两个方面澄清了学界对这些句法概念的误读。Chomsky的这三篇新作进一步发展和完善了标

① 按照目前的研究结果，UG的内容也许较为贫乏，而不会是管约论时期所提出的包括原则和参数等丰富内容的结构体系。转向研究如何给UG"削权"，重新界定UG和生物系统其他运算机制的关系，定义普遍语法的内容，是目前生成语法的研究热点和争论重点。

符理论以及加标操作方式，推进了最简方案下句法理论的构建研究。

目前语段和加标法则在最简句法中占据重要地位，特别是加标法则，近几年一直是Chomsky关注的研究重点。除此之外，其他多种不同的句法理论，如反局域理论、存活理论等，也在形成和发展之中。句法理论研究呈现出多元化的发展态势。

第二节　语段理论

在最简方案中，句法操作涉及探针（probe）和目标（goal）之间的一致性关系[①]。探针和目标之间必须满足局域性条件，其目的是为了更为快速有效地让探针找到目标，从而进行一致操作。这样一来，语言机制一次只能处理较为有限的内容，并将这些有限的内容和生成的句法结构放置于活跃记忆（active memory）当中（Radford 2009；2016）。为了减轻句法运算的负担，体现最简思想，Chomsky提出了句法推导的语段理论。语段理论保证了句法表达式的推导以尽可能小的单位进行，在进入下一个语段推导过程中时，前一个语段中的部分内容可以被忽略，从而减轻记忆的负担，满足有效信息处理（processing）的要求。

语段理论认为句法从词库中抽取适当的词放置到词汇序列当中，每一个语段只会选择部分内容，即从词汇序列中的子序列（subarray）[②]中抽取。当某一个子序列中的词被穷尽抽取后，语段的推导即可宣告完成。句法推导以语段为单位，逐次进行。语段具有语义、句法以及音韵

① 探针一般位于较高的句法位置，它可以探测处于探针成分统制（c-command）领域的句法成分，即目标。在Chomsky（2005）之前，指定语和中心语都可作为探针，自2005年之后，探针只能由中心语承担。

② 在语段理论下，从词库中选择的词项不再简单是算式库（Numeration）或者词汇序列，而应该按照语段的不同，划分成不同的词汇子序列。这样的界定有利于维护语段的理论地位，也可以维持“合并优于移位”（Merge-over-Move）这一经济性条件（参见何晓炜（2007）以及陆志军、何晓炜（2017））。

方面的明确特征。在语义上，语段为命题性（propositional）内容，包括完整的小句和具有完整论元结构的动词短语。完整的小句包含时态和语力信息，在句法上实现为标句词短语CP。完整的论元结构必须拥有外部论元（承担施事或者历事等题元角色），在句法上实现为轻动词短语vP；在句法上，语段的中心语具有一致关系特征，可以与其他句法成分发生一致操作，并具有将这一特征继承给较低位置上句法投射中心语的能力。另外，语段中心语还可以具有“边界特征”（edge feature），从而诱发句法成分移位，保证句法操作的连续循环性；在音韵方面，语段较为独立，可以自由移位，从而形成分裂句，话题化、焦点化、外置化等多种句法现象（邓思颖 2009）。

为了体现句法操作的局域性，Chomsky提出了语段不可渗透性条件PIC（Phase Impenetrability Condition），即只有位于边界位置的成分（包括语段的中心语、语段的指定语以及语段的附接语）才能受到下一个语段的影响，参与下一个语段的操作，语段的子域（complement domain）则无法参与下一个语段的句法操作。为了满足语段不可渗透性条件PIC的要求，“This movie, Mary likes very much”就必须采用如下的推导模式：

（1）[$_{CP}$ This movie [$_{TP}$ Mary [$_{vP}$ ~~this movie Mary~~ [$_{VP}$ likes ~~this moive~~ very much]]]]

此时，名词短语this movie必须要发生从VP到vP中的移位，然后再移位到CP中，从而满足语段推导的要求。如果vP中的this movie不出现，this movie只能直接发生从VP到CP的直接移位。这样的移位跨越了vP语段，违反了PIC的要求，因而不合法。语段理论保证了语法操作采用局域的方式进行，使得句法操作形成短距离移位，与早期句法操作的连续循环性特征保持一致。①

Chomsky（2008）提出为了生成合格的句子，C和T合并后可以同时

① PIC可以保证移位的连续循环性特征，但是为何将移位成分移位到语段的指定语位置，这一点Chomsky没有做出说明。这应该是Chomsky（1986）所提出的语障（barriers）观点的延续。

探测（probing），也可以分别进行前后探测。

（2）a. Who likes Mary's son?

b. [$_{CP}$ who [$_{C}$ Ø] [$_{TP}$ who [$_{T}$ Af] [$_{vP}$ who [$_{VP}$ likes Mary's son]]]]

当vP和TP以及CP合并之后，以缀词Af[①]出现的T和空成分C可以各自作为探针探测到who，因而将之分别吸引到TP的指定语和CP的指定语位置，形成两条不同的语链（chain）。最后通过移交（transfer）和语音拼读（spell-out），删除除了最高位置之外的所有who复本，最终形成who likes Mary's son这一合格的语音序列。

（3）a. What have they done?

b. [$_{CP}$ what [$_{C}$ Ø] [$_{TP}$ they [$_{T}$ have] [$_{vP}$ what they [$_{VP}$ done what]]]]

在此句的推导过程中，为了满足PIC的要求，疑问词what必须移位到vP的边界位置。当vP和TP以及CP合并后，CP语段形成，探测工作开始。此时，C必须先于T进行探测，将vP中的what移位到CP的指定语位置。如果T先行探测，因为what的句法位置高于they，因而成为阻隔成分。T无法探测到they，也不能将they移位到TP的指定语位置，导致推导失败。这一作用决定了C和T的探测顺序，被称为可视性条件VC（visibility condition）。

以上呈现的推导模式可以准确描写上述两种不同结构在语段不可渗透性条件PIC和可视性条件VC制约下形成的句法推导差异。但是C和T的不同探测方式造成了句法的随意性。同时T先于C进行探测的语料较为少见，因而造成句法理论应用的盲区，同时违反了经济性条件。要解决这一问题，只要引入特征的概念即可。C和T在句（3）中仍然可以同时探测，但是作为疑问句式，CP的中心语必须具有疑问语力，因而C能够探测的目标必须具有［WH］特征。在they和what之间，只有疑问词what具有这一特征，因而C吸引what，而无［WH］特征要求的T只能吸引无［WH］的特征they。这种推导模式可以使得C和T作为CP这一语

① Af的提法是基于欧洲语言，特别是英语基础之上的。Af具有附着性，它必须合并到一个词根，如动词之上，从而形成词缀跳跃（Affix-hopping）这一特殊的句法操作。

段下的探针同时进行探测，也规避了可视性条件VC的制约作用，具有更好的一致性和概括性特征，更加符合经济性要求以及最简思想。同时，这一做法与Rizzi（1990；2001；2017）提出的相对最小性条件RM（Relativized Minimality）[①]也保持一致。

语段理论的提出减轻了句法负担，促进了有效运算，呈现出生物系统所具有的普遍特征，从而体现了最简方案所追求的从第三元素（即生物体的普遍功能）来解释语言现象的基本原则，实现了Chomsky（2007）所提出的“从最基本和最简单的角度探讨普遍语法的特点”这一理念。但是学界对于语段理论的批评也从未停止。Legate（2003）指出Chomsky提出vP和CP作为语段的测试标准同样适用于提升结构和被动句式，因而它们也应该是语段，但是Chomsky没有将提升句和被动句列入语段的考虑范畴。Matushansky（2005）根据Chomsky的测试标准提出DP也应该是一个语段。有的学者则提出所有的最大投射都应该为语段。Boeckx（2008）则从理论和语料两个方面论述了语段理论的不足，并提出摈弃和替代语段的可能方案。[②]

除此之外，语段理论提出语段在音韵方面具有独立性，可以进行位移操作。但是按照语段的拼读理论，在一个语段完成之后，语段的子域进行拼读，而不能包括语段的边界成分。因此语段的补足语和中心语以及指定语成为相互分离的单位，不具备作为独立的成分在音韵方面进行操作的能力，这是语段理论所迫切需要解决的理论缺陷之一。另外，句法操作完成后，句法表达式必须接受语音拼读，并被赋予语调特征从而用于交际。语调的赋予往往与整个句子相关，即涉及一个句子中vP和CP等多个语段。只有考虑到一个句子中所有语段的内容后语调才能落

① 相对最小性条件可以简单表述为：在……X……Z……Y……结构中，如果Z具有与X相同的特征，Y不能与X产生句法关系，因为Z为潜在的阻隔成分。如X与Y要进行句法操作，两者必须处于局域的句法分布。

② 按照Boeckx的观点，以语段作为部分移位着陆点的做法缺乏一致性，达不到最简方案的要求，也无法提供有效的理据支撑。

实到具体的句法单位上。但是按照语段理论，在句法推导进入到CP语段时，vP语段的内容已经因拼读而被忘记，从而不再参与后继CP投射中的句法操作。其结果是，这样的推导方式会导致语调无法赋予的问题，这也是语段理论所迫切需要攻克的关键性难题。

语段理论的提出强化了新时期最简方案下生物语言学[①]（Jenkins 2000；Fujita & Boeckx 2016）研究的理念，所提出的操作手段不仅适用于人类语言系统，也同样适用于人类其他类似的一般性认知系统，具有更为广泛的参考意义。另外，语段理论考虑到了人类语言机制的处理能力问题，将有限的工作内容放置于活跃工作区域当中，还提出了一系列条件限制语段的推导。这样的推导模式更为严谨，可以极大地提高语言机制的运算效率。同时，语段理论的提出可以激发人们进一步探讨UG的内容以及UG与其他认知系统的关系，从而开辟新的研究领域。但是语段理论所面临的问题和挑战是较为严重的，对于它的理论内涵和应用分析还需要进一步的验证、修改和补充，甚至可能需要另辟蹊径，采用不同的视角进行全新的探索。新问题的提出必然可以让最简方案的研究更进一步，让人们逐步靠近语言机制的真实面目，这充分体现了生成语法仍然散发出的活力和魅力。

第三节　反局域理论

最简方案在取消羡余表征的同时引入经济性的概念（戴曼纯 2007；Hornstein, Nunes & Grohmann 2005）。局域条件（Locality Condition）作为

① “生物语言学”是近年来Chomsky多次使用的。早期的生成语法将自身定义为认知心理学的分支，而如今生成语法则更多强调人类语言的生物属性，认为语言学应该隶属于生物学，特别是进化生物学的一个分支。当然，这一研究不仅需要语言学家的参与，更需要生物学家、进化论者、神经学学者的共同参与。目前关于语言起源（language origin）的热烈讨论就明显体现了生物语言学跨学科的特征。生物语言学研究的代表性成果有Piattelli-Palmarini, Uriagereka & Salaburu（2009）和Di Sciullo & Boeckx（2011）等。

一个重要的推导经济性条件对移位的最大距离提出限制，越过可能的着陆处（landing site）以及潜在阻隔点（intervener）的移位都是不可接受的，Chomsky（1995）将此局域条件表述为最小连接条件MLC（Minimal Link Condition）以及最近吸引原则（Attract Closest Principle）。Chomsky（2001）提出的语段理论以及多重拼读理论（Multiple Spell-out）都是以限制移位距离的经济性为基础的。

局域条件对移位的最大距离做出限制，Grohmann（2003a；2003b；2011）提出的反局域理论（Anti-locality）则对移位的最小距离做出限定。根据Grohmann的分析，句子应被分为三个不同的能产域（Prolific Domains），它们分别为：第一，轻动词短语负责分配句子主要成分的题元角色，因此它被称为题元域（Thematic Domain）（以θΔ标识）；第二，时态短语负责核查某些句子成分的一致性特征（包括格位特征和Φ-特征），因而作为呼应域（Agreement Domain）（以ΦΔ标识）；第三，分裂标句词短语理论（Split-CP Hypothesis）（Rizzi 1997）下的标句词短语承载句子焦点、话题等话语信息，因而作为话语域（Discourse Domain）（以ΩΔ标识）。这三个域可以形式化标记为：

(1) $[_{\Omega\Delta} \cdots C \cdots [_{\Phi\Delta} \cdots I \cdots [_{\theta\Delta} \cdots v \cdots]]]$

同时他提出反局域假设，其内容为：移位不能在同一个能产域中进行。使用这一理论可以对人类语言中的移位性结构做出分析。汉语中的话题结构和动词复制结构作为典型的非论元型移位结构，同样可以通过反局域推导理论加以分析。汉语中的话题不仅可以出现在句首，同时可以出现在句中，也就是说汉语中在呼应域和题元域之间还应该存在一个话语域，即：

(2) $[_{\Omega\Delta} \cdots C \cdots [_{\Phi\Delta} \cdots I \cdots [_{\Omega\Delta} \cdots Top/Foc \cdots [_{\theta\Delta} \cdots v \cdots]]]]$

这样汉语中的语料告诉我们反局域假设必须做出如下修订：移位不可越过可能的能产域进行，即移位必须采取连续移位，即采取从题元域至话语域至呼应域再至话语域的连续循环方式进行。①

使用修订过的反局域理论可以对动词复制结构的生成做出解释。以经典的动词复制句“他骑马骑得很累”为例，“骑”与“得很累”这一CP结构合并构成新的动词短语：

（3）[$_{VP/\theta\Delta}$骑[-Top][$_{CP}$[$_{C}$得][$_{AP}$很累]]]

此时的“骑”由于具有一个不可解释性的话题特征，从而使得下一步的操作，即移位的操作成为可能。“骑”产生移位，与“马”合并。同时新合并的名词短语“骑马”和动词短语“骑得很累”再次合并。由于“骑马”此时发生了去动词短语化现象，因而成为话题，即：

（4）[$_{\Omega\Delta}$[$_{Spec}$[$_{V}$骑[-Top]][$_{N}$马]] Top [$_{VP/\theta\Delta}$骑[~~-Top~~][$_{CP}$[$_{C}$得][$_{AP}$很累]]]]

此时的“骑”将其本身的［-Top］特征弥散（percolate）到整个话题成分“骑马”中，使得“骑马”具有了［-Top］这一特征。由于此时的话语域具有核查话语特征的能力，“骑”的［-Top］得以核查并删除。同时因为动宾和动补结构中的“骑”属于复制的关系，具有同指功能。动宾中［-Top］特征的核查也就使得动补中的“骑”字特征同时得以核查，即：

（5）[$_{\Omega\Delta}$[$_{Spec}$[$_{V}$骑[~~-Top~~]][$_{N}$马]] Top [$_{VP/\theta\Delta}$骑[~~-Top~~][$_{CP}$[$_{C}$得][$_{AP}$很累]]]]

最后，此时生成的话语域的内容与呼应域的内容合并，生成完整的句子：

（6）[$_{\Phi\Delta}$[$_{Spec}$他][$_{\Omega\Delta}$[$_{Spec}$[$_{V}$骑[~~-Top~~]][$_{N}$马]] Top [$_{VP/\theta\Delta}$骑[-Top][$_{CP}$[$_{C}$得][$_{AP}$很累]]]]]

汉语中完全可以出现多个话题，但是只能有一个属于强调的话题，这是为什么会出现“主要话题”和“次要话题”的依据。这一“单一强式话题原则”（Unique Strong Topic Principle）按照特征核查和反局域的理

① 在汉语话题句中，出现在句子中间位置的话题有何允准条件和限制条件还需要更进一步的研究和探讨。

论可以表述为：句子中同一成分可以在句前和句中的话语域呈现话题特征，但是只能在一个话语域中呈现突出强调的特征，可以进行特征核查。据此，如果要生成句首话题的动词复制结构，句首的话语域须包含强式的话题，可以进行特征核查，而此时的句中话语域则失去了特征核查的能力：

（7）[$_{\Omega\Delta}$[$_{Spec}$[$_{V}$骑[-Top]][$_{N}$马]]Top[$_{\Phi\Delta}$[$_{Spec}$他][$_{\Omega\Delta}$[$_{Spec}$[$_{V}$骑[-Top]][$_{N}$马]]Top[$_{VP/\theta\Delta}$骑[-Top][$_{CP}$[$_{C}$得][$_{AP}$很累]]]]]]

此时位于句首的Top具有核查“骑马”即“骑”的［-Top］特征，由于句中三个“骑”同属于同一成分的复制，其［-Top］特征也得以删除。同时由于“骑马”属于复制的内容，按照线性化（linearization）的要求，句中的“骑马”被删除，即：

（8）[$_{\Omega\Delta}$[$_{Spec}$[$_{V}$骑[~~-Top~~]][$_{N}$马]]Top[$_{\Phi\Delta}$[~~$_{Spec}$他][$_{\Omega\Delta}$[$_{Spec}$[$_{V}$骑[-Top]][$_{N}$马]~~]Top[$_{VP/\theta\Delta}$骑[~~-Top~~][$_{CP}$[$_{C}$得][$_{AP}$很累]]]]]]

这样就形成了典型的话题结构“骑马他骑得很累”。在反局域理论下，经过一步操作就可以形成典型的动词复制结构，经过两步操作则可以形成句前话题结构。

语段理论也可以对上述语料做出分析。如果语段内的成分发生移位，它必须经过此语段中心语的指定语位置或者附加语位置，采用连续循环的方式进行，中心语则可以直接做目标（goal）与探针（probe）产生呼应关系。按照这一理论，动词复制结构就应该有如下的推导。首先“骑”与“得很累”合并形成VP，同时“骑”发生提升，与轻动词v合并，占据轻动词中心语的位置，即：

（9）[$_{vP}$骑$_{2}$[$_{VP}$[~~$_{V}$骑$_{1}$~~]][$_{CP}$[$_{C}$得][$_{AP}$很累]]]]

此时的vP中的“骑”产生复制，形成话题“骑马”。话题与轻动词短语合并后，形成如下表征：

（10）[$_{TopP}$[$_{Spec}$骑$_{3}$[~~-Top~~]马]Top[$_{vP}$骑$_{2}$[~~-Top~~]][$_{VP}$[~~$_{V}$骑$_{1}$~~]][$_{CP}$[$_{C}$得][$_{AP}$很累]]]]]

此时的“骑马”可以删除它和“骑”的［-Top］特征。问题在于从

"骑2"到"骑3"的理据是特征核查，从"骑1"到"骑2"的移位无法获得任何理据支撑。即使假定"骑1"就具有［-Top］特征，从"骑1"到"骑2"的移位也没有核查掉这一特征，这样这一步的操作就无法给予合理的解释。更重要的是此时复制的是语段中心语成分。假如复制的内容是语段内的补足语成分，那么按照语段非渗透性条件PIC的要求，此补足语还必须发生附加到语段vP的操作。同样这一操作也无法从特征核查的角度给予理据性的说明。

使用反局域理论可以保证每一步的推导都可以获得理据性的支撑，而采取语段理论进行推导则会产生缺乏理据支撑的移位操作。同时根据最简方案中的经济性原则，在同等条件下，较少步骤的推导显然要优于过多次数的推导。因而在分析动词复制结构中，从经济性的角度来看，反局域理论显然要优于语段理论。

反局域理论的使用可以更为简洁地对复制移位的过程加以说明，同时可以将所有的移位限定在特征核查的范围内。而语段理论下的推导为了满足语段非渗透性条件PIC的要求产生了没有特征核查驱动的移位，使得此理论的解释性受到影响。与语段理论相比，反局域理论在分析汉语动词复制结构上更加具有说服力。①

第四节　存活理论

存活式推导理论由T. Stroik以及M. Putnam两位学者提出（Stroik 1999；2009a；2009b；Stroik & Putnam 2009；2013；Putnam 2007；

① 反局域的理论模型也可能存在一定的问题。根据Boeckx(2008)的研究，很多语言当中存在增元投射ApplP(applicative projection)以便引入额外论元。ApplP一般位于轻动词短语之中。为了实现底层位置论元的移位，底层论元必须移位到ApplP的指定语位置，因而产生题元域内部的移位，而这一移位是反局域理论所不允许的。这说明反局域理论有可能因限制能力过强而忽略了某些可能存在的句法操作。

2009；2010；Putnam & Stroik 2010）。该理论认为以移位来解释位移现象（dislocation/displacement）[①]属于循环论证，经济性条件本身也存在诸多问题，不属于概念必要性内容，同时这一模式不能生成存在约束关系的实际语料，因而在理论和经验上都存在不足。在比较表征式理论、推导式理论和混合式理论的基础上，Stroik和Putnam提出只有纯推导式理论模型才能符合最简句法的要求。在此基础上，他们提出存活原则，其内容为：位移现象来源于移位成分与相关成分合并时特征的不匹配（incompatibility），从而使得移位成分在算式库（Numeration）中得以存活，以再合并（Remerge）的方式参与下一步的句法推导，进而形成句法位移现象。句法操作不是为了核查词汇特征的接口可读性（legibility），而是为了核查推导式是否存在特征的匹配和存活。这样的理论无需特征删除、复本删除等操作，也无需显性（overt）句法操作和隐性（covert）句法操作的区分，更能符合最简方案所追求的概念必要性精神。

Stroik（2009a）论证了他的句法模式。存活原则以驱逐操作（repel）为核心。当作为句法成分的YP与X为中心语的XP合并时，如果YP有一个尚未核查的特征与X的特征不相匹配，YP就要被驱逐到XP上一层最大投射ZP的指定语位置；YP将被持续驱逐从而产生移位直至所有特征全部得以核查。这样的模式存在理论上的优势，如采用了局部操作解释句法位移，避免了循环论证、无需经济性条件制约，推导模式更为精简等。同时存活原则还存在语料方面的优势，它可以解释量化词浮游现象（quantifier floating）和超级提升（super-raising）等语料。问题在于，当驱逐发生后，上一层的ZP投射尚未构建，因而缺乏落脚点，直接设定YP被驱逐到ZP投射中出现了句法操作中的“前看性问题”（look－

① “位移现象”也可译成“句法错位”。英语中也有两个词表述这一概念，即dislo－cation和displacement。早期的最简方案认为位移现象为语言不完美性（imperfection）的体现，当前的研究则从位移现象和不可解释性特征出发，提出不可解释性特征的出现正是解决位移现象的重要策略。这样来看，位移现象应该是语言完美性的体现。

ahead problem）（Bošković, 2007），因而需要加以重新表述。经过修订的存活原则表述如下：以X为中心语的XP投射中包含句法成分Y，如果Y有一个尚未核查的特征与X的特征不相匹配，那么Y将从算式库中得以存活并以再合并（Remerge）的方式参与XP上一层投射ZP的推导；Y将持续进行再合并操作直至所有特征全部得以核查。这样的表述摈弃了驱逐操作，引入了再合并和算式库，从而完全符合概念必要性的要求，属于最优的推导模式。

根据存活理论的内容，可以看出Chomsky（2005）提出的内部合并（Internal Merge）操作和外部合并（External Merge）操作在理论上和经验上的不足。存活原则可以在计算过程中监测所生成的句法成分的合格性，而无需生成众多不合格的句法结构表征送至接口加以解读，因而节省了语言处理的负担，对于儿童的语言习得具有较好的印证。存活原则下的推导可以保证生成的句法结构都是合格的，因而属于崩溃预防型（crash-proof）句法[①]，有效地减少了接口需要处理的句法表达式的数量，具有较好的心理现实性。

最简方案认为要从概念必要性的内容设计最简句法的理论模型，目前被普遍接受的内容包括如下五点：运算系统负责生成语音式和逻辑式以供两个接口识解、句法表达式以词汇为基本材料推导生成、词汇项所有的句法形态特征必须得以核查、计算系统包括合并（外部合并）和移位（内部合并）两个操作，以及经济性条件限制计算系统的过度生成。前三条内容说明句法结构是通过一个最优的计算系统生成以便核查词汇特征在接口处的可读性（legibility），内部合并操作可能产生没有约束条件限制的长距离移位，从而过度生成不合格的语法结构。为了约束移位操作，多种经济性条件被引入以决定生成的句法结构的合语法性。这些经济性条件很难有一个明确的限定，同时在运用到具体的推导过程中也会产生问题。另外，用移位操作解释句法位移存在循环论证的逻辑谬

① 很多学者，如Brody（1998；2002）、Frampton & Gutmann（2002）以及Putnam（2007；2010）都持有这样的观点。

误。因此移位操作和经济性条件都不是概念必要性的内容，不应该包含在最简方案下理论构建的范畴之内。

存活原则选用词库/算式库、（再）合并操作，以及两个接口这几个概念必要性的内容，设计了全新的推导模式。算式库处于接口中，从而解释人们使用语音和语义信息习得词汇的语言现实。词汇的特征不具有解释性和不可解释性之分，计算系统的任务不是为了核查删除词汇项的不可解释性特征，而是核查句法成分在进行合并操作之时的匹配性。如果存在不可匹配的特征，拥有这个尚未核查特征的词汇项就会在算式库中存活下来，通过再合并的方式参与下一个最大投射的推导，直至所有特征的核查。最后生成的句法结构被移交（transfer）至两个接口，获得语音和语义识解。再合并具有两大特征，其一为再合并的自动性，只要存在特征的存活，拥有这个特征的词汇项将再合并到后面生成的每一个最大投射的指定语位置，直至最后此特征的成功核查。量化词浮游可以出现在句中任何一个最大投射之中，从而可以证明它的合理性。再合并的特征之二为结构性，即所有存活的句法成分的特征都要得以核查，且需要按照它们在句法结构中合并的顺序逐一进行。也就是说如果A先于B合并到某句法成分中，在最后生成的表层表达式上A将低于B的位置。这一模式可以解释诸多语言中的配对问句（pair wh-questions）现象，以及多种语言中多重wh-疑问词和双宾成分排列的线性顺序问题。

存活原则从最简方案的基本框架出发，讨论了移位操作、EPP特征、协约操作、语段理论等多种分析手段，在揭示它们不足的基础上选择由接口条件所决定的基本操作，通过存活原则和其他理论模式的对比揭示存活原则在理论构建上最简化的优势，体现理论设计的最优性，同时能够覆盖更多的现实语料。

存活推导模式也存在一定的不足。首先，对于移位成分的语音实现问题存活理论没有予以明确的交代，也没有确立一个合理的拼读机制①。对于某些移位成分在多个位置都加以语音拼读的句法现象较难给出理据说明。其次，句法位移的激发机制来源于移位成分的特征核查，照顾到多样化的现实语料，存活理论设计了多种不同的特征。这些特征在词汇中的存在势必会加重词库的负担，这对于儿童的词汇习得会产生何种影响这一理论没有加以说明。最后，根据存活理论，算式库位于接口之中，但这一理论没有说明算式库与两个接口的具体互动关系和运作模式，毕竟这一设计与主流的句法模式具有较大的差异。尽管存在上述不足，存活理论不论是在理论设计方面还是在语料覆盖方面都体现出了较好的优势，符合最简方案的精神，是一种重要的研究范式，值得进一步反思和验证。

第五节　优选句法理论

转换生成语法中的“生成”可以理解为转换生成语法理论中的一种操作，也可以理解为“明晰化”（explicit）或者“形式化”（formal）（Chomsky 2004）。如果是采用第二种理解，生成语法这一概念就会取其广义，所涵盖的范围自然会扩大，优选句法（optimality-theoretic syntax）就可以归类为生成语法的一种。

优选句法的理论基础来源于优选论（optimality theory，简称 OT）（Prince & Smolensky 1993/2004；McCarthy 2002，2008）。这一理论在1993年基本定型，首先在音系研究中加以使用，之后扩展到句法领域（Grimshaw 1997；Barbosa et al. 1998；Legendre, Grimshaw & Vikner 2001；

① 拼读机制的选择可以使用管约论时期的X-界标理论，即中心语居前或者中心语居后的方向性参数（directionality parameter）来解决。但是我们认为从句法结构出发推导出表层的线性排列更具有合理性。代表性的处理模式有Kayne（1994）以及Fox & Pesetsky（2005）等。

Legendre et al. 2016），甚至语用研究（Blutner and Zeevat 2004）当中。优选句法就是使用优选论研究句法结构的一种研究范式。Prince & Smolensky（1993/2004）一书的题目是 *Optimality Theory: Constraint Interaction in Generative Grammar*，可以明确看出书名中使用了 generative grammar 一词，他们所谈的优选论应该是生成语法的一种类型。

优选论的基本特点可以归纳为如下五点（Kager 1999；马秋武 2008）：第一，普遍语法原则是可以违反的，语言之间的类型学差异来源于普遍性制约条件之间不同等级排列的选择；第二，只对表层表征进行评估，不对内部结构关系或者深层结构做出要求；第三，具有比较性，对所有可能的表层表征进行比较，一次性选择“最优”的候选项；第四，实现触发语言变化因素和语言变化本身的分离，体现不同结构变化之间功能上的相关性；第五，采用平行处理的模式，一次性进行遴选，而不涉及串行推导。

优选论主要由生成器（Generator）和评估器（Evaluator）构成。生成器为特定的输入项（input）生成一个数量上具有无限可能的候选项集合，评估器则是由特定语言所具有的制约条件等级体系（constraint hierarchy）构成，按照绝对优先原则一次性对所有候选项进行筛选，得出最优的输出项。制约条件在优选论中具有核心地位，主要由标记性制约条件和忠实性制约条件两大类型构成。两者相互矛盾，对立统一，不同制约条件的排序构成了不同语言中具体参数选择的个性特征，而排序的逻辑变化反映了人类语言类型学变化的根本动因和机制。优选论的主要工作机制采用优选竞赛表的方式加以表征：

表 2-1　优选竞赛表

Input	Constraint X	Constraint Y	Constraint Z
a. Candidate A		*!	
b. Candidate B		*!	
c. Candidate C	*!	*	

续 表

Input	Constraint X	Constraint Y	Constraint Z
☞ Candidate D			*

从表2-1可以看出，该语言中的制约条件等级排列体系为：X先于Y，Y先于Z，即X >> Y >> Z，四个候选项代表了最有可能的四个输出项。候选项C因为违反了制约条件X，因而首先被排除，而无需考虑后继制约条件的违反情况（以感叹号表示）。考虑制约条件Y时，候选项A和候选项C同时遭到违反，但是候选项D没有违反这一条件，因而可以直接排除候选项A和候选项C。此时无需再考虑制约条件Z，因为唯有候选项D是唯一可能的输入项（无需考虑的部分用灰色表征）。通过这些筛选程序，最终候选项D脱颖而出，成为最优选项（用F表征）。即使候选项D违反了制约条件Z，此时已经不再重要，对制约条件Z的违反不影响最优候选项的生成和选择。

优选论在句法中的运用简称优选句法（optimality-theoretic syntax或者OT syntax）。除上述提到的国外相关应用研究，目前国内也有不少学者采用优选论研究句法结构（如杨大然 2003；喻浩朋 2012；郑继正 2016等）。可以说，句法研究是除了音系学领域外，优选论使用最为广泛、影响最大、产出最多的领域。通过与最简方案的比较，可以发现，优选句法与最简方案存在一定的相同点和不同点（马秋武 2008等）。两者的相同点为：第一，两者均注重理论的解释性；第二，两者均致力于构建普遍性语法理论；第三，两者均采用形式化的操作方法。两者也存在重要的不同：第一，最简方案的普遍性原则是刚性的，不可违反，但是优选句法的普遍性原则是软性的，可能被违反；第二，最简方案下语言之间的不同通过原则的参数化实现，参数化仅仅存在正负两种选择，而优选句法下语言之间的差异则是通过制约条件的不同排序体现的；第三，最简方案通过经济性条件的设定体现“最简”精神，而优选句法则是通过制约条件的最低限度违反体现语法分析的经济性，无需额外设定经济性条件。可以看出，优选句法和最简方案具有相同的追寻目标，即通过句法现象的分析揭示背后的语言规则和原则。它们的不同点也较为明显，两者采用完全不同的路径进行普遍语法内容的探索。

优选句法涵盖的研究课题具有多元化特征，Grimshaw（1997）使用优选论研究了英语中的wh移位，解释了主谓倒装以及do-支撑等多种具体句法现象，成为优选句法的经典案例。以“What should John do”为例，其优选过程如下：

表2-2 “What should John do”的优选过程

{do (x, y), x = John, y = what, tense = future, auxiliary = should}	OP-SPEC	OB-HD	STAY
a. [$_{IP}$ John should [$_{VP}$ do what]]	*!		
b. [$_{CP}$ e [$_{IP}$ John should [$_{VP}$ do what]]]	*!	*	
c. [$_{CP}$ shouldi [$_{IP}$ John t_i [$_{VP}$ do what]]]	*!		*
d. [$_{CP}$ what$_i$ e [$_{IP}$ John should [$_{VP}$ do t_i]]]		*!	*
e. [$_{CP}$ what will$_i$ [$_{IP}$ Mary t_i [$_{VP}$ do t_i]]]			**

通过上表可以看出，英语中的wh移位涉及三个制约条件，OP-SPEC的内容是句法算子（operator）必须位于指定语位置（specifier），OB-HD的内容是句法投射必须要有中心语（obligatory head），STAY的内容是句法避免移位，不要出现语迹（trace）。在英语中，这三个制约条件的等级排列体系实现为OP-SPEC >> OB-HD >> STAY。候选项a、b以及c首先违反了OP-SPEC，因此这三个候选项同时被排除。在考虑第二条制约条件OB-HD时，候选项b和d同时违反，因而d也被排除，因为候选项b已经被排除，此时可以不再考虑。此时无需再考虑STAY这一制约条件，候选项e成为唯一的最优选项。需要指出的是，虽然候选项e两次违反了制约条件STAY，但是因为STAY的排序较低，该制约条件的违反不会影响最终候选项e的选择，这充分反映了优选论中制约条件可以违反的特点。可以预料的是，STAY这一制约条件处于最高的位置，

那么所有的句法移位将被禁止，最终所生成的最优选项应该就是汉语中疑问词不发生任何移位操作的wh-在位疑问句。如果将这三个制约条件的排序进行调整，其他语言中的wh问句的语序也就会对应生成。这种模式为解释句法结构之间的参数性差异提供了一个有效、经济的解释方式，因而在类型学研究中同样具有极为重要的理论价值。

优选句法使用于句法研究，为句法研究提供了新的视角，开辟了不同的研究思路，丰富了句法研究的内容。通过与最简方案的比较，可以更为深入地了解优选句法所具有的特点，从而为深入把握人类语言机制的探索提供更多的素材，积累更多的经验。

从影响力来看，目前优选句法研究处于一个较为平缓的时期，与20世纪末和21世纪初时相比，该理论的理论推进研究，应用研究的数量有所减少，代表性成果不再突出，但是仍然有学者采用这一理论研究句法现象。这一模式也应该成为形式语言学研究的重要流派，理应受到生成语法学者们的关注。

第六节　最简理论的选择与思考

前文对不同的生成语法理论进行了简要介绍和评述，究竟哪种句法理论更能符合最简方案的理念和要求，这需要从语料分析以及理论构建这两个视角加以衡量。因优选句法理论与最简方案理论存在较大的不同，本节将主要考察最简方案下的句法理论，而不涉及优选句法的讨论。

从语料分析来看，语段理论认为及物性vP和CP为语段，DP为可能语段。句法移位可以发生在语段边缘位置，但是不可以在语段内部进行。因此，语段理论下的局域单位应该为vP、CP以及DP。根据反局域理论，局域的单位为能产域，基本对应vP、TP以及CP这三个投射。根据存活理论，只要存在特征尚未核查，拥有该特征的句法成分就会存活，采取再以合并的方式附加到后面生成的每一个最大投射的边缘位置，直至最后该特征的成功核查。这样来看，存活理论下的局域单位应该是每一个最大投射。以英语中的量化词浮游（quantifier floating）和副词浮游（adverb floating）为例，语料如下：

（1）a. They (both) were (both) expected (both) to (both) have (both) been (both) promoted to managers.

b. What (exactly) have you (exactly) been (exactly) doing (exactly)?

可以看出，浮游的量化词和副词可以出现在句中任何一个最大投射之中，因此句法成分的移位应该以最大投射为单位，这与存活理论所预测的局域单位保持一致，而非语段理论所提出的 vP 和 CP，也非反局域理论提出的能产域。因此，从上述语料分析来看，存活理论应该更加符合语言实际的要求。

除语料分析之外，还有理论建构方面的考虑。第一，局域理论要解决的对象为位移现象，如果采用移位操作来解释位移现象，确实存在循环论证之嫌疑。因此，一个好的句法理论应该避免使用移位操作来解释位移现象，从而避免逻辑性缺陷。同时，使用两个机制来解释同一个句法现象，也存在冗余的缺陷。语段理论以及反局域理论都直接采用移位操作来解释位移现象，而存活理论则明确指出不使用移位操作，而只使用合并和再合并操作，从而有效地规避了循环论证和冗余特征。

第二，移位理论要解决移位操作（即位移现象）三个方面的问题：从哪儿开始移位，移位到哪里，为何发生移位。语段理论和反局域理论回答了前两个问题。语段理论认为移位从轻动词短语 vP 开始，至标句词短语 CP 结束。反局域理论认为移位从题元域开始，经由呼应域最后至话语域结束。但是这两个理论都没有回答移位的动机问题。以特征核查为基础的存活理论可以回答上述三个问题。移位从题元特征核查的位置开始，最后到话语-辖域特征核查的位置结束。同时所有特征的核查都是通过合并操作完成，体现了高度的一致性。更为重要的是，存活理论也回答了第三个问题，移位的动机来自移位成分的存活和特征核查。

第三，最简方案下的理论构建要具有最简性，只能包括概念必要性的内容。Müller（2011）提出一个好的句法理论应该符合以下四个元要求（meta-requirements）：首先，句法理论要具有简单性和概括性，不能过于复杂；其次，句法理论要涉及有效运算以及接口条件；再次，句法理论中处理的单位不能过大；最后，句法理论中不能出现冗余。冗余现象已经在第一点中加以说明，此处不再讨论。语段理论和反局域理论具有较好的概括性，同时涉及句法的有效运算、处理的单位也较小，但是两个理论所预测的局域单位与现实语料不符。存活理论具有简单性和概括性，涉及了有效运算，处理的单位更小，为最大投射，同时预测的局域单位符合现实语料。这样来看，存活理论具有更好的理论优势。

除了推导模式的选择外，最简方案下的句法推导理论构建同样需要注意以下内容：

第一，核心的句法操作只有合并，而不能包括移位。Zhang（2002）以及de Vries（2009）曾明确指出移位操作具有自身的缺陷和不足，因此不能作为语言运算系统中的核心操作，因而需要将移位操作从语言的运算系统中加以剔除。另外，再合并操作指的是某个句法成分在算式库中进行存活并再次进行合并操作。再合并操作需要考虑之前的句法操作，因而具有回顾（look-back）之嫌。因此完全可以取消再合并操作，只保留词库到句法结构中的合并操作。这样的改变可以在精简理论系统内容的同时，维持存活理论的解释力，更加符合最简方案的基本精神。

第二，存活理论认为句法特征不存在可解释性和不可解释性之分，句法操作的动因是为了解决特征之间的不匹配性。这点论述存在一定问题，以名词短语为例，一致性特征和格位特征确实具有不同的功能。如果抹杀了可解释性特征和不可解释性特征的差别，就无法甄别并准确把握这些特征的内容。另外，正如先前所论述的，移位操作的动因涉及特征的核查和允准，不匹配性不具有概括力。Boeckx（2015）提出摒弃句法特征的设计并不可取，不可解释性特征的核查以及词汇范畴特征的功能性允准才是位移现象的根本动因。最简单句法中理论构建的要求，同时也要得到自然语言事实的印证。

第三，特征矩阵的内容和特征的变化在句法操作中具有极其重要的地位。移位的动机来自特征核查，同时，移位中的阻隔效应也是来自这些特征内容的变化。因此要解释位移现象的限制和阻隔效应，就要考察各种句法成分之间的具体特征内容和特征匹配情况。也就是说，要解释句法中的阻隔现象就必须要从形态句法特征入手。另外，具体特征内容的设定应该具有合理的理据支持。

第四，词库和接口是句法理论中符合概念必要性的内容，在理论构建中应该发挥更大的作用。当句法系统中的内容只能包括合并操作时，词库和接口的功能必须加以突出，从而体现“小句法、大词库、重接口”的新型格局。同时，词库应该是一个独立的句法单位，而存活理论则认为词库在PF和LF这两个接口层面的接口处。这样的理论使得整个句法运算呈现“从接口到接口”的循环过程，因而不是最优的选择。句法操作应该仍然保持“词库-句法-接口”的线性应用程序。

第五，存活原则没有明确说明拼读的机制问题。生成的句法结构中进行再合并的位置一般就是句法成分拼读的位置，但是跨语言的句法对比说明句子的线性化过程并非如此简单。以控制结构为例，一般而言，被控成分（controllee）受到控制成分（controller）语义指称的限制，同时被控成分无显性语音拼读。但是某些语言中存在控制成分无语音拼读，而被控成分出现语音拼读的后向控制现象（backward control）。另外，在很多语言中，某个句法成分的多个复本也可能都进行语音拼读（Landau 2013）。如果不确定一个线性化的运作机制，存活原则也是无法对上述语言现象做出解释的。因此，可以认为复制（copy）不能作为一种句法操作，多个复本的语音实现需要独立于狭义句法系统之外，它也应该成为生成语法研究中不可回避的一个重要研究课题。

值得强调的是，生成语法的领军人物是Chomsky，这一点不容置疑。

但是生成语法研究的成果不仅仅是乔氏个人的，还是整个生成语法学界集体智慧的结晶，这一点Chomsky本人多次加以强调。生成语法理论的最终目标是要总结出自然语言的共同特征，从而找到规约人类语言的普遍语法，发现语言的本质内容，揭示语言与人类其他认知系统的关系。早期的生成语法研究主要关注语法的规则系统，到了管约论时期开始着重研究原则和参数。在最简方案下，研究重点转向了语言设计完美性的探索。很多人认为生成语法总是在变，因而缺乏一致性和可信性。需要说明的是无论生成语法的技术手段产生什么样的变化，所有的研究都是围绕先前提到的“生成语法五问”（Jenkins 2000）展开的，即语言知识是由什么构成的？语言知识是如何习得的？语言知识是如何使用的？语言知识的大脑机制是什么？语言知识是如何形成进化的？从管约论到最简方案的发展可以说正是从前三个问题到第四个问题研究的过渡。而当前最简方案的研究逐渐进入到第五个问题的讨论当中。由此可见，生成语法一直都是朝着既定的目标稳步前进，不断收获成功，而并非他人所传言的剧烈变化，前后无常，缺乏重点。

形式主义和功能主义目前是语言学界的两大阵营，长期以来，两派之间相互对立，较难相容。实际上，形式视角和功能视角应该成为共存共荣的语言研究视角，功能派和形式派的学者之间不应该相互攻讦，也无需通过“揭他人短以补我之长”的方式彰显本流派的优势或者本人研究成果的价值。语言研究的不同流派之间应该相互了解，从不同方面完善语言研究，以期更多具有更大价值的研究成果。不同理论见解之间不是竞争关系，每一个理论视角都会对了解复杂的人类语言机制有所帮助，采取多元和包容的态度不仅可以使语言学这一学科能够更快发展，还能使这个学科有一个统一、开放的面貌。对于中国学者而言，我们应该了解学习生成语法，在理解吸收生成语法理论的基础上用它来分析、解释汉语语言现象，洋为中用，从而发现更多汉语中的特性和个性。除此之外，我们更需要对它进行批评和补充，通过汉语语料的研究扩充、修订、改进生成语法的内容，也可以通过汉语的研究提出新的理论，中为洋用，直接为生成语法的理论构建做贡献。这样才应该是科学和理性的方法，也只有如此才能真正合理地面对生成语法理论，收获科学研究的硕果，增加科学研究的获得感。

第三章　话题结构的句法分析

话题结构是英汉语中普遍存在的一种句法结构式，这一结构式在现代汉语中出现得更为频繁，可以认为是现代汉语中一个代表性的句法结构式。根据话题的具体属性，话题结构可以细分为不同的具体类型，英汉语中话题结构的具体类型存在交叉，也存在不同。在生成语法理论中，话题结构的生成一般通过移位操作加以实现，属于典型的非论元型移位结构。但是结合多种具体的话题结构来看，可以发现话题结构并不仅仅是通过移位操作生成的。

本章将采用生成语法理论作为理论框架，通过英汉语中具体类型话题结构的考察，例如宾语前置结构、“连”字结构、重动结构以及悬垂话题结构等考察话题结构的句法特征以及生成过程，同时采用通过跨结构、跨语言比较的方法，考察英汉语中话题结构的异同。除此之外，本章还将关注话题结构的线性化策略、话题结构中体现的阻隔效应以及话题结构研究对于生成语法理论构建带来的反思等具体问题。

第一节　话题结构的移位分析

1. 引　言

从语言类型学的角度出发，Li & Thompson（1976）将汉语归类为话题显著型（topic-prominent）语言，将英语归类为主语显著型（subject-prominent）语言。尽管这一分类尚存争议，话题结构在诸多语言，特别是汉语中的大量存在已成学界共识，成为现代汉语的一个代表性特点。如果将句中话题成分移位至句首，同时提取话题成分的位置为空，即可形成话题化话题结构。如果话题成分移位至句首，同时提取位置上出现的是与话题成分同指的复述代词（resumptive pronoun），即可生成左偏置话题结构，如：

（1）a. 老王$_i$，我不喜欢 t_i。

b. 老王$_i$，我不喜欢他$_i$。

第一个句子为典型的话题化话题结构，话题“老王”发生至句首的移位，谓词“喜欢”后的句法位置无任何显性成分占据。第二个句子为左偏置话题结构，话题成分“老王”移位至句首，同时谓词“喜欢”后出现的是复述代词“他”。本节将在最简方案的理论框架下，运用局域理论和反局域理论对上述结构中话题成分的移位及其线性化问题做出分析和解释。

2. 反局域理论下的话题推导

2.1 反局域理论

最简方案下的句法理论构建体现“重推导轻表征”的特点，同时经济性的概念在句法理论构建中起到举足轻重的作用。在句法成分进行移位操作时，移位的距离应该有所限制，越过可能着陆位置（landing site）以及潜在阻隔成分（intervener）的移位操作均不能接受，生成语法将这一体现经济性原则的移位要求总结为局域条件（Locality Condition）。Chomsky（1995）将这一局域条件表述为最小连接条件 MLC（Minimal Link Condition）以及最近吸引原则（Attract Closest Principle）。Chomsky（2001；2008）提出的语段理论（phase theory）以及多重拼读理论（Multiple Spell-out）都将限制移位距离的经济性作为基础，如：

（2）a. *[$_{TP4}$ John$_i$ is believed [$_{TP3}$ it seems [$_{TP2}$ t_i to [$_{TP1}$ t_i like Mary]]]]

b. *[$_{CP2}$ who$_i$ does Bill believe [$_{CP1}$ who$_j$ Peter said to t$_j$ [t$_i$ that John like t$_i$]]]

第一句中由于TP3中存在it，John在移位的过程中无法在TP3中停留，从而需要越过TP3的句法位置。这一移位方式违反了局域条件，因而此句不合语法。同理，第二句中的who$_i$在移位时越过了CP1中指定语who$_j$的位置，也违反了局域条件，因此也不合格。

局域条件的作用是对移位操作的最大距离提出限制条件，与之相反，反局域（Anti-locality）条件（Grohmann 2000，2003）则是对移位操作的最小距离做出限定。根据Grohmann（2000，2003）的论述，句子应该分为三个不同的部分，这三个部分被称为能产域（Prolific Domains）：轻动词短语vP分配句子主要成分的题元角色，因此被称为题元域（Thematic Domain，以θΔ标识）；时态短语TP核查某些句子成分的呼应态特征（包括格位特征和Φ－特征（Hornstein，Nunes & Grohmann 2008）），因而被称为呼应域（Agreement Domain，以ΦΔ标识）；标句词短语CP承载句子焦点、话题等话语信息（Rizzi 1997；2017），因而被称为话语域（Discourse Domain，以ΩΔ标识）。按照这一分析，一个完整的单句结构应该被表征为：

（3）[$_{ΩΔ}$ …C… [$_{ΦΔ}$ … I … [$_{θΔ}$…v…]]]

同时Grohmann提出反局域假设：移位不能在同一个能产域中进行。

这一理论可以对很多语言现象提出解释。比如它可以解释话题与焦点对立的现象。石毓智指出话题的特征之一为不能受焦点标记“是”的标识（石毓智 2001a），至于这一约束的理据他没有给出说明。运用反局域的理论则可以做出解释。如：

（4）a. 早饭，你上我家吃吧。

b. *是早饭，你上我家吃吧。

后一句不合语法的原因是当“早饭”被“是”标识时，“早饭”成为句子的焦点，这就意味着“早饭”要发生从话题短语位置至焦点短语位置的移位。可以发现，话题短语和焦点短语都隶属于话语域，根据反局域假设的要求，能产域内部的移位不可进行，从话题短语到焦点短语的移位操作在话语域内部进行，因此无法得以允准，生成的句子也就不合语法。这一理论同样可以解释话题化的成分不可以用疑问代词提问的现象，如：

（5）*什么，你上我家吃？

根据张伯江、方梅提出的疑问代词属于焦点成分的论述（张伯江、方梅 1996；2014），在分裂标句词短语理论下，疑问词若发生移位，只能占据焦点短语中的位置。话题化疑问代词则要求疑问代词发生在话语域中由焦点短语到话题短语的移位，而这样的移位同样是被反局域理论所禁止的。

2.2 反局域理论下话题结构的推导

运用反局域理论可以对话题结构做出下述分析，以下句为例：

（6）老王，我喜欢。

话题成分“老王”的移位要发生在三个不同的能产域中，以连续循环的方式进行，即：

（7）[$_{\Omega\Delta}$ 老王 [$_{\Phi\Delta}$ 老王 我 [$_{\theta\Delta}$ 喜欢老王]]]

“老王”首先从题元域移位到呼应域中核查它的呼应态特征，然后再移位至话语域中核查它的话语特征。话题成分“老王”进行移位操作的激发机制来自特征核查。本节接受Bošković（2007）的观点，将移位成分的不可解释性特征作为移位的激发机制。

根据Rizzi（1997）提出的分裂标句词短语假说（Split-CP Hypothesis），标句词短语可以细分为语势短语ForceP、话题短语TopicP、焦点短语FocusP以及限定短语FinitenessP这四种不同的句法投射。那么“老王”移位到话语域中应该占据什么位置，是话题短语的中心语位置还是指定语位置呢？可以认为话题移位后占据的位置为话题短语的指定语位置，原因有两个。其一为重构效应。在分析疑问词移位现象时，Huang（1993）做出“发生非论元移位（A’-movement）的重构在约束理论三个原则中都可适用”的结论。根据这一结论，如果话题成分的重构可以适用于约束理论，那么话题移位应该属于非论元移位。例句如下：

（8） a.（他）自己$_i$，李四$_i$常常批评t_i。

b. *他$_i$，我知道自己$_i$不喜欢t_i。

c. *张三$_i$，李四知道他$_i$常常批评t_i。

第一句中的“（他）自己”受到“李四”的约束，这只有在话题“（他）自己”发生重构的条件下才能发生。第二句中如果话题“他”不产生重构，那么“自己”应该受到“他”的约束，事实上“他”不受任何句中成分的约束。由此可见“他”发生了重构。第三句中的“张三”同样只有在发生重构的条件下才能得出不受“他”约束的语义解读。综合以上三例中的约束情况，话题结构完全适用约束理论下的三个原则，因而话题移位应为非论元移位，移位后的位置为话题短语的指定语位置，而非中心语位置。

移位话题占据话题短语指定语位置的原因之二来自格位核查（Case feature-checking）。“老王”在题元域中被授予题元角色，然后在呼应域中核查它的格位特征。话题短语的话题中心语位置只有［Topic］特征，而不具备格位特征，因而与移位到此位置的话题成分产生了特征冲突。同时格位特征一旦核查，就无法驱动它进一步发生新的移位，因此宾语中心语至话题短语中话题中心语的论元移位无法发生，其结果是话题成分的移位只能是核查话题特征［uTopic］的非论元移位，即：

（9）［$_{ForceP}$［$_{TopicP}$［$_{Spec}$ 老王］Top［$_{FocusP}$［$_{FiniteP}$］［$_{\Phi\Delta}$ 老王 我［$_{\theta\Delta}$ 喜欢老王］］］］］

话题移位在受到局域条件限制的同时，同样也受到反局域条件的限制。能产域以及反局域的理论可以解释话题与焦点对立的现象，同时可以对话题结构做出移位式的推导分析，具有较好的解释力。

3. 话题结构的线性化

线性化理论始于Kayne（1994），他认为线性结构确立的基础为线性对应准则（Linear Correspondence Axiom, LCA）：

（10）线性对应准则：如果一个词汇项α非对称性成分统制另外一个词汇项β，那么α的线性位置先于β。

同时对于成分统制的概念，Kayne加以严格的限定：

（11）X成分统制Y，只有在X与Y同为语类，X与Y互不包含，以及每个支配X的语类也支配Y的条件下才可成立。

Hornstein，Nunes & Grohmann（2005：241-245）对线性对应理论做出修正。他们关注的是如下的句子：

（12）$[_{TP}$ $[_{DP}$ The man from Toledo$]$ $[_{T'}$ will $[_{VP}$ $[_{V'}$ visit Mary$]]]]$

在此句中，will非对称性成分统制Toledo。这样的话，will应该出现在Toledo的前面，这与现实的句子显然不符。为了照顾到这类句子的线性化，他们将线性对应准则修改如下：

（13）α的线性位置先于β，当α非对称性成分统制β；或者任何支配α的XP成分也非对称性成分统制β。[①]

按照这条规则，由于支配Toledo的限定词短语the man from Toledo非对称性成分统制will，因而Toledo的线性位置应在will之前，这就解决了复杂主语与谓语的线性化问题，扩大了该理论的解释范围。

运用线性化理论可以对话题结构的线性化做出分析，话题成分发生复制后，话题结构中存在多重话题复本，即：

（14）$[_{\Omega\Delta}$ 老王$_3$ $[_{\Phi\Delta}$ 老王$_2$ 我 $[_{\theta\Delta}$ 喜欢老王$_1]]]$

此时的推导存在三个“老王”，且“老王$_3$”非对称性成分统制“老王$_2$”和“老王$_1$”；而“老王$_2$”非对称性成分统制“老王$_1$”。根据线性对应准则，就要出现“‘老王’先于‘老王’先于‘老王’”的线性排列，这一矛盾性的排序要求在自然语言中是不存在的。根据线性化理论，三个“老王”复本中的两个需要删除，从而使得线性化操作得以顺利进行。原则上来讲，删除任意两个“老王”复本都可以满足线性化的要求，但实际语料说明只有删除位置较低的两个“老王”复本才是合格

① Carnie（2013）在定义precedence这一句法关系时使用了成分统制和支配的概念，与Hornstein，Nunes & Grohmann（2005）的考虑保持一致。

的。Nunes（2004）从特征核查的角度论证了英语wh-疑问句线性化时删除题元位置上疑问词的理据。同样，话题结构中复本删除的理据也可以从特征核查的角度加以说明。

（15）[$_{\Omega\Delta}$ [老王$_3$+~~*u*Case, uTop~~] [$_{\Phi\Delta}$ [老王$_2$+~~*u*Case~~, uTop] 我 [$_{\theta\Delta}$ 喜欢 [老王$_1$+uCase, uTop]]]]

激发话题成分“老王”发生移位的原因是“老王$_1$”中的格位和话题这两个不可解释性特征的核查。当它移位至呼应域时，格位特征得以核查。当它移至话语域时，话题特征得以核查。假如删除的是“老王$_3$”和”老王$_2$”，线性化要求得以满足，但语法系统就要面临如何应对“老王$_1$”中的两个不可解释性特征的问题。如果删除的是“老王$_2$”和“老王$_1$”，只保留“老王$_3$”的话，由于“老王$_3$”中已不存在任何不可解释性特征，从而不会对语法系统造成任何影响，因而为最理想的选择。从特征核查的角度考虑，删除呼应域和题元域中“老王”最为经济，因而被语法系统所选择，也就是说线性化操作后的句法结构应为：

（16）[$_{\Omega\Delta}$ [老王$_3$+~~*u*Case, *u*Top~~] [$_{\Phi\Delta}$ [~~老王$_2$+*u*Case, uTop~~] 我 [$_{\theta\Delta}$ 喜欢 [~~老王$_1$+*u*Case, uTop~~]]]]

这样最终形成正确的“老王，我喜欢”的话题化话题结构。

Hornstein（2001）指出不同位置上句法成分的依存关系应该尽可能地使用移位加以阐述，且代名词成分可以作为语法构形成分（grammatical formatives）进入句法结构。也就是说，代名词可以作为某些成分复制拼读（copy spell-out）的语音表征。按照这样的分析，如果将推导过程产生的“老王$_1$”复制拼读为代名词“他”，线性化的要求也可以得到满足。如果发生代名词“他”的复制拼读，如下的句法结构也可生成：

（17）[$_{\Omega\Delta}$ [老王$_3$+~~*u*Case, *u*Top~~] [$_{\Phi\Delta}$ [~~老王$_2$+*u*Case, *u*Top~~] 我 [$_{\theta\Delta}$ 喜欢 [~~老王$_1$+*u*Case, *u*Top~~ 复制拼读为：他]]]]

这样就生成了“老王，我喜欢他”这一左偏置话题结构。

这里有两个问题需要加以说明。首先是为什么前两个“老王”成分不能复制拼读为代名词成分“他”。如：

（18）a. *老王，他我喜欢。

b. *他，我喜欢老王。

其原因是“老王$_2$”的格位特征已被核查，“老王$_3$”的格位特征和话题特征都已核查，将它们复制拼读为代名词均无法建立代名词与指代成分之间完整的语义联系，因而不可进行。与之不同，“老王1”中两个不可解释性特征都尚未核查，特征矩阵及其语义关联都没有改变，因而可以发生代名词的复制拼读操作，即可以发生复制拼读。

第二个问题为复制成分“老王”在核查呼应态性特征时与主语“我”的线性位置排列。（17）中使用了“老王我”的线性位置，是否可以出现“我老王”的线性位置呢？答案是否定的。Fox and Pesetsky（2005）提出循环线性化理论（Cyclic Linearization）中的语序保持原则（Order Preservation）：关于线性化的信息，在拼读域中一旦建立，在整个推导过程中都不能被改变。当呼应域中的推导完成时，拼读即刻进行，如果“我”先于“老王”，那么它们的线性要求为：

（19）在线性位置上，“我”先于“老王”。

当话语域的推导完成时，拼读再次发生，此时建立的线性化要求为：

（20）在线性位置上，“老王”先于句中其他任何成分，包括“我”。

这样，上述两条线性化的要求提出了完全相反的语序结果，因而无法出现。但是如果在呼应域中产生的线性排列为“老王我”，那么在任何时候进行的拼读操作都不会产生相互矛盾的线性化要求，由此可见在呼应域中不可以出现“我老王”的线性排列。

从句法推导到线性化的过程来看，一般话题结构与左偏置话题结构具有相同的生成理据，这样也就解释了在某些语境中话题化话题结构与左偏置话题结构共存的句法现象。当然左偏置话题结构的出现需要一个复制拼读的过程，相较话题化话题结构，其生成过程更加复杂，它只会在额外的激发机制下才能出现。这说明无复述代词的话题化话题结构是无标记性（unmarked）的，而出现复述代词的左偏置话题结构是相对经济性的话题结构，具有标记性（marked），它的出现是消除歧义以及挽救不合格结构等辨义要求所驱动的。

4. 本节结语

本节从反局域理论以及线性化理论出发，论证了移位法分析话题化话题结构与左偏置话题结构的可行性。上述两种结构中的话题都发生了移位操作，复述代词的使用是在话题化话题结构推导的基础上发生复制拼读操作的结果。这样的分析法一方面说明了这两种结构的紧密联系，另一方面也佐证了左偏置话题结构类属于广义话题结构的分类。本节提出的分析法将局域理论与反局域理论结合起来，论证了移位需要采取跨越能产域的连续循环方式进行，与最简方案的基本精神保持一致。

第二节　宾语前置结构的句法分析

1. 引　言

汉语中除了无标记性的基本语序主谓宾（SVO）之外，同样存在着大量的主宾谓（SOV）类型的句子。吕叔湘（1948）和黎锦熙（1992）等认为此类句子中的宾语仍然是谓词的受事或者目标，因此它应属于前置的宾语，这一类结构则被称为宾语前置结构，如：

（1）我那本书读完了。

（2）你这件衣服可以买。

以上句子中的宾语“那本书”和“这件衣服”都发生了从谓词后到谓词前的移位，最终位于主语和谓词之间的句法位置。同时，宾语前置的结构也可以拓展到多个子句中，形成多个宾语前置的并列式宾语前置结构，如：

（3）我那本书读完了，这本书没有读完。

（4）你这件衣服可以买，那双鞋子不可以买。

对于此类句型的分析，语言学界存在诸多争论。有的将之分析为话题结构，有的则将之分析为焦点结构。本节将从最简方案（Chomsky 1995）的理论框架出发，对此结构做出分析。

2. 前置宾语的话题分析和焦点分析

2.1 宾语前置结构的话题说

较早提出宾语前置结构话题分析法的是Xu & Langendoen（1985）以及Lin（1992）。他们认为此类句子进行了双重话题化（double topicalization）操作：首先宾语通过话题化的方式附接到IP上，然后主语再发生话题化，从而在同一句中出现双重话题的状态。按此分析，句（1）应发生如下移位：

（5）[$_{CP}$ 我 [$_{IP}$ 那本书 我 [$_{vP}$ 读完了 ~~那本书~~]]]

石毓智（2001a）认为宾语前置结构属于“次话题化”现象。他认为话题一般出现在句首，具有定指（definite）特征，但是前置的宾语则多用于比较，且话题化的名词一般表示通指（generic），而非定指。但是实际上前置的宾语并非总是表示通指，如句（2）中前置的“这件衣服”完全可以做定指解，说明某一件确定的衣服，而非表示通指的概念。同时宾语前置句中并非总是存在比较。句（3）可以认为是“这本书”和“那本书”进行对比，但是句（2）中就很难说“这件衣服”可以和哪个成分发生比较了。由此可见，前置宾语的性质比较灵活，不一定总是通指，也并非总是表达对比的概念。

曹逢甫（2005: 157–161）指出前置宾语具有许多与话题相似的分布特征，如必须为有定、都可以用“啊（呀）”“么”“呢”“吧”四个停顿助词中的任何一个加以标识等。基于此，他也将宾语前置句分析为双重话题结构。他提出将句子主语分析为基本话题，而将前置的宾语分析为次要话题，他在文中的论述主要是针对次要话题的。他认为前置宾语紧随于句首的基本话题之后，同时可以具有将语义管辖到多个子句中的功能，从而形成话题链（topic chain），如：

（6）他$_i$那本书$_j$看完，t_i t_j就还给我了。

此句中的次要话题“那本书”位于基本话题“他”之后，属于本节讨论的两个对象中的一个。同时这两个话题可以拓展到下一个子句中，形成话题链。

2.2 宾语前置结构的焦点说

Ernst & Wang（1995）批判了双重话题化的观点。首先，他们指出汉语中的话题化可以是长距离的，而宾语前置只能限制在小句之内，小句是宾语发生前置的最大范围，如：

（7）a. [那本书]$_i$王五认为[李四t_i读完了]

b. *王五[那本书]$_i$认为[李四读完t_i了]

此时第二句不合格的原因是，宾语“那本书”发生了从子句到主句中的移位，跨越了小句的限制范围，因而不能接受。其次，汉语中的副词按照附接位置的不同可以分为可移位副词（movable adverb）和非移位副词（nonmovable adverb）（Li & Thompson 1981）。可移位副词包括时间副词、态度副词等，如“明天”“显然”。非移位副词只能在主语之间和谓语中间出现，包括方式副词，如“已经”等。Ernst & Wang 认为可移位副词附接在VP或者IP上，而非移位副词只能附接在VP上。如果前置宾语发生了话题化，那么它应该在非移位副词之前。但实际上前置宾语也可以出现在非移位副词之后，如：

（8）a. 他<u>已经</u>衣服*(也)自己缝了。

b. 他<u>早</u>票*(都)买好了。

以上两句中的前置宾语“衣服”和“票”，分别位于非移位副词“已经”和“早”之后，这说明前置宾语应该位于VP投射的位置上。话题因为位于IP之上的位置，一般只能位于非移位副词之前。通过与非移位副词位置的比较，可以发现前置宾语并没有占据话题的位置，体现出与话题成分的不同。因此，宾语前置结构不能等同于话题结构。前置宾语与话题结构的另外一个不同是话题化在关系从句中是不合格的，但是宾语前置则没有这一限制，如：

(9) a. *某些［阿 Q_i，e_j 喜欢 t_i］的人$_j$没来。

b. 请在［他［那本书］$_i$看完 t_i 的时候］来。

以上的证据可以说明话题与前置宾语存在一定差距。在批驳话题分析法的基础上，Ernst & Wang（1995）提出前置宾语属于话题焦点的观点。[①] 前置宾语应该附接在动词短语 VP，或者情态动词短语 ModalP 上。在被附接的 VP 中，动词中心语具有焦点特征［+Foc］。这样，前置的宾语就可以移位到核查动词中心语特征的核查域内，以指定语－中心语的局域方式（local spec-head distribution）核查这一特征。同时他们又指出汉语中动词中心语同样存在［+Top］特征。这一特征可以允准宾语发生前置操作，同时允准宾语作为话题的语义阐释。也就是说，他们将前置宾语分析为核查焦点特征驱动下产生的具有话题特征的特殊成分。

将宾语前置现象归结于动词上的［+Foc］特征是有问题的。首先，它不是不可解释性特征，而最简方案中的特征核查都是在核查不可解释性特征的驱动下产生的（Chomsky 1995）。其次，如果动词上存在［+Foc］这一特征，且此特征可以驱使宾语移位，那么汉语中所有的宾语都应该发生至谓词之前的移位，这显然与现实语料不符。如果认为只是在前置宾语结构中动词上有［+Foc］这一特征，那么就会出现同一成分存在可选性（optionality）的状况，这一说法缺乏理据支撑。因此，将宾语前置归结于动词的特征核查驱动是不合理的。

Shyu（1995）认为双重话题化的解释不可以接受，她指出在汉语中不允许出现多重并重型话题：

(10) a. 张三从美国寄了一本书给李四。

b. 从美国，张三寄了一本书给李四。

---

① 刘丹青、徐烈炯(1998)在分析汉语“连”字句时提出了“话题焦点”这一概念，蔡维天(2004)从形式语义学的角度对话题焦点提出佐证。但很多学者如徐杰(2001)和袁毓林(2006)等则反对此概念的提出。

c. 给李四，张三从美国寄了一本书。

d. *给李四，从美国，张三寄了一本书。

上例中最后一句不合格，其原因在于“给李四”和“从美国”同时位于句首做话题的缘故。她认为宾语前置结构应被分析为与含有“连……都/也”类似的焦点结构。在主语与谓语之间存在着一个焦点短语（FocP）的投射，发生前置的宾语应该位于FocP这一短语的指定语位置。这一说法或多或少地得到Gasde（1998）和Zhang（2000）等研究的支持。按照这种分析，句（1）就应该有如下的句法表征：

（11）[$_{TP}$ 我 [$_{FocP}$ [$_{Spec}$ 那本书]][$_{vP}$ 我读完了~~那本书~~]]

这样的分析可以揭示宾语移位的具体生成过程，把宾语的前置操作设定成核查焦点短语的焦点特征所驱动，有效地避免了可选性的弊端。但是这样的分析完全忽略了前置宾语与话题之间的联系，因而很难解释前置宾语所体现的话题属性。

3. 前置宾语的归属

3.1 话题与焦点

Trask（1995: 279）指出话题是句中由语境允准的已知成分，是句子其余部分的陈述对象，一般为有定。同时，话题属于篇章的概念，只能应用于句子层面，不能进入从句，如：

（12）a. 书，小王看完了。

b. *这儿是书小王看完的地方。

上例第二句不合格，其原因在于名词短语“书”在子句中发生话题化操作的结果。同时，Trask指出焦点是句子中被予以强调的内容，代表的是最为重要的新信息，或者与其他成分形成明确对立。由于焦点是新信息，它可以是无定的。疑问词一般都用来表征新信息，因而被认为是焦点信息。汉语中的“是”和“连”则是代表性的焦点标记词（张伯江、方梅1996）。话题区别于焦点的一个重要特征在于话题化的内容无法被疑问词提问，且不能加上焦点标记词，如：

（13）a. 他吃过午饭了。

b. 是他吃过午饭了。

c. 谁吃过午饭了？

（14）a. 午饭他吃过了。

b. *是午饭他吃过了。

c. *什么他吃过了。

在例（14）中，话题成分“午饭”不能被焦点标识词“是”标识，也不能使用“什么”进行提问。除此之外，话题区别于焦点的另外一个重要特征在于焦点化的信息可以进入从句，如：

（15）我告诉过你连那本书张三都读过的事情吗？

此时，“那本书”因为受到焦点标记词“连”的标识，因而成为焦点信息。同时，该焦点成分可以在从句中自由出现。与话题相比，焦点的位置更为灵活。按照 Cinque（1993）提出的重音指派的零假设理论（null theory），自然焦点应落在语言递归分支方向上内嵌最深的句法成分上，即所谓的音系焦点表征，而以移位方式产生的焦点结构属于句法焦点表征。焦点的双重表征特征决定了它可以进入从句。与之不同，话题一般只能采用语法结构加以标识，因而不可进入从句。

综合以上可以得出，可以通过五大代表性的判断标准甄别话题和焦点，它们分别是：第一，有定与无定；第二，能否进入从句；第三，能否加焦点标记词“是”和“连”；第四，能否用疑问词提问；第五，是否存在对比。

3.2 前置宾语性质的测定

首先看有定与无定。简单 SOV 型前置宾语句中不可以出现无定成分，但是如果宾语前置句中出现了并列的子句，无定成分就可以出现，如：

（16）a. *他一本书买了。

b. 我一篇文章背过，一本书就没有。

“一本书”属于无定成分，作为单一的无定成分，“一本书”发生前移，生成的句子不可接受。但是，当“一篇文章”和“一本书”这两个无定性的宾语同时前置，生成的句子则是合格的。

第二个标准为能否进入从句。同样单一宾语前置句不可以进入从句，但是并列宾语前置结构则可以，如：

（17）a. *这就是小王书看完了的地方。

b. 这就是小王书看完笔记也做完了的地方。

第三个标准为能否加焦点标记词。单一宾语前置句与并列宾语前置句同样存在对立，以焦点标记词“连”为例：

（18）a. *他连被子叠好了。

b. 他连酒也喝，连烟也抽。

第四个标准为能否用疑问词提问，如：

（19）a. 小王垃圾倒掉了。

b. *小王什么倒掉了？

a. 他狗肉吃过，驴肉没吃过。

b. 他什么吃过，什么没吃过？

单个前置的宾语一般不可以用疑问词提问，否则就违反了汉语表层结构中疑问词不发生显性移位的原则（Huang 1982）。而如果出现并列的情况，采用疑问词提问则可以接受。

最后看是否存在对比。如果出现并列的宾语前置，显然会有两个前置的宾语进行对比。而如果出现单一的前置宾语，是否出现对比则是由语境决定。如果没有对比，就会出现话题结构，如果出现对比，那就成为焦点结构。这就证明了有些单一的宾语前置结构也可以进入从句的情况，如：

（20）请在我那本书看完了的时候打电话给我。

此句属于单一的宾语前置，但也可以进入从句，其原因是此句中强调了“我那本书看完”的时间与其他可能时间点的比较，这使得单一宾语前置结构发生焦点化，从而能够进入从句。

根据对比焦点具有穷尽性（exhaustiveness）和排他性

(exclusiveness）的特点，徐烈炯（2002）借用了Kiss（1998）所提出的并列结构测试和否定结构测试考察话题和焦点的属性和特点。对比性的焦点不可以产生蕴含关系，而话题则可以产生蕴含关系。对比性的焦点可以被否定，而话题不可以被否定。同时他指出汉语中单一的前置宾语可以产生蕴含关系，也不易被否定，因而属于话题成分。但是在文中他没有考虑并列前置宾语的情况。假设有牛肉、猪肉、鸡肉和鱼肉四类信息，当使用并列宾语前置结构时表述如下：

（21）a. 小马牛肉喜欢吃、猪肉也喜欢吃。（不包括鸡肉和鱼肉）

b. 小马牛肉喜欢吃。（不包括猪肉、鸡肉和鱼肉）

c. 小马猪肉喜欢吃。（不包括牛肉、鸡肉和鱼肉）

由于强调内容的不同，并列宾语前置结构不能蕴含并列成分的单个表述。这样，并列宾语前置结构显示出与对比焦点结构相同，而与话题结构不同的蕴含关系。同时并列的前置宾语可以被否定，如：

（22）a. 小张白酒不喝，啤酒也不喝。

b. 不，小张黄酒不喝，啤酒也不喝。

c. 不，小张白酒不喝，黄酒也不喝。

d. 不，小张黄酒不喝，清酒也不喝。

由上例可以看出，否定并列前置宾语成分中的一个或者多个都是可以接受的，因而也显现出与话题结构相左的表现。因此可以说，并列的前置宾语应该属于对比性的焦点，而非话题。

并列的宾语前置结构存在多个前置的宾语，因而总是存在着对比的关系，从而属于焦点结构。而单一宾语前置结构根据是否与语境存在对比，可细分为话题结构和焦点结构。但是在无语境的中立（neutral）情况下，单一的宾语前置句不会存在对比，因而属于无标记的话题，属于焦点则为标记性的表达方式，需要具体语境的允准，这就解释了单一宾语具有更多话题结构特征的分布状况。

4. 前置宾语的生成

4.1 宾语前置的激发机制和推导

曹逢甫（2005）指出汉语中存在大量句中话题结构，如“把”字句，动词复制句，以及宾语前置句等。更为重要的是汉语中存在主语后无法重构的话题成分（Tsao 1990；徐烈炯、刘丹青 2007），如：

（23）a. 他水果最喜欢苹果。

b. 鲜花，康乃馨最让人感到温馨。

“水果”和“鲜花”都不是句子的宾语，无法重构到句子谓词后的句法位置。这类话题只是句子讨论的对象，缺乏重构的句法位置，Chen（1996）称之为汉语式话题结构，这充分说明汉语句中存在话题投射。①同样句中的成分可以加上焦点标记词“是、连”等，形成句间焦点结构，因而汉语中也存在焦点投射。这样句中的话题投射和焦点投射就可以为前置成分的特征核查提供位置。

首先是单一性的话题式宾语前置结构。话题成分一般位于话题短语投射的指定语位置，同样焦点成分位于焦点投射短语的指定语位置（参见 Radford 2004），其句法结构式为：

（24）$[_{CP}[_{TP}$小王$[_{TopP}[_{Spec}$那本书$][_{Top'}[_{Top}][_{VP}$读完了~~那本书~~$]]]]]$

在 TP 投射之后存在一个话题短语 TopP 投射，由于宾语此时存在一个话题的特征，且此特征在没有移位到特定的话题位置时对宾语的语义阐释是不起作用的，因此可以认定这个特征对此时的宾语而言是不可解

① 此时的句中话题成分无法发生至动词后位置的重构，因而可以认为它是直接合并到话题短语投射指定语的位置上，即为基础生成的（based-generated）。这种结构为汉语中独特的结构，可作为移位推导的例外处理。

释的，即［-Top］。[①]将这一特征纳入上述的结构式中，推导的过程就可以得到明确的呈现：

（25）［$_{CP}$［$_{TP}$小王［$_{TopP}$［$_{Spec}$那本书，~~-Top~~］［$_{Top'}$［$_{Top}$+Top］［$_{VP}$读完了［~~那本书，-Top~~］］］］］］

宾语“那本书”移位到话题短语指定语的位置，与话题中心语形成“指定语-中心语”的局域（locality）分布，核查并删除掉它的［-Top］特征，从而形成最终合格的表层表征。同时，不发生移位的宾语不可能充当句子的话题，也就是说它不具有［-Top］这一特征，因而不会出现显性移位。这样宾语前置句和无移位句子共存的句法分布就得以通过特征内容的不同加以解释。

同理，并列的宾语前置句也可以认为是在TP之下的焦点短语FocP作用下产生的，如：

（26）［$_{CP}$［$_{TP}$小王［$_{FocP}$［$_{Spec}$酒，~~-Foc~~］［$_{Foc'}$［$_{Foc}$+Foc］［$_{VP}$喝了［~~酒，-Foc~~］］］］，［$_{FocP}$［$_{Spec}$饭，-Foc］［$_{Foc'}$［$_{Foc}$+Foc］［$_{NegP}$没有［$_{VP}$吃［~~饭，-Foc~~］］］］］］］］。

按照特征核查的原则可以将并列前置宾语的激发机制分析为宾语的［-Foc］特征。在宾语位置的“饭”和“酒”分别发生移位，至焦点短语的指定语位置，从而使得其不可解释性特征得以核查并加以删除。这样宾语前置的移位也是由核查不可解释性特征驱动的，与最简方案中移位的基本精神保持一致。同时不发生移位的宾语要么没有［-Foc］这一特征，要么此特征可以通过常规焦点的音系标识方式，即加重音的方式加以核查，从而不会出现宾语前置现象。这样一来，前置宾语与非前置宾语的并存分布也可以得到合理的解释。

① 按照Chomsky（2001）的核查理论，某个功能范畴的不可解释性特征作为probe吸引需要移位的goal并激发其产生移位以局域的条件完成核查。Bošković（2007）对特征核查提出了更加严格的要求：产生移位的激发机制不能为功能范畴，而只能为移位成分本身的不可解释性特征，从而可以解决移位中间阶段的特征核查问题以及推导中的前看性问题（look-ahead problem）。本节采用这样的观点，并以此解释宾语移位和不移位的可选性分布特征。

4.2 前置宾语到句首话题结构与焦点结构的推导

值得注意的是发生前置的宾语可以进一步移位至句首形成句首焦点和句首话题结构，如：

（27）a. 那本书，小王读完了。

b. 酒小王喝了，饭小王没吃。

在上例中，前置宾语“那本书”以及“酒”和“小王”最终占据的句法位置位于句首，从而体现出与话题化话题结构相类似的句法分布。根据 Rizzi（1997）提出的分裂标句词短语假说（Split-CP Hypothesis），CP 可以分裂为语势短语 ForceP、话题短语 TopP、焦点短语 FocP 以及限定短语 FiniteP。其中语势短语 ForceP 和限定短语 FiniteP 为必须出现的分裂投射。话题短语 TopP 和焦点短语 FocP 则具有可选性，它们的出现由具体的句法特征所允准。依据这一理论，以话题性宾语前置结构为例，它的推导过程应该为：

（28）$[_{ForceP}[_{TopP}[_{Spec}$ ~~那本书~~ $][_{Top'}[_{Top}][_{TP}$ 小王 $[_{TopP}[_{Spec}$ 那本书 $][_{Top'}[_{Top}][_{VP}$ 读完了 ~~那本书~~ $]]]]]]]$

问题在于宾语能否直接移位到句首话题短语指定语位置，而不经过中间话题投射的环节。可以认为经过句间话题短语的移位是必须的，其原因在于：首先，句首位置上的话题成分如果是由宾语移位而来，一般都可以放置于主语之后，形成句中话题投射；其次，依据普遍语法一致性的原则，如果出现了可允许的投射，在结构描述上就应该将它包括进去；最后，设置中间话题短语这一投射，使得宾语发生至句首位置的移位距离缩短，移位可以采用连续循环的方式进行，更加符合句法操作中的经济性原则。同理，以上论述对焦点结构的推导同样适用。

袁毓林（2006）指出词语承载的信息有强调与非强调之分。强调的信息就是焦点，而非强调的就是背景。背景是凸显焦点的基础，焦点也只有在背景的衬托之下才能显现。由于说话人强调信息的需要，在一个句子中出现多个焦点是完全可以接受的。同样“次要话题”概念的提出也说明了同一个句子中可以存在多个话题，但是同一句子中的焦点和话题的地位又有所不同。出于信息表达的需要，多个焦点和话题成分中必然有一个为主要话题和主要焦点，徐杰（2001）指出“单一强式焦点原则”正是基于上述考虑。运用特征核查理论，以上内容可以阐释为，在同一句中，多个焦点和话题投射中只能有一个话题或焦点中心语具有强势特征，具有对句子的话题化和焦点化的句法成分进行特征核查的能力。

如果句间的话题投射和焦点投射是强调的，也就是说具有强式特征，那么在句间话题投射和焦点投射的指定语处的前置宾语就可以得到话题特征和焦点特征的成功核查，从而生成宾语前置结构。此时句首的标句词短语也就无需分裂出话题短语和焦点短语。

如果强调的是句首的话题短语和焦点短语，那么标句词短语就会分裂，这样同一句中就会出现两个同样的话题短语和焦点短语。同样以话题化为例，如：

（29）[$_{ForceP}$[$_{TopP}$[$_{Spec}$那本书，~~−Top~~][$_{Top'}$[$_{Top}$ + Top][$_{TP}$小王[$_{TopP}$[$_{Spec}$~~那本书，−Top~~][$_{Top'}$[$_{Top}$][$_{VP}$读完了~~那本书，−Top~~]]]]]]]

按照复制式移位理论（Chomsky 1995），此时“那本书”就会出现三个复本。在拼读时这三个复本中的两个必须加以删除，否则出现的句子就无法进行正确的拼读。至于具体删除哪一个复本，它的理据同样来自特征核查（Nunes 2004）。句中话题投射中的话题由于没有强调的原因，不具有［+Top］这一特征，因而它不能核查“那本书”的［−Top］特征，这样“那本书”只有发生再次移位至句首的话题短语中。此时句首的话题具有［+Top］的特征，因而可以核查并删除“那本书”的［−Top］特征。此时如果拼读选择了删除句首的“那本书”而保留句中和句末的“那本书”，那么形成的句子就要面临着仍然存在不可解释性特征的情况，这会导致推导崩溃（crash）的结果。相反，如果删除句中和句末的“那本书”，那么随着句首位置上“那本书”［−Top］特征的核查删除，句子中已无任何不可解释性特征，因而这样的线性化（linearization）方式才是最优的选择。可以认为，焦点结构的生成与上述机制相同。

5. 本节结语

宾语前置结构并非一个统一、一致的句法结构式，它可以分为单一的话题式宾语前置结构和并列的焦点式宾语前置结构。将前置宾语分析为话题焦点的做法很难对前置宾语做出合理的解释，更重要的是它不利于焦点与话题这两个基本概念的甄别。句中话题短语和焦点短语与句首标句词短语分裂不同，它的存在受到客观语料支持，得到理论允准的必有句法投射，而非随意出现或者隐现的。一个完整的句子结构表征在句首话题短语和焦点短语的基础上应该还包括句中的话题投射和焦点投射，这样汉语句子表征结构就得到了细化，体现了制图式分析的基本特点。使用特征核查的分析法可以将宾语前置结构与句首话题结构和焦点结构统一起来予以一致的解释，从而涵盖更多的语料，同时也成功地解决了复制过程中多重复本删除的问题，具有较好的现实性和解释力。

第三节 “连”字句的句法分析

1. 引 言

连字结构是汉语中一种比较特殊的句式。“连”字后一般都会有一个“都”或者“也”来成句。“连”字成分可以出现在主语之后，也可以出现在主语之前，即可以出现在句中和句首的两个不同位置：

（1）a. 他连我的话也听不懂。

b. 连我的话他也听不懂。

保留“连”字而省略“都”或者“也”的句子不合语法，省略“连”字而保留“都”和“也”的句子往往则是可以接受的，如：

（2）a. 她连数学都/也喜欢。

b. *她连数学喜欢。

c. 她数学都/也喜欢。

学界对于“连”字句性质的界定存在诸多争论。Shyu（1995）以及张伯江、方梅（1996）将“连”字成分分析为焦点。曹逢甫（2005）则认为“连”字成分不是焦点，而应该是话题或者次话题。徐烈炯（1998）采取折中的分析法，他认为“连”字成分属于焦点成分，但是同时具有话题的特征，因而属于话题焦点。本节将对此结构做出再分析。首先讨论“连”字的语类归属，之后对“连”字成分在句中的分布做出一个较为完整的描写。本节讨论的重点是对“连”字句焦点和话题属性的分析和具体推导过程的解释。除此之外，本节还将对“连”字句中体现的阻隔效应做出分析。

2. “连”字的语类归属

早期的文献，如朱德熙（1982）等将“连”字界定为介词，但介词说不断受到挑战。“连”字不属于介词的证据如下：首先，一般的介词短语都是在否定词和情态动词之后，而“连”字成分只能在否定词与情态动词之前，因而表现出与一般介词和介词短语不同的分布特征，如：

（3）a. 张三没有/应该向李四借钱。

b. *张三向李四没有/应该借钱。

（4）a. *张三没有/必须连家庭作业都写完。

b. 张三连家庭作业都没有/必须写完。

其次，使用并列测试法（coordination test）时可以看出，两个介词短语由于性质相同，可以并列使用。而当“连”字短语和一个普通介词短语共用时，得出的句子不合语法。这说明“连”字成分并不属于介词短语成分，如：

（5）a. 他从银行还是从亲戚那借的钱？

b. *他替亲戚还是连朋友贷了款。

最后，“连”字成分一般都可以重构到句子的逻辑宾语位置，但此时重构的位置却不可以加上“连”字：

（6）a. 在这儿，连《人民日报》都看不到。

b. 在这儿，都看不到（*连）《人民日报》。

由此可见，宾语“《人民日报》”是由动词短语“看不到”所选择的，而不是“连”字。因此将“连”字界定为介词的说法不能成立。

另外一种说法是将“连”字作为一个功能投射（functional projection）的中心语，此功能投射 LianP 选择一个 DouP 共同构成“连”字句的完整句法结构。这一说法同样很难成立，如“引言”中所述，“连”字句中的“连”字是可以省略的。按照功能投射的说法，也就是说一个短语的中心语是可以省略的，这显然是很难接受的。同时，一个“连”字可以选择多个“都”字短语，且“连”字成分和“都”字成分之间可以插入主语成分，如：

（7）他在外连电话都不往家里打一个，信都不写一封。

也就是说，一个“连”字可以选择多个“都”字成分，且被 LianP 短语选择的 DouP 短语可以出现间隔。这些都是不可以接受的，因而“连”也不可以被认定为一个功能投射的中心语。

张伯江、方梅（1996）将“连”字分析为焦点标记词（focalizer），这一说法同样很难成立。首先，“连”字的可省略性说明将“连”字分析为焦点标记词十分牵强。其次，Paris（1979）指出焦点标记词一旦出现，句中不能出现与焦点成分共指的代词成分。而在“连”字句中，出现此类性质的代词是完全可以接受的，如：

（8）连落花伤感之人都替它们感到难受。

焦点标记词的另一个特点是当此标记词被删除时，句子的意义就会发生改变。但实际上，“连”字句中“连”的删除并不会在句子意义方面发生多大的改变。由此可见，将“连”字分析为焦点标记词的说法也很难成立。

Paris（1979）将“连”字成分分析认定为似量化成分（quasi-quantifier），把“连”字句中的“都/也”成分设定为量化词。两者的共同作用带来“连”字句中的“甚至”意义。似量化成分的提法首先没有一个清楚的界定，它与量化词“都/也”的关系也很难加以界定。因此可以说，似量化成分的说法也不具有很高的解释性。

Shyu（1995）分析了“连”字的性质，她指出“连”字后成分可以为名词短语，动词短语或者小句，如：

（9）a. 张三连一分钟都不休息。

b. 张三连打饭都不忘背单词。

c. 张三连她去外地出差都不放在心上。

据此，她认为应该将“连”字分析为形容词或者副词，这样的说法同样也是存在问题的。“连”字后的成分可以直接为形容词或者副词成分，如：

（10）她连漂亮都谈不上，更不用说惊艳了。

也就是说，如果认为“连”字为形容词或者副词，就会出现形容词或者副词可以修饰形容词和副词的结果，这样的说法显然无法成立。同时，某些介词短语也可以出现在“连”字之后，如：

（11）他连从地下钱庄都借了不少钱，更不用说亲戚朋友了。

如果把“连”分析为形容词或者副词，就会出现形容词和副词修饰介词短语的状况，这显然也是不能接受的。Paris（1979）提出“连”字后不可以出现方式副词和原因副词，但实际上有些时候它们也是可以接受的，如：

（12）a. 张三连很小心都会犯很多错误，更不用说不小心了。

b. 他连为了朋友什么事都可以做，更不用说父母了。

由此可见“连”后的成分非常多元化，只要是被强调了的内容都可以进入“连”字成分当中。因此，曹逢甫（2005）将“连”字后所有的成分分析为名词化成分的说法是不能成立的。一般而言，介词短语以及副词成分是很难名词化的。鉴于“连”字后可接受成分的多样化，可以将“连”字分析为辖域标记词（scope marker），它的功能在于标记“连”字成分中焦点信息的内容，即“都/也”量化的对象。从形态学的角度考虑，由于“连”字只可能出现在“连”字句当中充当辖域标记的功能，“连”字同时也应分析为一个粘着语素（bound morpheme），它可以附着在任何充当焦点的句法成分之后，而其本身不具备独立的句法地位。这样的分析法可以克服以上分析的诸多不足，同时可以解释“连”字后成分的多样性，因为粘着语素粘着的对象可以是多样性的。除此之外，因为粘着成分是一个形态成分，“连”字可省略的现象也可以得到解释。可以得出的一个结果是，整个“连”字句的意义与“连”字本身并无绝对性的关联。

3. “连”字成分在句中的分布

本节所考虑的主要是“连”字成分和情态动词、否定成分以及副词之间的分布关系。

情态动词可以分为认识情态词（epistemic modal）和义务情态词（deontic modal）。认识情态词主要是针对命题的可能性和必要性做出的判断，如“应该”“会”“可能”等。义务情态词主要用来标识允准、义务、能力和倾向，如“肯”“敢”等。一般认为，认识情态词属于提升动词（raising verbs），它占据的是TP中的中心语位置（Huang 1988），义务情态词一般被认为占据的是情态词短语MP的中心语位置。从结构上来讲，认识情态词的位置应该高于义务情态词。首先看句中“连”字句与两类情态词的先后关系。由于认识情态属于提升动词，可以在句中“连”字句和句前“连”字句的前后：

（13）a. 可能张三连借给李四一块钱都不愿意。

b. 张三可能连借给李四一块钱都不愿意。

c. 张三连借给李四一块钱可能都不愿意。

（14）a. 可能连借给李四一块钱张三都不愿意。

b. 连借给李四一块钱可能张三都不愿意。

c. 连借给李四一块钱张三可能都不愿意。

由上例可以看出，对于句中“连”字句而言，认识情态词可以出现在主语之前、主语和“连”字成分之间，以及“连”字成分之后。而对于句前“连”字句而言，认识情态同样可以出现在“连”字成分之前、“连”字成分和主语之间，以及主语之后。与之相比，义务情态词的分布相较而言就略为受限：

（15）a. *敢李四连鬼故事都听。

b. *李四敢连鬼故事都听。

c. 李四连鬼故事都敢听。

（16）a. *敢连鬼故事李四都听。

b. *连鬼故事敢李四都听。

c. 连鬼故事李四都敢听。

对于句中“连”字句而言，义务情态词只能出现在“都”成分之后，而不能出现在它之前。对于句前“连”字句而言，义务情态同样也只能在“都”成分之后，而不能先于句中的“都”。

Shyu（1995）指出否定词“没有”应该在“连”字成分与“都”的后面。对于句前“连”字句而言，这一论述是正确的，如：

（17）a. *没有连张三都看完课文。

b. *连张三没有都看完课文。

c. 连张三都没有看完课文。

但是，对于句中“连”字成分而言，“没有”实际上不仅可以出现在“都”之后，也可以出现在“连”字成分之前，但不可以出现在“连”字成分与“都”之间，如：

（18）a. 张三连课文都没有看完。

b. 张三没有连课文都看完。

c. *张三连课文没有都看完。

出现在“连”字成分之前的“没有”是完全可以接受的，它的意义为“张三看了一些书，但是课文没有看”，说明“张三”处于“完全没有看书”和“连课文等全部的书都看了”两个极端的中间状态。采取这一语义解读的话，这样的句子完全是可以接受的。

按照 Li & Thompson（1981）的论述，汉语中的副词可以分类为移位性副词（movable adverb）和非移位性副词（non-movable adverb）。移位性副词可以出现在主语之前、也可以出现在主语与情态动词之间，例如“好像”“突然”“显然”等。非移位性副词只能出现在主语之后，例如“已经”“一直”“常常”等。对于句前“连”字句而言，移位性副词只能在“连”字成分之前，而不能位于其后，如。

（19）a. 显然连电影张三都不看。

b. *连电影显然张三都不看。

c. *连电影张三显然都不看。

对于句中“连”字句而言，移位性副词可以出现主语之前，也可以出现在主语和“连”字成分之间，而不能出现在“连”字成分之后，如：

（20）a. 显然张三连电影都不看。

b. 张三显然连电影都不看。

c. *张三连电影显然都不看。

对于非移位性副词而言，它可以出现在“连”字成分与“都”之间，或者“都”之后，但是不可以出现在其他位置，如：

（21）a. *已经连碗张三都洗好了。

b. *连碗已经张三都洗好了。

c. 连碗张三都已经洗好了。

对于移位性副词而言，它可以出现在主语与“连”字成分之间，也可以出现在“都”之后，如：

（22）a. *已经张三连碗都洗好了。

b. 张三已经连碗都洗好了。

c. 张三连碗都已经洗好了。

由以上论述可以看出，句间“连”字成分与句前“连”字成分同情态动词、否定词以及副词在句中的分布存在相同和不同之处，这就说明了在结构上这两种“连”字句存在相同的属性，但是也具有不同的特点。

4. “连”字成分的焦点和话题属性

4.1 话题与焦点

Trask（1995）认为话题是句子里表示语境中已知的成分，是句子其余部分的陈述对象。由于话题一般是已知的信息，因而它总是有定的。同时，话题属于篇章中的一个概念，只能应用于句子的层面，而不能进入句子的内部成分，即从句的层面上，如：

（23）a. 书，小王看完了。

b. *这儿是书小王看完的地方。

同时Trask（1995）指出，焦点是句子中某个成分被赋予重要性的特别内容，它代表的是句子中最为重要的新信息，或者与其他成分形成明确的对立。由于焦点是新信息，与话题不同，它可以是无定的。疑问词一般标识的都是新信息，因而被认为是焦点。汉语中的焦点标记词主要有两个，一个为“是”，一个为“连”（张伯江、方梅 1996）。话题区别于焦点的地方在于话题化的内容不可以被疑问词提问，也不能与焦点标记词连用，例句如下：

（24）a. 他吃过午饭了。

b. 是他吃过午饭了。

c. 谁吃过午饭了？

（25）a. 午饭他吃过了。

b. *是午饭他吃过了。

c. *什么他吃过了。

与话题不同，焦点化的信息可以进入到从句当中，如：

（26）a. 张三读过了那本书。

b. 那本书，张三读过了。

c. 连那本书张三都读过了。

d. *我没有告诉过你那本书张三读过了的事情。

e. 我没有告诉过你连那本书张三都读过的事情。

焦点与话题的不同之处在于焦点可以在句末，也可以在句中或者句前的位置上出现。按照生成语法的解释，句末的焦点一般是通过加重音的方式产生的（张豫峰 2006），因而属于音系焦点表征。与之不同，通过移位方式生成的焦点属于句法焦点，如“连”字句中的“连”字成分。焦点的标识可以是音系作用的，也可以是句法作用的特征决定了它可以进入从句的句法分布。与之不同，话题只是一个篇章的概念，一般不可以只能由音系层面加以表征，需要采用语法结构加以标识，因而不可进入从句。

由此可见，能否进入从句并不是区分标记性结构与非标记性结构的标准，但可以用来确认一个结构是否属于话题结构还是焦点结构。

徐烈炯（2002）提出了两个测试法用来区分对比焦点和话题，它们分别为并列结构测试和否定结构测试。根据并列结构测试，逻辑蕴含关系可以存在话题结构中，而不能存在于对比焦点结构中。也就是说，与对比焦点不同，话题不具有排他性。根据否定结构测试，话题一般不能被否定，而对比焦点信息一般则是可以被否定的。

综合以上论述，可以得出区别汉语中焦点结构与话题结构的六大判断标准：

（27）a. 有定与无定；

b. 能否进入从句；

c. 能否加焦点标记词“是”和“连”；

d. 能否用疑问词提问；

e. 能否通过并列结构测试；

f. 能否通过否定结构测试。

使用这些标准就可以测定句子中的成分属于焦点信息还是话题信息。

4.2 “连”字成分的话题说和话题焦点说

刘丹青、徐烈炯（1998）使用“突出”（prominent）和“对比”（contrastive）这两对特征来标识焦点的类型。他们认为跟句内背景相对应的焦点性质为突出，而跟句外背景相对应的焦点性质则为对比。汉语中的“连”字成分属于焦点话题，即“连”字成分的特征矩阵为：[－突出]，[＋对比]；自然焦点的特征矩阵为：[＋突出]，[－对比]；对比焦点为［＋突出］，［＋对比］。这样的分类存在一定问题。首先“突出”与“对比”的差别在于背景呈现方式的不同。但是正如徐杰（2001）所指出的，焦点是讲话人基于自己的判断所得出的结果，认为它相对重要并决定通过语法手段强调的成分，焦点的确立与背景呈现方式没有必然联系。其次，“突出”和“对比”是两对意义相反的特征。而他们所概括的对比焦点却要同时包含这两个相反的特征，即对比焦点既要求与句内背景对应，同时也要与句外背景对应，这是无法实现的。最后，如上文所示，焦点与话题存在诸多不同，提出话题焦点的说法实际上就掩盖了话题与焦点之间的概念差别，对于话题与焦点的属性，以及话题结构、焦点结构也就无法得到明确的认识。因此，使用特征矩阵和提出话题焦点的说法本身就存在问题，认为“连”字成分为话题焦点自然就缺乏令人信服的理据，因而不能成立。

曹逢甫（2005）则提出“连”字成分为话题和次话题的说法，并提出了具体的论证过程。①实际上，他所提供的证据并不能证明“连”字成分属于话题。他所列举的证据之一为主要话题在句子中可以承担主语、宾语、时间状语和处所状语等句法功能，“连”字成分也是如此。与话题相同，“连”字成分中不能有方式状语，因此这样的相同分布说明“连”字成分应该属于话题。首先，相同的分布不能成为句法成分具有相同性质的唯一证据。其次，“连”字成分可以为句子的任何成分，也包括方式状语，因此“连”字成分与话题实际上拥有不同的分布特点，将“连”字成分作为话题是不能成立的。曹逢甫（2005）提出的证据之二是对任何一个像宾语这样的动词后成分而言，要变成话题必须移位到动词之前的位置上。同样，动词后的成分要变成“连”字成分也要

① 在曹逢甫(2005)中，“话题”这一概念统一表述为“主题”，两者实际上指称的内容是相同的。

移位到动词之前。因此“连”字成分应该属于话题。这样的论证结果是，只要是出现动词后成分发生到动词之前的移位，那么该句法成分就应该属于话题。按照这种说法，汉语中的“把”字句和“被”字句也可以出现这样的移位，它们也应该是话题，这显然是不成立的。因此，这样的证据也不能成立。曹逢甫（2005）中的论据之三为“连”字成分总是有定或者通指的，无定、非通指的名词词组不能在“连”字后出现。他的例句为：

（28）*连一个人都做得了。

实际上，这个句子不合语法的原因并不是“连”字搭配的问题，而是句子本身的问题，如果加上一些其他句法成分，上述句子就可以变成合格的，“连”字成分完全可以是无定和非通指的成分，如：

（29）a. 这件事情，连一个人都做得了。

b. 连一个人都做得了，更不用说很多人了。

由此可见，曹逢甫（2005）所提供的几个证据都不能论证“连”字成分属于话题，“连”字成分的话题说也很难成立。“连”字成分究竟是话题还是焦点，这需要上文所提出的甄别话题和焦点的六大标准来确定。

4.3 连字成分话题与焦点属性的测定

话题与焦点的第一个区分标准为话题一般为已知信息，因而总是有定的，而焦点则可以是无定的。上一节中的语料说明了“连”字后完全可以出现无定成分。因而“连”字成分应该为焦点成分而非话题成分。

话题与焦点的第二个区分条件是能否进入从句。“连”字成分完全可以出现在从句当中，如：

（30）a. 这就是那位连红楼梦都不读的学生。

b. 就是在连信我都写好的时候他回来了。

“连”字成分可以进入从句，包含“连”字成分的句子符合语法要求，这说明“连”字成分表现出与话题不同的句法特征，因此这一测试法也说明“连”字成分为焦点而非话题。

“连”字成分中的“连”字与“是”相同，都是用来标记句子的焦点成分，而非话题成分。“连”字成分完全可以使用疑问词加以提问，如：

（31）a. 连什么书他都没有读过？

b. 他连什么书都没有读过？

“连”字成分可以使用疑问词提问，这说明“连”字成分应该是焦点，而非话题。

再看并列结构测试。假设有三个人，小王，小张和小李。当出现不同的“连”字结构时就会有不同的隐含意义，如：

（31）a. 他连小王和小张都不喜欢（排除小李）。

b. 他连小王都不喜欢（排除小张和小李）。

c. 他连小张都不喜欢（排除小王和小李）。

（32）a. 连小王和小张他都不喜欢（排除小李）。

b. 连小王他都不喜欢（排除小张和小李）。

c. 连小张他都不喜欢（排除小王和小李）。

很明显，第一句是不能蕴含第二句或者第三句的。也就是说蕴含关系是不能存在于“连”字句当中的，因而呈现出与话题所不同的特征，“连”字成分不能是话题，而应该是焦点。

最后是否定结构测试。“连”字成分被否定是完全可以接受的，如：

（33）a. 他连数学都学不好。

b. 不，他连英语都学不好。

（34）a. 连张三他都不认识。

b. 不，连李四他都不认识。

在上述语料中，“连”字成分可以被否定。根据否定结构测试法，这说明“连”字成分不属于话题成分，而应该是焦点。

综合以上讨论可以看出，将“连”字成分认定为话题或者话题焦点的说法是不能成立的。通过甄别话题与焦点的六大测试法，可以发现“连”字成分不论是在句中位置还是在句首位置都体现出了与焦点相类似，而与话题不同的句法表现。因此，“连”字成分应该属于焦点成分，而不可能是话题成分。

5. “连”字句的生成

5.1 焦点短语的确立

“连”字后焦点成分的多样性和“连”字本身的可省略性说明以“连”做焦点短语中心语是不恰当的，可以承担此角色的成分只有句中的“都”或者“也”。先前的研究曾关注过“连”字结构，对于“都”的逻辑语义讨论相对较多。袁毓林（2005）总结了“都”的四种理论：全称量词、分配算子、存在量词以及加合算子。经过论证，袁毓林（2005）指出“都”主要的语义功能为加合性，即对一组最小时间进行加合操作，从而表示复数的概念，而“都”的总括意义和分配意义都是由加合意义所造成的附带效应。这样的分析无疑是精细的，但是这一分析主要是从语义角度进行的。实际上，在不同的实际句子和语境中，具体选择加合意义、总括意义还是分配意义也应该具有灵活性。任何采取一种意义来涵盖其他意义的方法，从生成语法的角度来说都不具有普遍性。

另外，正如刘丹青（2005）所指出的，对于“连”字句广为接受的认识有如下三点：首先，“连”字句都包含一个说话人的主观预设（presupposition），进入此类句型的“连”字成分处在一个可能性等级尺度的极端，比起该尺度的其他成员来说是最不可能出现的；其次，“连”字句中的断言（assertion）所讲述的事实为这一最不可能成员的属性或者行为为真；最后，“连”字句的言外含意（implication）为这一等级尺度中的其他成员更有可能出现句中描述的状态和行为。如果单纯将“连”字句中的“都”或者“也”理解为以上四种意义中的一种，都不能对“连”字句中的主观预设、断言和言外含意有一个完整的把握。一个比较理想的分析是，“连”字句中的特殊意义是由“连”字与“都”或者“也”共同作用下产生的。连字句中的焦点意义由“都”或者

“也”指派，“都”和“也”占据“连”字句中焦点短语的中心语位置。

5.2 句中“连”字句与句前“连”字句的推导

Rizzi（1997）提出分裂标句词短语假说（Split-CP Hypothesis）。根据这一假说，标句词短语 CP 可以进一步分裂为语势短语 ForceP、话题短语 TopP、焦点短语 FocP 以及限定短语 FiniteP。同时，CP 的分裂具有灵活性，ForceP 和 FiniteP 为必须出现的分裂投射，而 TopP 和 FocP 的出现由具体句子的性质决定，它们的出现具有可选性。分裂标句词短语假说可以为句前“连”字成分提供需要的句法位置。同时照顾到汉语中主语之后也可以出现“连”字焦点成分，可以认为汉语时态短语 TP 之下同样存在一个焦点短语投射 FocP。

以一个简单的“连”字句“他连数学都不喜欢”为例，它的推导过程如下：

（35）[$_{TP}$ [$_{Spec}$ 他][$_{T'}$ [$_{FocP}$ [$_{Spec}$ 连数学，~~-Foc~~][$_{Foc'}$ [$_{Foc}$ 都，+Foc][$_{NegP}$ [$_{Neg}$ 不][$_{vP}$ 喜欢~~数学，-Foc~~]]]]]]

焦点成分进行移位，其最后的着陆处应该位于焦点短语的指定语位置（Radford 2004，2009）。作为焦点，“连”字成分也应该位于焦点短语的指定语位置，“连”字的使用主要是为了标识焦点成分的具体对象。在上一句中，焦点成分“数学”原先为动词“喜欢”的宾语，由于它的[-Foc]特征需要核查，因此它必须移位到焦点短语的指定语位置与焦点成分“都”形成局域（locality）方式（Chomsky 1995）以便进行特征核查。此时，“都”的可解释性焦点特征可以核查并删除“数学”的不可解释性焦点特征。当这一核查结束后，句子中不存在任何不可解释性特征，推导也告完成。

“连”字焦点成分同样可以出现在句首，此时发生的推导过程如下：

（36）[$_{ForceP}$ [$_{FocP}$ [$_{Spec}$ 连数学，~~-Foc~~][$_{Foc'}$ [$_{Foc}$ +Foc]]][$_{FiniteP}$ [$_{TP}$ [$_{Spec}$ 他][$_{T'}$ [$_{FocP}$ [$_{Spec}$ 连数学，-Foc][$_{Foc'}$ [$_{Foc}$ 都，Foc][$_{NegP}$ [$_{Neg}$ 不][$_{vP}$ 喜欢~~数学，-Foc~~]]]]]]]]

焦点信息由于是说话人出于强调的目的，采取语法方式加以突出和强调的句子成分。一个句子中可以有多个焦点，但是它要突出强调的焦点一般只能有一个。此时的句中存在两个焦点短语的投射。但是TP后的焦点短语中的焦点不是强式的，不具有核查和删除宾语“数学”不可解释性特征的能力。因此，“数学”需要再次进行移位操作，其落脚点为句首的焦点短语位置。此时的焦点短语中的中心语是隐现的，但是它具有特征核查的能力，因而可以完成对不可解释性特征的核查。

“连”字句中拥有两个焦点短语投射，“连”字成分具体移位的方式需要予以讨论。句首的“连”字焦点成分的移位需要经过句中焦点短语的位置，然后进入句首位置。是否存在不经由句中焦点短语直接发生到句首的移位呢？这一移位策略应该不可取。其具体理据为：首先，前置的“连”字焦点成分是由宾语位置移位而来，一般它可以放置于主语之后的位置。也就是说，如果产生句前焦点投射的话，同样也是可以产生句中焦点投射的。这样一来，“连”字成分采用通过句中焦点短语位置移位至句首焦点短语位置的方式，可以对这一句法分布做出解释；其次，句中焦点投射不是某一个短语投射分裂造成的，它没有与其他短语合并为一个原始短语的可能性。既然句中位置可以出现“连”字焦点成分，也就说明焦点短语投射FocP可以在句中出现。依据普遍语法的原则，如果出现了可允许的投射，在普遍性的结构描述上就应该将它包括进去；最后，设置句中焦点短语这一投射，使得宾语发生至句首位置的移位距离缩短，移位可以采取连续循环的方式进行，这一移位方式更加符合句法操作中的经济性原则。由此可以认为，句首焦点成分的移位需要经由句中焦点短语投射的位置，这一移位方式要比一步从宾语移位至句首的方式更为合理。由此来看，宾语“数学”发生至句中焦点短语再到句首焦点短语的移位是有理据的，属于较为理想的移位模式。

由以上论述可知，“连”字句在句首位置和句中位置存在两个焦点短语投射。当不出现句首焦点短语时，句中焦点短语中的中心语“都”是强式的，可以核查并删除“连”字成分的不可解释性焦点特征。但是如果同时出现句首和句中两个焦点短语，句中焦点短语的中心语就丧失了特征核查的能力，“连”字成分只好发生至句首焦点短语的再次移位，以便核查“连”字成分的焦点特征。但是，移位必须符合经济性的要求，句首“连”字成分的移位，需要经由句中焦点短语的指定语位置，以连续循环的方式进行。

“连”字后的成分有时候是不可以发生重构的，如：

（37）a. 由于害怕，小李连大气都不敢出一口。

b. 由于害怕，连大气小李都不敢出一口。

c. 他连哭都哭不出来了。

d. 连哭他都哭不出来。

此类句子中由“连”标识的句法成分都不可以发生重构，“大气”重构到原句中就形成了“出一口大气”这一错误表达方式；“哭”在原来的句法位置已经出现，因而“连”后的“哭”也是无法重构的。此类不可重构的“连”字焦点成分应该是由合并（Merge）而非移位（Move）的方式产生的。“大气”和“哭”直接合并到句中和句首焦点短语的指定语位置以完成对它们［-Foc］特征的核查。由于没有移位的产生，句首“连”字焦点成分进入“连”字句就不需要经由句中焦点短语指定语的位置，可以采取从词库中提取出“连”字后成分直接合并到相应的焦点短语位置，而不再需要中间环节的作用。

5.3 “连”字句中的阻隔效应

当某些句法成分在“都”与其指向目标之间出现时，会阻碍“都”的指向，使句子不合语法，这种现象就是“都”的阻隔效应（blocking effect）。董秀芳（2003）具体分析了“都”字中阻隔效应的类型，本节主要讨论“连”字句中体现的阻隔效应，例句如下：

（38）a. 连他们都在北京工作。

b. *连他们在北京都工作。

（39）a. 连他们都在去年去了澳大利亚。

b. 连他们在去年都去了澳大利亚。

由上述例子可以看出，“都”之间出现阻隔的成分并不都是副词性修饰成分。Kuno（1987）指出表示时间和地点的副词可以分为两类：一类为主题性（thematic）副词，一类为非主题性（nonthematic）副词。主题性的时间地点副词表示的是背景信息，而非主题性的时间地点副词表示的是事件发生的具体时间和地点，是作为新信息出现的，也就是说属于焦点信息。时间和地点副词并没有一个明显的外部标志以表明其具体身份，但是可以使用汉语中的“是”来检验它们的焦点性质，如：

（40）a. 连他们昨天都到了北京。

b. *连他们是昨天都到了北京。

在上例中，前一句中的“昨天”是作为主题性副词使用的，属于背景信息，因而不会出现阻隔效应。但是如果在此时间词前加上焦点标记“是”，那么生成的句子就不合语法。该句不合格的原因在于，一旦加上了“是”之后，“昨天”由主题性副词变成了标识焦点的非主题性副词，因而不合语法。同理，如果要把句（38）变成合格的，只需要把“在北京”变成主题性副词即可，采取的方法是延长“都”后成分并让之焦点，从而使得“在北京”丧失非主题副词的属性：

（41）连他们在北京都工作了好几年。

由此可见，“都”与它的语义指向之间不能出现焦点成分。据此，董秀芳（2003）将之总结为：“都”是句子信息分布的分界点，“都”前成分属于非焦点信息，而“都”后成分属于焦点信息。问题是，这样的分析在运用到“连”字句中是有问题的。在“连”字句中，“都”前面的“连”字成分经过上文的论证属于焦点成分，单纯的认为“都”前成分都为非焦点信息的说法是很难成立的。

从生成语法的角度来看，“都”与“连”字成分中不能出现焦点信息的原因是句法推导经济性原则“最小连接条件”（Minimal Link Condition）（Chomsky 1995）所造成的。这一原则的内容为：A可以以K为目标发生至K域的移位，只要没有一个B同样可以以K为目标并发生至K域的移位，且B离K的距离更近。正如上文所论述的。“连”字成分属于焦点信息，它必须移位到以“都”为中心语的焦点短语指定语的位置上以核查它的［-Foc］特征。当焦点信息出现在“连”字成分后的句法位置时，此焦点成分完全可以移位到焦点短语的指定语位置以完成它的特征核查，且它的移位要比“连”字成分的移位更近，因而是被选择的经济性选项，其结果是出现了阻隔效应，“连”字成分无法完成它的特征核查，导致句法推导的失败。相反，如果“连”字成分与“都”之间没有焦点成分，结构是只能是“连”字焦点成分进行特征核查，阻隔效应不会出现，也就不会出现推导失败的情况。

“连”字成分与“都”之间不可插入焦点内容，为“连”字成分作为焦点信息的观点提供了进一步的证据。如果“连”字为话题成分，两者之间的焦点成分则不会被“连”字话题的特征核查产生阻隔，因而“连”字的话题说不能成立。同时，它也说明了一个句子中可以有多重强调的成分，但是焦点信息只能有一个，存在多个焦点的句子是无法成功完成推导的。这也进一步说明，汉语句子中可以出现两个焦点短语，但是只能有一个焦点短语的中心语可以核查句中焦点成分的不可解释性焦点特征。在这一点上，多重话题结构和多重焦结构体现出了一致性。

6. 本节结语

本节的主要目的是在分析“连”字句的基本结构及其生成过程的基础上，进一步揭示此结构式的句法表现和内在特征。“连”后成分的多样性和“连”字的可省略性说明“连”字已经语法化为一个辖域标记成分，而不再具有独立的句法地位。通过话题与焦点的比较和多重测试法的运用，可以看出句内“连”字成分和句首“连”成分都属于焦点信息，而非话题信息。焦点和话题是一对内容不同的概念，认为“连”字成分属于话题或者话题焦点的说法都不能正确认识汉语中的“连”字结构，同时造成话题和焦点概念上的模糊性，因而是不可取的。“连”与“都”之间不可插入其他焦点信息的句法分布特征则进一步证明了“连”字焦点分析的正确性。本节主要从句法的角度对“连”字句做出分析，至于“连”字句中“都”的指向问题、逻辑意义问题以及“连”字句的语义语用意义问题等则需要今后更为深入的研究和探索。

第四节　重动结构的句法分析

1. 引　言

重动结构是现代汉语中一个代表性的句式，它由一个动宾短语VO以及一个动补短语VC构成，动词重复出现，其句法结构为NP + $VP_{1\,(V1+O)}$ + $VP_{2\,(V2+C)}$。例句如下：

（1）a. 他爬那座山爬累了。

b. 他睡觉睡了很久。

重动句有着不同的称谓，如“叙述词复说”现象（王力1944）、复动句（范晓1993）、复制动词句（高更生、王红旗1996）、动词拷贝现象（李讷、石毓智1997）等。重动句的说法由刘维群（1986）提出，现在使用最为广泛。早期研究（如Chao 1968；丁声树等1961；吕叔湘1980）主要讨论重动句归属于动宾结构还是动补结构的句型类别问题，而较近的研究则倾向于将它作为一个独立的构式加以研究。本节将在最简方案（Chomsky 1995）的框架下讨论重动句的句法结构及其生成问题。

2. 先前的生成分析

Huang（1982）指出汉语句法需遵循短语结构条件PSC（Phrase Structure Constraint），即动词短语中心语只能在最底层左分岔一次，也就是说，动词中心语只能允许一个直接成分。为了遵循这一原则，动词必须复制，分别搭配宾语和补语，从而形成重动句，如：

（2）a. $[_{S}[_{NP}$他$][_{V''}[_{V'}$骑马$][_{S'}[_{COMP}$得$][_{S}$很累$]]]]$

b. $[_{S}[_{NP}$他$][_{V''}[_{V'}$骑马$][_{V'}[_{V}$骑$][_{COMP}$得$][_{S}$很累$]]]]$

此时D－结构为“他骑马得很累”，由于短语结构条件PSC的制约，“骑”发生复制，“骑马”作为V’成分附接到“骑得很累”这一V’结构上，从而形成重动句。为解释先动宾成分后动补成分的语序排列，Huang（1994）指出指称性词语、无定宾语以及旁格（oblique）状语，如表示持续时间、频率和方式的短语，占据相同的题元阶层中的最底层位置，在论元结构的映射上，首先获得句法实现。这样补语成分必然要先于宾语成分获得句法表征，从而解释动宾短语先于动补短语的线性排序。

短语结构条件分析法采用生成语法理论中的管约论对重动句进行了分析，具有较大的影响力。但是，这一分析存在如下不足：第一，采用附接的方式无法解释动宾短语和动补短语的先后位置排序；第二，它不能体现动宾成分的话语性质，也无法解释动宾成分可以前移形成“骑马他骑得很累”的转换操作；第三，要采用论元结构映射的方式才能解释先动宾后动补的语序，运算成本较高。

杨寿勋（1998，2000）采用了轻动词短语vP（Chomsky 1995）分析重动结构。他认为“骑马骑得很累”的结构应该表征如下：

（3）[$_{vP}$[$_{SU}$他][$_{v'}$[$_{VP}$[$_{Vi}$骑][$_{OB}$马]][v’[v’[$_{Vi-v}$骑得][$_{AP}$很累]][$_{VP}$骑马]]]]

“得”为轻动词，“骑”附接到“得”上形成“骑得”，“骑马”为附接在v’上的成分，因而不是谓语，“骑马”复制后与v’再次合并，从而位于动补成分之前，形成“他骑马骑得很累”的语序。该分析法的问题在于：第一，X－阶标理论在最简方案中也被摒弃，因而采用X－阶标理论的分析违背了最简句法的基本理念；第二，为了解释动宾短语先于动补短语的线性语序，已经与v’合并的VP“骑马”需要产生移位再次与v’合并，这一操作违反了Radford（2004）提出的再次合并制约条件（Remerger Constraint），即某一句法成分不得两次与同一中心语进行合并；第三，按照“把”字支配轻动词短语或者动词短语的论述（Li 2006），此时轻动词位置已经由“得”占据因而“把”字成分只能支配轻动词短语，而实际语料是：

(4) 他（*把文章）写文章（把文章）写得又快又好。

在上例中，“把”字成分必须低于动宾成分的分布说明动宾成分应该发生至轻动词之外的移位，而不能位于轻动词短语之中。同时，基于轻动词短语的分析无法解释动宾成分可以移位至句首的句法分布，也无法解释多重动补短语共现的现象。

Cheng（2007）在认识到宾语指向和主语指向的基础上，采用不同的模式来加以分析。她认为宾语指向的重动句与“把”字句可以互换，因而采用了轻动词短语的生成模式，即：

(5) $[_{vP}$他$[_{v'}[_{V\text{-}v}$骑$[_{VP}$马$[_{V'}[_{V}$骑$][_{deP}$得$[_{XP}$马很累$]]]]]]]$[1]

“骑”发生动词到轻动词的中心语移位，而“马”则移位至VP的指定语位置，从而形成“他骑马骑得很累”的语序。对于主语指向的重动句，她则采用了Nunes（2004）提出的侧向移位（Sideward Movement）模式，首先是生成“骑得他很累”，然后“骑”发生复制，以侧向移位的方式与“马”合并，形成的动宾成分再附接到“骑得他很累”上，最后“他”发生移位至句首做主语，从而形成主语指向的“他骑马骑得很累”。

Cheng（2007）采用不同的生成模式分别解释宾语指向和主语指向重动句的生成。首先，这一两分分析法的主要问题在于两种模式的差异太大，因而无法对重动句做出统一性的解释，因而存在不足；其次，采用轻动词短语和附接方式的分析面临与前两种分析法所遇到的相同问题；除此之外，她的分类也存在一定不足，宾语指向的重动句采用轻动词短语分析的理据是因为可以与“把”字句互换，但是主语指向的重动句也可以进行“把”字转换，如：“他骑马把他骑得很累”，这些语言事实对上述分类提出了挑战。

① Cheng(2007)采用了Sybesma(1999)的分析法，认为“得”是程度短语(Extent Phrase)的中心语，表示“某人做了某事导致某个动作发生的程度”。

3. 重动句的存活式生成

3.1 理论基础

Chomsky（2001）提出位移现象（dislocation）为人类语言所独有，它具有概念必要性。Putnam & Stroik（2009）指出与合并不同，移位不是概念必要性的内容，不应该包含在狭义句法的范围之内。Stroik（1999，2009）提出的存活原则（The Survive Principle）认为必须从概念必要性的内容，即词库、合并、PF接口以及LF接口出发，推导出位移现象。通过复制词库中词项的方式建构算式库（Numeration），然后，选择具有特定特征的词项X与具有相吻合特征的另一个词项Y进行合并。如果X在推导过程中仍然具有未能核查的某个句法特征，那么X就可以在词库中存活下来，并通过再次合并（Remerge）的操作参与下一步的句法推导，从而形成位移现象。一旦此特征得以核查，X将不再活跃，也就不再参与之后的句法推导。

存活原则将位移现象的动因解释为移位成分特征核查的驱动，而非中心语的不可解释性特征，因而无需探针（probe）和目标（goal）等技术性工具（Chomsky 2001），无需设立功能范畴的不可解释性特征来满足特征核查的启动机制（Activation Mechanism）。从这一点来看，相较语段理论，存活原则需要更少的技术操作，因而它具有最简性，更能符合经济性原则的要求。

3.2 重动句的构件分析

首先看重动句中的动宾短语VP_1。曹逢甫（2005）将VP_1分析为一个发生去动词化（deverbalized）的话题，主要证据是体标记、否定词和非移位性副词只能附接到VP_2上，而不能附接到VP_1上，例如：①

（6）a. 他看（*了）书看（了）两个小时。

① Li & Thompson（1981）认为副词可以分为移位性（movable）副词和非移位性（nonmovable）副词。前者包括时间副词、态度副词等，如“今天”，“显然”；后者主要为方式副词，如“已经”。

b. 他（*没有）讲课（没有）讲得口干舌燥。

c. 他（*已经）吃饭（已经）吃过了。

在上例中，体标记“了”、否定词“没有”以及非移位性副词“已经”都只能位于动补短语 VP_2 之中，而不能位于动宾短语 VP_1 之中。按照 Ernst & Wang（1995）的分析，非移位性副词只能附接在动词短语上。非移位性副词“已经”只能附接到 VP_2 上，这说明 VP_2 才是重动句的动词短语核心。在回答“他骑马骑得怎么样”的问句时，“他骑马骑得很棒”是个自然的回答；“骑马”可以省略；“骑马”还可以移位到句首，形成句首话题句“骑马他骑得很棒”。这些都说明了 VP_1 这一动宾短语的话题属性。除了话题属性外，VP_1 同样可以为焦点，主要证据如下：首先，疑问词成分一般被认为属于焦点成分（张伯江、方梅 2014），可以对焦点成分进行提问。重动句 VP_1 中可以出现疑问词，也可以回答疑问词问句的现象可以证明 VP_1 的焦点属性，例如：

（7）a. 他吃什么吃得很胖？

b. 他想儿子想得厉害。（作为“他想谁想得厉害”的回答）

其次，焦点成分可以通过焦点标记“是”加以标识（石毓智 2001a）。VP_1 可以接受焦点标记，这说明 VP_1 可以做焦点，如。

（8）他是追我追得直喘气（不是追你追得直喘气）。

最后，话题一般表示已知和有定的信息，无定成分不能做话题（Li & Thompson 1981）。无定成分可以进入 VP_1，而且可以用“是”加以标识的现象也说明了 VP_1 的焦点属性，如：

（9）a. 我吃一只鸡吃得下（吃两只鸡就不行了）。

b. 我是吃一只鸡吃得下（不是两只鸡）。

由此可见，VP_1 可以为话题或者焦点，其具体性质应该由重动句的信息结构和使用重动句的具体语境来决定。

再看动补短语 VP_2 中补语的语义指向。范晓（1993，2009）指出补语的语义指向有三种：分别为指向主语（10a），指向宾语（10b）和指向动词（10c），如：

（10）a. 他吃中餐吃胖了。

b. 老师出题出难了。

c. 他想儿子想多了。

通过观察可以发现，补语属于修饰动词的成分，动词和补语一般都能共现，因此补语一般都应该具有指向动词的能力，同时也存在指向句子主语和宾语的可能。在上例中，“胖”修饰动词“吃”，同时指向主语“他”；“难了”是动词“出”的结果，同时指向宾语“题”；而“多”只是指向动词“想”，既不能指向主语“他”，也不能指向宾语“儿子”。因此，补语的类型应该有三种类型，分别为指向动词、指向动词和宾语，以及指向动词和主语。这样的分类可以全面概括补语的类型，同时可以解释重动句中的歧义现象，如“张三追李四追得气喘吁吁”。该句存在两种意义诠释，其一为“张三追李四，张三气喘吁吁”，二为“张三追李四，李四气喘吁吁”，而此时的歧义正是补语“气喘吁吁”分别指向动词“追”和主语“张三”，以及指向动词“追”和宾语“李四”而造成的结果。

3.3 重动句的生成

首先是指向动词的重动句，如“他想儿子想多了”。其生成过程可以表征如下：

（11）a. 合并生成[$_{VP2}$想多了]；存活“想”，因其[THETA]特征尚未核查；

b. 合并生成[$_{VP1}$想儿子]，存活“想儿子”，因其[DISC]特征尚未核查[①]；

c. 合并生成[$_{VP}$[$_{VP1}$想儿子][$_{VP2}$想多了]]；

d. 合并生成[$_{vP}$他[$_{VP}$[$_{VP1}$想儿子][$_{VP2}$想多了]]]，存活“他”，因其

① 这里的DISC为话语Discourse的缩写，根据语境它可以具体实现为话题或者焦点。

[CASE]特征尚未核查[1]；

e. 合并生成[$_{DiscP}$想儿子[$_{vP}$他[$_{VP}$[$_{VP1}$想儿子][$_{VP2}$想多了]]]]；

f. 合并生成[$_{TP}$他[$_{DiscP}$想儿子[$_{vP}$他[$_{VP}$[$_{VP1}$想儿子][$_{VP2}$想多了]]]]]，核查“他”的格位特征，完成推导。

此时有三个问题需要说明。其一，VP_1“想儿子”的［DISC］特征来自“儿子”［DISC］特征的弥散（feature percolation）（Radford 2004，2009）。其原因在于“他想谁想多了”这个问句中，“想”已经出现，从而焦点实现为VP_1的补足语“谁”，但是在使用“他想儿子想多了”作为“他想儿子想得如何”这一问句的回答时，VP_1“想儿子”为整个句子的话题，因而弥散的分析法具有合理性。[2]其二，VP_1和VP_2在初次合并时处于并列的地位，这样的分析可以避免附接分析法的不足。VP_1为了核查它的话语特征，要再次与DISC这一中心语合并，核查它的［DISC］特征，体现它的话题属性或者焦点属性。其三，VP_1能否直接合并到话题短语或者焦点短语的指定语位置，而不存在VP_1的单独投射？这一选择应该不可能存在。其原因在于，动词产生移位后既要核查它的［THETA］特征，还要核查宾语的［DISC］特征，另外还要进行话语特征的弥散，一次性合并的运算过于复杂，同时动宾成分的说法符合重动句的一般语法描写。

推导完成后要解决的是结构式的语音拼读，即线性化（linearization）的问题。Stroik（1999, 2009）没有说明拼读的机制问题，而Nunes（2004）提出的语链缩减模式（Chain Reduction）可以为拼读提供理论支撑。如果没有特定规则的作用，应该删除具有未核查特征的复本而保留

① 此时“他”需要出现在轻动词的指定语位置，其主要动机是考虑到Baker（1988）提出的题元指派一致性假设（Uniform Theta Assignment Hypothesis, UTAH）。轻动词指定语位置获得施事题元，因而“他”需要占据这一位置。

② 英语wh—问句中也存在弥散现象。如果which将它的[WH]特征弥散到介词in中，使得介词短语in which带有[WH]特征，因而可以移位至句首，生成in which school did he study；如果弥散不发生，则which移位，形成介词滞留结构which school did he study in。

一个最后特征都得以核查的复本。此时生成的显性成分的排列为“他$_1$想儿子$_1$他$_2$想儿子$_2$想多了”。“他$_1$”和“他$_2$”“想儿子$_1$”和“想儿子$_2$”分别构成独立的语链。根据Nunes（2004）提出的线性化理论，此时“他$_1$”的［CASE］特征已经核查，而“他$_2$”仍然具有［CASE］特征，因而需删除“他$_2$”，而“想儿子$_1$”核查了它的［DISC］特征，而“想儿子$_2$”则不然，因此需要删除“想儿子$_2$”，最终形成“他想$_1$儿子想$_2$多了”。此时两个“想”都不能删除，原因有二：其一，“想$_1$”与“儿子”合并后，“想$_1$”不再成分统制“想$_2$”，因此不再符合线性对应准则进行操作的要求，删除无法进行；其二，“想$_1$”与“儿子”合并后，通过特征弥散，中心语“想$_1$”除了自身的［THETA］特征外还获得补足语“儿子”的［DISC］特征，而“想$_2$”的特征只有［THETA］。此时两个具有不同特征的成分无法构成语链，因而语链缩减无法进行，最终在PF层面中两个“想”均得以拼读，从而在重动句中出现动词双重拼读的结果。

在解释“他骑那匹马骑得很累”一句的语音拼读时，Cheng（2007）认为两个“骑”都需要进行拼读是因为“得”融合（fuse）到动词“骑”上，从而使得语链缩减无法进行。此分析法可以用来解释带“得”的重动句的多重动词拼读，但是大量的重动句是没有“得”字的，因而这一分析法不具有广泛的应用性。程工、杨大然（2013）认为两个动词都得以拼读的原因来自VP_1中动词和宾语的形态融合。问题是形态融合只能发生在两个简单句法成分之间（Halle & Marantz 1993），“骑”和复杂名词短语“那匹马”是无法进行形态融合操作的，因而这一分析也只能涉及部分语料，而不具有广泛的应用价值。与之不同，本节所提出的分词从动词的特征出发考虑线性化的机制，可以涵盖所有重动句的语料，同时可以摆脱上述两种分析的缺陷和不足。

推导动词指向和宾语指向的重动句具有类似的机制，所不同的是宾语应该首先与补语合并，从而解释其宾语指向的语义选择。以“老师出题出难了”为例，首先“题”和“难了”合并，此时“题”得以存活，因为它的［DISC］特征没有得到核查。下一步“出”与“题难了”合并，“出”得以存活，因为它的［THETA］特征没有得到核查。接着存活的“出”和“题”产生合并，“出”的［THETA］得以核查，“题”的［DISC］特征发生弥散，使得［$_{VP1}$出题］获得［DISC］特征，同时“出题”得以存活。［$_{VP1}$出题］与［$_{VP2}$出题难了］产生并列合并，形成动宾动补的连动结构。在与“老师”合并后，“老师”因为［CASE］特征得以存活。［$_{vP}$老师［$_{VP}$［$_{VP1}$出题］［$_{VP2}$出题难了］］］与DISC合并后，“出题”合并到此投射的指定语位置，核查它的［DISC］特征。在［$_{DISCP}$［$_{vP}$老师［$_{VP}$［$_{VP1}$出题］［$_{VP2}$出题难了］］］］与T合并后，“老师”合并到［$_{TP}$［$_{DISCP}$［$_{VP1}$出题］［$_{vP}$老师［$_{VP}$［$_{VP1}$出题］［$_{VP2}$出题难了］］］］］中T的指定语位置，核查“老师”的［CASE］特征。在所有特征得以核查后，推导宣告完成，其结构式为：

（12）［$_{TP}$老师［$_{DiscP}$［$_{VP1}$出题］［$_{vP}$老师［$_{VP}$［$_{VP1}$出题］［$_{VP2}$出［$_{TP}$题［$_{AP}$难了］］］］］］］

考虑到“难了”之前不能出现显性主语成分的语料，如不能说“他出题出题难了”，可以认为“题难了”为TP结构，而且此时的T为非限定性的，无法指派“那匹马”的格位，因而体现出与控制结构相同的特征。[①]

此时显性成分的排列为“老师出题$_1$老师出题$_2$出题$_3$难了”。在两个“老师”中，因为较高位置的“老师”的［CASE］特征得以核查，因而获得语音拼读，“出题$_1$”和“出题$_2$”形成语链，因为“出题$_1$”［DISC］特征的删除而得以保留。需要强调的是“出题$_3$”，由于前两个“出题”不是由“出题$_3$”再次合并得来的；同时在“出题$_3$”中“出”是动词，而“题”为补语小句中的指定语成分，与前两个“出题”不同，因此“出题$_3$”不属于“出题”语链中的内容，不参加它们的线性化过程。但

① Hornstein(1999)采取子句TP中主语和宾语移位的方式来推导主语控制句和宾语控制句，可以为此处的分析法提供支持。Cheng(2007)在推导主语指向和宾语指向的重动句时也采用了类似的机制。

是“出题$_3$”中的“题$_3$”产生了重复合并，因而与“出题$_1$”和“出题$_2$”中“题”构成语链，三个“题”都具有相同的［DISC］特征，同时“题”将［DISC］特征弥散到“出题”中，因而“题$_1$”和“题$_2$”可以通过“出题”这一具有相同特征的句法投射对其链尾成分产生成分统制，因此语链缩减必须进行，后两个“题”必须删除，最终形成“老师出题出难了”的语音拼读。①

最后是动词指向和主语指向重动句的推导。以“他吃中餐吃胖了”为例，其推导过程为：第一，“他”与“胖了”合并构成TP结构，“他”因为［CASE］特征未能核查而得以存活；第二，“吃”与“他胖了”合并，“吃”因为［THETA］特征得以存活；第三，“吃”与“中餐”合并，“吃”的［THETA］特征得以核查，“中餐”将它的［DISC］特征弥散到“吃中餐”中，“吃中餐”得以存活；第四，“吃中餐”与“吃他胖了”合并，形成并列动词短语；第五，“他”与“吃中餐吃他胖了”合并，“他”因为［CASE］仍然没有得以核查因而继续存活；在“他吃中餐吃他胖了”与DISC合并后，“吃中餐”合并到此投射的指定语位置，核查它的［DISC］特征；第六，“DISC他吃中餐吃他胖了”与T后并后，“他”合并到TP的指定语位置，核查“他”的［CASE］特征。此时所有的特征均得以核查，推导结束，其结构式为：

（13）[$_{TP}$他[$_{DiscP}$[$_{VP1}$吃中餐][$_{vP}$他[$_{VP}$[$_{VP1}$吃[$_{DP}$中餐]][$_{VP2}$吃[$_{TP}$[$_{DP}$他][$_{AP}$胖了]]]]]]]

此时形成的显性成分的排列顺序为“他吃中餐他吃中餐吃他胖了”。三个“他”构成语链，后两个“他”被删除；两个“吃中餐”构成语链，后一个“吃中餐”被删除，从而形成“他吃中餐吃胖了”的词序。两个“吃”字不能进行线性化而删除其中的任意一个副本，其动机与上

① 注意此时“题$_2$”的删除和“出题$_2$”的删除并没有产生矛盾。但如果采用先缩减“题”语链则会影响“出题”语链的形成，“出题2”中将无“题”字，语链将遭到破坏，产生裁切现象(bleeding)。为了避免这一现象，可以推断线性化的应用是有先后顺序的，应该采取从高到低、从整体到局部的应用模式。

文所述“想”的双重拼读具有相同的机制和理据。

上文说明虽然三类重动句具有不同的语义指向，但是它们具有一致的推导过程。动宾成分与动补成分呈并列结构分布，与外论元合并后形成轻动词短语投射，与焦点短语或者话题短语合并后，动宾短语合并到焦点短语或者话题短语的指定语位置，体现出动宾成分的话题特征或者焦点特征。在与T合并后，轻动词的外论元合并至TP的指定语位置做句子的主语。所不同的是，动补短语中补语成分合并的对象有所不同，从而解释重动句中语义指向的差别。

4. 相关结构的生成

施春宏（2010）指出，具有相同底层语义结构关系而表层配位方式不同的句式构成一个句式群。要证明本节提出的分析法的解释力，关键还要看它能否解释一些重动句所属句式群中相关构式的生成。重动句的特征之一是动宾成分只可以出现一次，而动补成分则可以多次出现，且动宾成分必须先于动补成分，如：

（14）a. 他看书看了一天看得很累。

b. *他看画看书看了一天。

c. *他看了一天看书。

在（14a）中，当生成“看得很累”时，动词“看”因为［THETA］特征未被核查，因而得以存活。当生成“看了一天”时，同样“看”因为［THETA］特征未得到核查，因此继续存活，这样多重动补成分的出现成为可能。在（14b）中，“看”与宾语“书”进行合并，“看”的［THETA］特征将被核查，因而无法继续存活，从而无法继续与另一个论元成分进行合并，因此多重动宾无法出现。在（14c）中，如果动宾短语位于动补短语之后，动词“看”的［THETA］特征已经得以核查，“看”将无法存活，也就无法参与下一步的操作，动补成分将缺乏合并操作的激发机制，因而推导无法进行。由此来看，动补短语必须先于动宾短语进行推导，在线性位置上，动宾短语必须先于动补短语。

上文提出动宾成分的话语特征来自宾语［DISC］特征的弥散。特征弥散这一操作具有选择性，在重动句中，弥散需要产生作用，那么弥散操作是否与英语相同具有选择性？答案是肯定的。仍以“他想儿子想多了”为例，当“儿子”的［DISC］特征不发生弥散时，“儿子”将作为存活的内容合并到话题短语或者焦点短语的指定语位置，从而形成如下的表征：

（15）$[_{TP}$他$[_{DiscP}$儿子$[_{vP}$他$[_{VP}[_{VP1}$想儿子$][_{VP2}$想多了$]]]]]$

“想多了”中的“想”因为它的［THETA］特征得以存活从而进行再次合并，“儿子”因为它的［DISC］特征得以存活并合并到话题短语或者焦点短语的指定语位置。在对“他”和“儿子”的语链进行语链缩减操作后形成“他儿子想$_1$想$_2$多了”。这样的句子是不合格的，要使之成为合格的句子必须进行进一步的操作。此时“想$_1$”因为没有得到［DISC］特征的弥散因而与“想$_2$”的特征内容相同，同时“想$_1$”成分统制“想$_2$”。根据语链缩减的理论，“想$_2$”必须被删除，从而形成“他儿子想多了”的线性排列，而这个句子则是合格的。①

Rizzi（1997，2013）提出标句词短语分裂假设（Split-CP Hypothesis），即句首的CP可以分裂为语力短语ForceP，话题短语TopP，焦点短语FocP以及限定短语FimtenessP。根据上文论述，动宾成分具有话题或者焦点属性，那么动宾成分能否发生至句首位置的移位呢？答案也是肯定的，如：

（16）a. 骑那匹马他骑累了。

b. 那匹马他骑累了。

在CP发生分裂的情况下，如果“那匹马”的［DISC］特征发生弥散，“骑那匹马”因为［DISC］特征得以存活，只有再次合并到句首话题短语或者焦点短语的指定语位置时才能核查这一特征，从而形成“骑那匹马他骑累了”的句式。如果“那匹马”的［DISC］特征不发生弥

① 这符合沈家煊（2006）提出的“噬同”现象（cannibalism），即两个相邻又相同的成分会被“吃掉”一个。

散，那么“那匹马”得以存活并再次合并到句首位置，此时“那匹马他骑骑累了”同样因为符合语链缩减的条件而要删除后一个的“骑”方可接受，从而生成“那匹马他骑累了”这个合格的线性排序。

5. 本节结语

本节从重动句中动宾短语和动补短语的句法特征出发，在考虑补语成分语义指向的基础上，把重动句分为动词指向、动词和宾语指向以及动词和主语指向三大类型，接着使用存活原则分析了三类重动句的推导过程。本节提出的分析法将移位成分的特征存活和特征核查作为句法合并操作的驱动机制，采用统一的模式分析了三类重动句的推导过程和线性化模式，并分析了与重动句属于同一句式群的相关结构的生成，这充分说明了存活式推导模式的解释力。本节所提出的分析法可以将三种类型的重动句统一起来，在强调个性的基础上对重动句进行了一致的分析，细致刻画了三类重动句所体现出的共性和个性，较好地彰显了生成语法所追求的简明、明晰以及解释性的基本原则。

第五节　悬垂话题句的线性化

1. 引　言

从语言类型学的角度出发，Li & Thompson（1981）将汉语归类为话题显著型（topic-prominent）语言，将英语归类为主语显著型（subject-prominent）语言。作为话题显著型语言，汉语中存在大量的话题－评述（topic-comment）式的话题结构。Chen（1996）认为汉语中存在三类话题结构，即话题化话题结构（topicalized topic construction）、左偏置话题结构（left-dislocation topic construciton）和汉语式悬垂话题结构（dangling topic construction）。如果句中话题成分移位至句首，同时提取移位成分的位置为空，即可形成话题化话题结构；如果话题结构中产生了话题成分的移位，同时提取位置上由与话题成分同指的复述代词（resumptive pronoun）占据，那么就会形成左偏置话题结构。这两种结构都可以在评述部分找到重构的位置，也就是说可以分析为从评述部分经移位操作生成。汉语式话题结构则无法在评述部分找到对应的位置，体现出与话题化话题结构以及左偏置话题结构的显著性区分。上述三种类型的话题句例证如下：

（1）a. 老李$_i$，我不喜欢 t_i。

b. 老李$_i$，我不喜欢他 t_i。

c. 水果，香蕉最好吃。

可以看出，在某些场合下，出现复述代词的左偏置话题结构（1b）可以与不出现复述代词的话题化话题结构（1a）同时出现，两者都是合格的句子。在例（1c）中，“水果”很难找到一个可以在评述部分安放的位置，因而被称为悬垂话题，此类话题结构也被称为悬垂话题结构。本节将从线性化的理论出发，探讨悬垂话题句的句法实现问题。

2. 悬垂话题结构

悬垂话题的早期分析主要考察话题与评述之间的关系以及悬垂话题的允准机制。Xu & Langendoen（1985）指出悬垂话题与评述由相关性（aboutness）这一概念所允准。也就是说，例（1c）中“香蕉最好吃”这一评述与悬垂话题“水果”存在一定相关，是对于此话题的某种论述。相关性的观点似乎可以对悬垂话题句做出某种程度的解释，问题在于“相关”这一概念过于模糊，缺乏生成语法所追求的明晰性、解释性高度。Shi（2000）提出即使评述部分对悬垂话题做出一定程度的说明，生成的悬垂话题结构未必总是合法，例如：

（2）*这件大事，我知道张校长辞职了。

可以看出，此时话题“这件大事”与后面的评述内容“张校长辞职了”具有密切的语义相关，话题指称的就是评述中的主要内容。但是，满足了相关条件的这一话题句并不合法。单纯从语义角度对悬垂话题句提出的分析显得过于宽泛，会生成不正确的句子，从而造成过度生成，缺乏解释力度。

Pan & Hu（2008）认为话题可以有两种允准机制，即句法允准和语义－语用允准。可以发生重构的话题句采用句法允准，而无法发生重构的悬垂话题则是通过语义和语用条件加以允准，且后者更为广泛，可以涵盖前者的内容。按照他们的观点，话题只有在下列情况中得以允准：评述部分中的某个变量x引发一个集合Z，且Z与由话题代表的T集合的交集不能为空（Pan & Hu 2008：1970），例如：

（3）a. *幼儿园的小孩，张三教儿子画画。

b. 幼儿园的小孩，张三只教儿子画画。

在前一句中，“张三”作为变量x，引发的集合为“小孩”的“父亲”，这个集合与“幼儿园的小孩”这个集合相交时产生了空集，因而不合格。在后一句中，“只”作为焦点标记词标记“儿子”作为变量x，这个变量所产生的集合此时就可以与悬垂话题“幼儿园的小孩”产生共同成员，因而成为合格的句子。

这种分析法实际上是对传统语义分析法的继承。它的不足在于：首先，确立评述部分中哪个成分作为变量具有随意性，缺乏一个明确的甄别机制；其次，有些可以接受的悬垂话题无法使用上述分析法（Huang & Ting 2006：128）进行分析，例如：

（4）张三，大鱼吃小鱼。

此时的评述部分中，不论是选择“大鱼”还是“小鱼”作为变量引发集合，这一集合都无法与悬垂话题“张三”产生有成员的交集。也就是说，变量交集分析法并没有涵盖所有可能的悬垂话题句，因而缺乏穷尽性和统一性。

石毓智（2001a）将话题定义为句中表示语境中已知的成分，是句子其余部分的陈述对象，因而总是有定的，且一般位于句首。熊仲儒（2005）指出话题化由标句词C扩展时态短语TP，关系化则由轻名词n

扩展时态短语TP，因此，汉语的话题化与关系化呈不对称分布，如：

（5）a. 他写那封信的时候。

b. *那个时候，他写那封信。

由此可见，要判定一个悬垂话题句是否由移位而来或是基础生成，关键看它能否通过关系化测试。如果能够进行关系化转换操作，那么说明此悬垂话题可以在句中找到重构的位置，即由评述内容中的某个位置经移位推导而来；如果不能进行关系化转换操作，则说明这个句子为典型的汉语式话题结构，无法发生重构，属于基础生成。这两种不同的类型分别对应于熊仲儒（2007）所提出的假悬垂话题句和和真悬垂话题句。首先看话题化话题结构和左偏置话题结构，它们都可以通过话题化测试，例如：

（6）a. 老李我不喜欢。

b. 我不喜欢的老李。

c. 那位教授我们请他来做讲座。

d. 我们请他来做讲座的那位教授。

汉语中某些悬垂话题句可以通过关系化进入从句，有些则不可以，如：

（7）a. 那种豆子一斤三十块钱。

b. 一斤三十块钱的那种豆子。

c. 他们谁都不来。

d. *谁都不来的他们。

由此可见，某些悬垂话题句可以通过关系化测试，而另外一些悬垂话题句则无法通过关系化测试。这也就意味着，某些悬垂话题是通过移位而来的，另外一些悬垂话题则是通过基础生成的。如果以上论述是正确的，那么可以说明单纯将所有的悬垂话题分析为基础生成，或是将所有的悬垂话题分析为以移位方式加以推导的分析均存在不足。悬垂话题句具体生成的方式存在两种可能，其具体内容应由关系化测试加以确定。

3. 线性化理论

语法中的运算系统负责句法的操作，而将推导出的成分转换为可发音的序列则需要在音系式（PF）中进行。Kayne（1994）的线性化理论（linearization）关注的就是将结构性的句法表征转化为一维的线性表征这一音系处理问题。Kayne（1994）认为线性结构的确立是基于不对称成分统制（asymmetric c-command）基础之上的，也就是线性对应准则（Linear Correspondence Axiom, LCA）：

（8）线性对应准则：如果一个词汇项α非对称性成分统制β，那么α的线性位置先于β。

同时，Kayne（1994）对于成分统制的概念加以严格的限定：

（9）X成分统制Y，只有在：X与Y同为语类；X与Y互不包含；以及每个支配X的语类也支配Y的条件下才可成立。

这样的定义使得中间投射不能参与到成分统制关系当中，也就不会出现中心语成分先于其指定语的线性排列。据此，Kayne（1994）提出人类语言中遵循的都是“指定语＋中心语＋补足语”的底层线形排序。以下述结构为例：

（10）
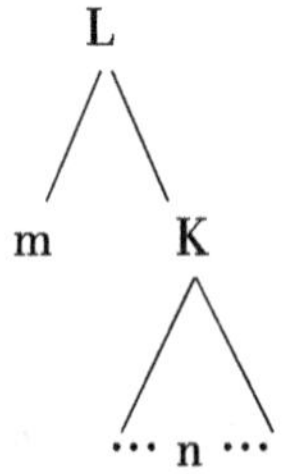

成分m与K互为成分统制关系，但是m成分统制n，且n不成分统制m，也就是说此时m非对称性成分统制n。依据线性对应准则，m的线性位置在n之前。同时，假如K为中间投射且n为中心语成分，由于K不为语类，此时K就不能成分统制其指定语成分，从而就不会出现中心语先于指定语的情况。

Hornstein, Nunes & Grohmann（2005）对线性对应理论做出修正，他

们针对的是如下的句子：

（11）$[_{TP}[_{DP}$ The man from Toledo$][_{T'}$ will $[_{VP}[_{V'}$ visit Mary$]]]]$

在此句中，will非对称性成分统制Toledo，这样的话，will应先于Toledo，这与现实的句子显然不符。为了照顾到这些句子的线性化，他们将线性对应准则修改如下：

（12）线性对应准则：当α非对称性成分统制β；或者任何支配α的XP成分也非对称性成分统制β，α的线性位置先于β。

根据这条规则，由于支配Toledo的限定词短语the man from Toledo非对称性成分统制will，作为受到the man from Toledo支配的成分Toledo，它的线性位置应该位于will之前，这样就解决了复杂主语与谓语的线性化问题，扩大了此理论的解释范围。

4. 话题结构的线性化

Chomsky（2001）的特征核查理论可以有如下的表征（i表示可解释性，u表示不可解释性，F表示句法特征）：

（13）X (probe)　　Y (goal)

uF　　iF

EPP　　uF

在此核查关系中，X作为探针（probe）与Y这一目标（goal）发生匹配关系，X和Y本身各有一个不可解释性特征从而满足启动条件（activation condition）。同时，如果Y发生移位，还必须要求X存在EPP特征，从而驱使其产生移位。这样的核查机制较为复杂，同时存在一定问题。如在推导话题句“那件事情你要麻烦他”时，按照语段移位的要求，当“那件事情”移位至vP指定语位置时必须要保证它仍然具有一个不可解释性的特征，从而满足进一步移位的要求。这就迫使Chomsky提出缺损中心语（defective head）的概念，强制在此位置上不能核查移位成分的句法特征。至于何种中心语可以为非完整性的中心语则很难做出界定；同时，如果此时移位到vP的指定语位置没有进行任何特征核查，移位的激发机制问题也就无法解决。Bošković（2007）认识到了这一问题，他将移位的驱动机制归结为移位成分的不可解释性特征核查的需要，而非较高位置某个中心语特征核查的需要，移位以连续循环的方式进行，直至最后将此特征核查删除。这一模式无需设置EPP特征，同时满足了启动条件，句法操作更为简洁。本节接受这样的观点，将移位成分不可解释性的话题特征［-Top］作为移位的激发机制。仍以“那件事情你要麻烦他”为例，该句具体的推导过程如下：

（14）［$_{TopP}$［$_{Spec}$ 那件事情$_3$］Top［$_{TP}$你要［$_{vP}$［$_{Spec}$ ~~那件事情~~$_2$］［$_{v'}$麻烦他］［$_{DP}$~~那件事情~~$_1$］］］］

“那件事情”具有一个不可解释性的话题特征［-Top］，这个特征驱使它产生移位。受语段非渗透性条件（PIC，Phase Impenetrability Condition）（Chomsky 2001）的作用，“那件事情”必须首先移位到轻动词短语vP的指定语位置，但是在这个位置上，它无法核查并删除它的［-Top］特征，因而移位需要继续进行。当它移位到话题短语TopP的指定语位置时，Top作为话题中心语，具有［+Top］的特征，从而可以核查并删除“那件事情”的话题特征［-Top］。当此话题特征得以核查和删除后，推导也告成功结束。

按照复制式移位理论（Chomsky 1995），此时“那件事情”就会出现三个复本。在拼读（Spell-out）时这三个复本中的两个必须加以删除，否则线性化无法完成。至于具体删除哪一个复本，它的理据同样来自特征核查。“那件事情$_1$”和“那件事情$_2$”具有［-Top］这一不可解释性特征，而“那件事情$_3$”的不可解释性特征已经由Top核查和删除。此时如果拼读选择了删除句首的“那件事情$_3$”而保留推导过程中的“那件事情$_1$”或“那件事情$_2$”，那么形成的句子就要面临着存在不可解释性特征的结果，这会导致推导崩溃（crash）。如果删除“那件事情$_1$”和“那件事情$_2$”，那么随着句首“那件事情$_3$”［-Top］特征的核查删除，句子中已无任何不可解释性特征，最终生成的句法结构式才能汇聚（converge），因而这样的线性化（linearization）方式才是最优的选择。

汉语中同样存在无法关系化的悬垂话题句，如：

（15）a. 他们谁都不来。

b. *谁都不来的他们。

也就说此句中“他们”无法发生重构，只能为基础生成，其生成过程为：

（16）$[_{TopP}[_{Spec}$他们$]$ Top $[_{TP}[_{vP}$谁都不来$]]]$

在算式库（Numeration）中的“他们”具有［-Top］的特征，要进行推导，“他们”必须从算式库中进行提取，并核查删除它的不可解释性话题特征［-Top］。此时已生成的话题短语TopP的指定语位置为空，“他们”可以直接合并到此位置，并由Top这一中心语核查并删除掉“他们”的［-Top］特征以完成推导。按照Fox & Pesetsky（2005）提出循环线性化（Cyclic Linearization）过程中的位置保存原则（Order Preservation）：关于线性化的信息，在拼读域中一旦建立，在整个推导过程中都不会被改变（Information about linearization, once established at the end of a given Spell-out domain, is never changed in the course of a derivation）。由于话题成分和话题短语位于CP中，与vP属于不同的语段，在拼读域接受拼读时就需要出现“他们”先于“谁都不来”的线性排序，而这样的拼读也正是汉语悬垂话题所需要的话题成分居于评述内容之前的合格的线形语序。

5. 本节结语

本节主要考察汉语中悬垂话题结构的句法生成过程及其线性化问题。部分悬垂话题成分可以通过关系化测试，因而为移位生成。而另外的悬垂话题成分则无法通过这一测试，因而为基础生成。在移位生成的悬垂话题句中，话题成分进行移位操作的激发机制来源于话题成分不可解释性话题特征的核查，线性化理论可以为悬垂话题句的语音拼读提供理论支撑。本节的分析说明，从线性化理论出发，可以较好地对两种不同类型的悬垂话题句做出合理的分析和解释。

第六节　话题结构中的阻隔效应

1. 引　言

一般认为，英语话题句属于通过移位操作生成的非论元移位结构（Radford 2004,2009，2016）。对于汉语话题句的研究，生成语法学界则存在“基础生成说”和“移位生成说”的对立（Xu & Langendoen 1985；温宾利、田启林 2009）。前者认为话题采用直接插入的方式进入句法结构，而不涉及移位操作，后者则认为话题通过移位至句首位置的方式生成。阻隔效应研究最早始于 Ross（1967），他将阻隔移位的操作分析为不同类型句法孤岛的作用，从而解释特定句子的不合格性，典型的句法孤岛有 wh-孤岛、复杂名词短语孤岛、主语从句孤岛，以及左边界孤岛等。无论是英语还是汉语中的话题结构，阻隔效应都有可能产生作用。

本节将以最简方案（1995）下的存活式推导模式（Survive Model of Derivation）为理论框架，考察英汉语话题结构中阻隔效应出现和消失的动机，并统一分析两种语言中不同类型的话题结构。另外，本节还将讨论 wh-移位现象中的阻隔效应，从而实现阻隔效应在非论元移位现象中的统一分析。

2. 先前的分析和问题

2.1 话题结构中的阻隔限制

Ross（1967）提出英语话题结构中存在阻隔效应，如：

（1） a. *[This hat]$_i$ I believe the claim that he was wearing t_i.

b. *[John's]$_i$ I stole t_i bike.

c. *[This hat]$_i$ that he was wearing t_i is certain.

这三个句子分别违反了复杂名词短语孤岛条件（Complex NP island

constraint)、左分支孤岛条件（left branch island constraint）以及主语从句孤岛条件（setential subject island constraint），从而导致不合格话题句的出现。上述句子不合语法，孤岛效应是重要原因，而孤岛效应的出现是因为违反了移位的局域性条件，这说明英语话题结构是通过移位操作生成的。

Huang（1982）提出汉语话题结构中同样存在阻隔效应，如：

（2）a. *[张三]$_i$，[$_{IP}$我很喜欢[t_i唱歌的声音]]

b. *[张三]$_i$，[$_{IP}$我念了不少[t_i写的书]]

以上两个句子违反了复杂名词短语孤岛条件，因而都不合语法。孤岛条件的出现说明汉语话题结构需要遵循移位操作的条件。也就是说，汉语话题结构是通过移位生成的。

Xu & Langendoen（1985）以及徐烈炯，刘丹青（2007）则指出汉语中可以出现违反孤岛条件的话题句，如：

（3）a. [这个问题]$_j$，[$_{IP}$我从来没遇到过 [$_{IP}$ t_i能回答t_j] 的人$_i$]

b. [这本书]$_j$，[$_{IP}$ [t_i读过t_j]的人$_i$不多]

在这两句中，话题成分从语缺位置（gap）移位到句首时，跨越了复杂名词短语孤岛，但是生成的话题句仍然合格。这些语料说明话题结构中并不存在阻隔效应，因而无需通过移位生成，从而为“基础生成说”提供证据。除此之外，“基础生成说”还得到Hu & Pan（2009）以及杨小龙，吴义诚（2015）等研究的支持。

2.2 阻隔效应的动因

Shi（2000）以及袁毓林（1996）提出汉语中第三人称的代词在指代非生命物体时，如果没有与介词共现，那么该代词则可以隐含而不出现。一旦话题为有生命的物体，话题结构则必须遵守孤岛条件，如（2a）以及（2b），同样的例子还有：

（4）*[张三]$_i$，[$_{IP}$我认识很多批评t_i的人]

但是这一分析存在明显反例。当话题为有生命的物体时，话题结构中同样可以不受孤岛条件的限制，例如（胡建华、潘海华 2002: 94）：

（5） a. [这么顽皮的孩子]$_i$, [$_{IP}$我找不到愿意收养t_i的人]

b. [那个坏蛋]$_j$, [$_{IP}$我没见到过一个t_i敢管t_j的人$_i$]

这些语料说明是否具有生命性并不是决定话题句合格与否的标准，从生命性这一语义特征出发并不能解释汉语话题结构中所出现的阻隔效应。

Xu & Langendeon（1985）指出当包含话题语缺的名词短语为定指（definite）信息时，生成的话题句会不自然。如果这一名词短语表示非定指，生成的话题句则是合格的，如：

（6） a. *这本书，我想读过的人来了。

b. 这本书，我想读过的人不多。

在（6a）中，谓词“来了”说明这一动作的发出者具有确定性，因而此时“读过的人”属于定指的内容。在（6b）中，谓词“不多”只是强调“读过这本书的人”的数量，而不特定指称具体的人物，因而此时“读过的人”属于非定指的内容。这样来看，定指条件应该是话题结构中阻隔条件能否被违反的决定因素。如果包含话题语缺的复杂名词短语表达定指意义，那么该话题结构就不合格；反之，该话题结构则是合格的。（3）中两个话题句都是合格的，其原因在于包含话题语缺的名词短语“能回答的人”和“读过的人”都表示非定指的内容。如果加入一些修饰成分将它们变换成表定指的名词短语时，上述两句都将不再合格，如：

（7） a. *[这个问题]$_j$, [$_{IP}$我从来没遇到过 [$_{IP}$那个t_i能回答t_j] 的人$_i$]

b. *[这本书]$_j$, [$_{IP}$ [t_i那些读过t_j]的人$_i$我不认识]

由此来看，定指效应可以为话题结构中阻隔效应的消失提供理据。如果话题结构中出现阻隔效应，话题结构应该是通过移位生成的，从而可能实现英汉语话题结构的统一分析。

2.3 话题结构的复杂性

从上一节的分析来看，似乎话题结构可以通过移位生成，但语言事实并非如此简单。陈平（1996）指出汉语中的话题结构可以分为三种类型：话题化话题结构、左偏置话题结构以及汉语式悬垂话题结构，如：

（8）a. 这个孩子，我很喜欢 t。

b. 这个孩子，我很喜欢他。

c. 水果，我最讨厌香蕉。

在话题化话题结构（8a）中，句首的话题在评述部分保留一个语缺的位置，从而为移位分析法提供证据。在左偏置话题结构（8b）中，语缺的位置由一个复述代词（resumptive pronoun）“他”填充。在悬垂话题句（8c）中则无法找到话题成分可以重构的位置。这说明移位分析法可以用来分析话题化话题结构，但是对于左偏置话题结构和悬垂话题结构则无能为力。

Shi（2000）认为移位分析法可以解释汉语中的悬垂话题结构，所需要的是对现有的话题结构进行补缺和重新分析，如：

（9）a. 那场火，幸亏消防员来得快。

b. [那场火]$_i$，幸亏消防员来得快，所以 t_i 才没有造成损失。

这样的分析虽然可以创造一个话题可以重构的句法空位，但是所补缺的材料具有随意性，有时所补的材料中仍然无法找到话题可以重构的位置，如：

（10）那场火，幸亏消防员来得快，所以大家没有多大损失。

更为棘手的是，某些悬垂话题句，如（8c），则很难在评述部分补上拥有语缺的子句。再看英语中的话题结构，如：

（11）a. This child, I like very much.

b. This child, I like him very much.

c. *Fruit, I hate bananas the most.

与汉语不同，英语中的话题结构只存在话题化话题结构（11a）和左偏置话题结构（11b），而无悬垂话题结构（11c）。只有英汉语中的话题化话题结构可以通过移位生成，而英汉语中的左偏置话题结构和汉语中的悬垂话题结构则无法通过移位生成。这样来看，移位分析法也无法对英汉语中的话题结构做出统一的分析。

3. 基于特征匹配的分析

3.1 理论基础

存活式推导模式（Stroik 2009；Stroik & Putnam 2013）是最简方案下的一种纯推导式生成模式。该模式认为从词库中提取的词汇项XP在与最大投射YP进行合并时，如果XP具有一个尚未核查的特征与中心语Y不相匹配（incompatible），那么XP就可以在词库中存活（Survive），并通过再次合并（Remerge）的方式进入到YP上一层的最大投射ZP中。YP将持续进行这一存活和合并操作直至所有特征的全部核查。以who do you hate？为例，其生成过程如下：

（12）[$_{CP}$ who do [$_{TP}$ ~~who~~ you do [$_{vP}$ ~~who you~~ [$_{VP}$ hate ~~who~~]]]]

hate和who合并形成VP投射，who因为具有与中心语hate不相匹配的［WH］特征，因此在词库中得以存活。当vP，TP，以及CP获得投射后，who需要分别合并到这三个句法投射的指定语位置，以核查［WH］特征。只有在合并到CP的指定语位置时，who的［WH］特征与C的特征才形成匹配，从而实现该特征的核查。同理，you也因为［CASE］特征需要在词库中存活并在TP的指定语位置完成特征核查，do因为它的中心语特征需要在C处完成特征核查的任务。当推导完成后，所有合并和再合并的成分被分别移交（Transfer）至PHON和SEM两个接口进行语音和语义诠释。根据Nunes（2004）提出的线性化（linearization）模式，句法成分的不同复本需要在特征得以核查的位置进行拼读，而其他位置上的复本都需要删除，这样就最终形成who do you hate这一合格的线性化结构。

3.2 阻隔效应的分析

首先看话题化话题结构的生成，其推导过程可以通过（13a）和（13b）加以展示：

（13）a. [$_{TopP}$这个孩子，[$_{TP}$ ~~这个孩子~~我[$_{vP}$ ~~这个孩子我~~[$_{VP}$很喜欢~~这个孩子~~]]]]

b. [$_{\text{TopP}}$ This child, [$_{\text{TP}}$ ~~this child~~ I [$_{\text{vP}}$ ~~this child I~~ [$_{\text{VP}}$ like ~~this child~~ very much]]]]

英汉语中的话题结构具有相同的生成机制。以汉语话题结构为例，首先生成VP“很喜欢这个孩子”，“这个孩子”因为［TOP］特征与中心语V不相匹配而在词库中得以存活。当“我”和VP合并形成vP时，“我”因为格位特征［CASE］尚未核查而得以存活。“这个孩子”合并到vP的指定语位置时，［TOP］也没有得到核查，因此“这个孩子”继续存活。在TP投射中，“这个孩子”和“我”都合并到TP的指定语位置，“我”和T形成特征匹配，核查［CASE］特征，而“这个孩子”因为［TOP］特征尚未核查而继续存活。在句首话题短语TopP获得投射后，“这个孩子”合并到TopP投射的指定语位置，此时中心语Top核查了“这个孩子”的［TOP］特征。此时，所有特征均得以核查，推导宣告结束。在PHON层面中，不同的合并复本在获得特征核查的位置进行拼读，从而形成合格的话题化话题句。

汉语话题结构中存在阻隔效应，这可以通过定指效应加以分析，但是这只是对于语言现象的描写，仍然缺乏解释性。以（6）中的两则语料为例，其结构式为：

（14）a. 这本书，[我想[$_{\text{DP}}$ ~~这本书~~$_{[+\text{DEFINITE}]}$ D$_{[-\text{DEFINITE}]}$读过~~这本书~~的人]不多]

b. *这本书，[我想[$_{\text{DP}}$~~这本书~~$_{[+\text{DEFINITE}]}$ D$_{[+\text{DEFINITE}]}$读过~~这本书~~的人]来了]

“这本书”作为句子的话题成分，具有话题特征［TOP］需要核查。话题一般为有定的成分（Krifka & Musan 2012；曹逢甫 2005），因此话题成分“这本书”也具有［+DEFINITE］特征。按照存活式推导模式，“这本书”需要在每一个最大投射得以构建后，采取多次合并的方式进入到该最大投射的指定语位置，从而保证以连续循环的方式进行句子的推导。当DP获得投射后，“这本书”将合并到该DP的指定语位置以便核查话题成分“这本书”的［TOP］特征。在（14a）中，主语DP具有无定的特征。根据一致操作（Chomsky 2001；Baker 2008），该DP的中心语D也具有［-DEFINITE］特征。此时D的［-DEFINITE］特征与话题的［+DEFINITE］特征不相匹配，因而话题成分“这本书”可以在词库中得以继续存活，最后使得句子成功生成。但是在（14b）中，主语DP具有有定的特征，因此中心语D具有［+DEFINITE］特征。当话题成分“这本书”合并到DP的指定语位置时，话题成分和中心语D具有相互匹配的［+DEFINITE］特征，从而导致话题成分“这本书”无法继续存活，“这本书”也就无法再合并到句首的话题位置，从而导致推导的失败。这一推导过程的核心操作是话题成分合并到DP的指定语位置，并进行特征匹配的检测。一旦产生特征匹配，特征核查即可进行，存活无法发生，移位也就无法进行了。存活式推导模式以最大投射作为局域的单位，从而使得再合并的句法操作成为可能，因而提供了解释定指条件的可能。其他相关语料也可以按照这一方式进行分析，如：

（15）a. *张三，我很喜欢[$_{DP}$ ~~张三~~$_{[+DEFINITE]}$ D$_{[+DEFINITE]}$~~张三~~唱歌的声音]

b. *张三，我念了[$_{DP}$ ~~张三~~$_{[+DEFINITE]}$ D$_{[+DEFINITE]}$不少~~张三~~写的书]

c. 这个问题，[我从来没遇到过[$_{DP}$ ~~这个问题~~$_{[+DEFINITE]}$ D$_{[-DEFINITE]}$ [能回答~~这个问题~~]的人]]

d. 这本书，[$_{DP}$ ~~这本书~~$_{[+DEFINITE]}$ D$_{[-DEFINITE]}$ [读过~~这本书~~]的人不多]

前两句话题句中出现了阻隔效应，其原因在于语境决定了评述部分中DP的中心语D具有有定特征［+DEFINITE］。话题“张三”因为［TOP］特征核查的需要进行再次合并，当“张三”合并到DP的指定语位置时，“张三”的有定特征［+DEFINITE］同D的有定特征［+DEFINITE］形成匹配，从而导致“张三”无法存活，“张三”也就无法合并到句首的话题位置。在后两句中，阻隔效应不复存在，其原因在于评述部分DP中的D具有无定特征［-DEFINITE］。此时，话题成分同样因为［TOP］特征核查的需要而进行再合并，但是此时话题成分的［+DEFINITE］特征与D的［-DEFINITE］特征无法形成匹配，从而使得话题可以继续存活并最终合并到句首的话题位置，从而形成合格的话题句。

再看英语话题句中的阻隔效应：

（16） a. *[This hat], I believe [$_{DP}$ [$D_{[+DEFINITE]}$ the] claim that he was wearing [~~this hat~~]]

b. *John's, I stole [$_{DP}$ $D_{[+DEFINITE]}$ ~~John's~~ bike]

c. *[This watch], [$_{CP}$ [$C_{[+DEFINITE]}$ that] he was wearing [~~this watch~~]] is certain

在（16a）中，宾语DP的中心语为定冠词the，因此D具有［+DEFINITE］特征。在（16b）中，属格名词短语属于限定性的表达（Abbott 2006），因此D也具有［+DEFINITE］特征。在（16c）中，主语为CP投射，承载DP的功能，因此C也具有［+DEFINITE］特征。当话题成分合并到这些投射的指定语位置时，话题成分与中心语形成［+DEFINITE］特征的匹配，从而导致话题成分无法在词库中继续存活，进而导致推导过程的失败，从而生成不合格的话题句。再看汉语中对应的语料：

（17） a. *这个帽子，我相信他戴过的说法。

b. *老王的，我偷过自行车。

c. *那个手表，他戴过的被偷了。

这些语料说明复杂名词短语孤岛条件、左边界孤岛条件，以及主语从句孤岛条件在汉语话题结构中同样存在，因而也可以通过存活式推导模式加以分析和解释。

综上所述，当话题成分在推导的过程中与某个中心语形成特征匹配时，话题成分将无法在词库中存活，也就无法再次合并到句首的话题位置，从而导致推导的失败。只有在不出现特征匹配的情况下，话题成分才能连续存活和合并，直到最后一个能够所需要的进行特征匹配和特征核查的句法位置，并最终生成合格的话题句。话题结构中阻隔效应出现的根本原因为特征匹配和特征核查的结果，而定指效应的出现则是话题结构中阻隔效应的表现方式，因此定指效应也可以通过特征匹配和特征核查加以分析。

3.3 三类话题结构的生成

上述分析关注的是话题化话题结构，对于左偏置话题结构和悬垂话题结构而言，存活式推导模式也可以对之进行分析。首先是左偏置话题结构，如：

（18）a. 这本书，[$_{IP}$我想[$_{DP}$ $D_{[-DEFINITE]}$ t_j读过它的人$_j$]不多]

b. *这本书，[$_{IP}$我想[$_{DP}$ $D_{[+DEFINITE]}$ t_j读过它的人$_j$]来了]

当语缺位置由复述代词填充时，定指效应和阻隔效应仍然存在，这说明话题“这本书”合并的原始位置是由复述代词占据的语缺位置。为何该语缺位置出现了显性复述代词，而不是空语类？

Hornstein（2001）提出复述代词应当分析为语法构形成分（grammatical formative），也就是说，复述代词可以作为某些复杂句法成分进行转换拼读的结果。如果（18a）中位于DP内的“这本书”也进行完全拼读，就会形成“这本书，我想读过这本书的人不多”这一不合格的语序。根据反对称性理论（Kayne 1994），此时会出现“这本书”先于“这本书”这一自相矛盾的线性化要求。如果将DP中的“这本书”拼读成复述代词“它”，此时线性序列要求则变成“这本书”先于“它”，这样的拼读要求则不存在问题，因而可以进行。这样来看，左偏置话题结构和话题化话题结构具有相同的生成过程，所不同的是左偏置话题结构还存在PHON层面的转换拼读操作。

需要指出的是此时的拼读方式没有违反包含条件（Inclusiveness Condition）（Chomsky 1995），这一条件要求句法运算过程中所有信息均来源于词库中的词汇项，而不能随意加入信息。将“这本书”转换拼读成语法构形成分“它”这一PHON层面操作，并没有在运算过程中加入任何词汇项所没有的内容，因而并没有违反包含条件。另外，这一拼读模式只是对已有句法成分进行语音转换拼读，整个过程并没有加入新的成分，因此在PHON层面这一条件也没有被违反。

悬垂话题句无法在评述部分找到重构的位置，因此悬垂话题可以直接合并到句首TopP的指定语位置。这样来看，三类话题结构所具有的共同特征是合并这一句法操作，所不同的是话题化话题结构通过合并和存活生成，左偏置话题结构通过合并、存活以及转换拼读生成，而悬垂话题只通过合并生成。合并操作体现了三类话题结构的共性，而合并与存活以及转换拼读的不同组合造成了三类话题结构的个性化特点，这些具体语法操作的不同选择造就了英汉语中不同话题结构的异同。

4. 非论元移位中的句法限制

代表性的非论元移位除了话题化操作之外，还包括wh-移位。Adger（2003）指出定指效应在英语的wh-移位中同样存在，例如：

（19） a. *［Which poem did you hear［$_{DP}$［$_{D[+DEFINITE]}$ those］recitals of ~~which poem~~ last night］］?

b.［Which poem did you go to hear［$_{DP}$［$_{D[-DEFINITE]}$ a］recital of ~~which poem~~ last night］］?

当wh-疑问词短语从以定指性限定词those为中心语的DP中移出时，所生成的wh-问句不合格（19a）；当这一DP的中心语为表非定指性的不定冠词a，所生成的wh-问句则是合格的（19b），这说明定指效应同样存在于英语中的wh-疑问句。本节的分析也可以为这些语料提供解释。Which+NP类型的wh-疑问词具有话语联系性（Discourse-linking）（Pesetsky 1987），或者说具有话语预设性，因而具有与话题成分相类似的特征。也就是说，which+NP具有［+DEFINITE］特征。当which poem进行推导时，它需要合并到句中DP的指定语位置以核查［WH］特征。在（19a）中，由于which poem具有与中心语D相同的有定特征［+DEFINITE］，因此形成特征的匹配，which poem将无法在词库中存活，从而导致推导的失败和阻隔效应的出现。在（19b）中，DP的中心语D具有［-DEFINITE］特征，这与which poem具有的［+DEFINITE］特征不相匹配，从而使得which poem可以在词库中存活，并最终合并到句首的位置并生成合格的wh-疑问句。

Rizzi（2013）指出英语wh-问句中存在下述对立的语料：

（20）a. *How do you wonder which problem to solve ~~how~~?

b. ?Which problem do you wonder how to solve ~~which problem~~?

第一句不合语法，其原因在于wh-孤岛效应的作用。在第二句中，wh-孤岛则没有发挥作用，该句具有一定程度的可接受性。Rizzi通过相对最小化条件（Relativized Minimality）分析了上述语料。以上两句中wh-疑问词的特征内容如下：

（21）a. *How do you wonder which problem to solve ~~how~~?

[+Q]　　　　　　[+Q, +N]

b. ?Which problem do you wonder how to solve ~~which problem~~?

[+Q, +N]　　　　　　[+Q]

How作为疑问词，具有［+Q］特征，而which problem除了具有［+Q］特征外，还包括名词性的限制成分，因而它还具有［+N］特征。在（21a）中，which problem具有与how完全吻合的特征，即都具有特征［+Q］，且which problem还多出一个特征［+N］，此时which problem成为阻隔成分，相对最小化条件被违反，生成的句子不合格。在（21b）中，how与which problem相比，少了一个［+N］特征，因而how不具备与which problem完全吻合的特征，因而how不能成为which problem进行移位的阻隔成分，相对最小化条件被满足，并生成合格的句子。

在Rizzi的分析中，［+N］特征的设立具有随意性，并非普遍认同的句法特征，因而较难纳入特征矩阵的范畴。另外，相对最小化条件只是描述了孤岛条件可以被违反的情况，即只有在具有较多特征内容的疑问词从具有较少特征的wh-孤岛中移出，才能生成合格的句子。而对于造成这一现象的深层次动因，Rizzi并没有予以说明。也就是说，Rizzi的研究只是描写性的，而非解释性的。

通过存活式推导模式可以发现，how具有疑问特征［WH］，而which problem因为话语（DISC）联系性具有疑问特征和话语特征，它的特征矩阵为［WH, DISC］。

（22） a. *How$_{[WH]}$ do you wonder [$_{CP}$ which problem [C$_{[WH, DISC]}$] to solve ~~how~~]

b. ?[Which problem$_{[WH, DISC]}$] do you wonder [$_{CP}$ how [C$_{[WH]}$] to solve ~~which problem~~]

当how位于句首时，它需要在子句CP的指定语位置合并。C和指定语位置上的which problem进行一致操作，从而获得［WH, DISC］特征。此时how的［WH］特征与C形成特征匹配，因此通过该C进行核查，how也就无法继续存活，推导宣告失败。如果which problem位于句首，此时子句C获得how具有的［WH］特征。当which problem合并到子句CP的指定语位置时，［WH］得以核查，但是［DISC］特征仍然无法得以核查，因此此时which problem的特征与C并不形成匹配，which problem可以继续存活，并最终成功合并到句首的位置并生成合格的句子。这样来看，特征匹配才是上述语料中是否出现阻隔效应的根本性机制，以特征匹配为核心内容的存活式推导法可以为wh-问句中的阻隔效应做出合理的解释。

5. 理论反思

从理论背景来看，本研究采用了存活式推导模式，而非最简方案下主流的语段式推导模式（Chomsky 2008，2013；邓思颖 2009）。根据语段理论，当一个特定的语段在完成推导生成后，该语段的词汇子序列中的词汇项被用完，语段中心语不再包含不可解释性特征，从而处于蛰伏（inert）状态。语段理论保证了句法表达式的推导以尽可能小的组块进行，从而减轻记忆的负担，满足高效率信息处理的要求。从技术手段来看，语段理论需要探针与目标的一致性操作，还需要语段中心语具有可选择性的，备受争议的EPP特征（Epstein, Pires & Seely 2005）以及语段非渗透性条件PIC，从而满足连续循环移位的要求。另外，CP和及物性vP为语段，而限定词短语DP是否为语段至今尚无定论（Chomsky 2015）。Boeckx（2008）以及Cecchetto & Donati（2015）从理论和语料两个方面论述了语段理论的不足，他们反对语段的概念，并对最简方案下的句法推导理论进行了重新构思。

本研究采用的推导模式选用词库/算式库、（再）合并操作、PF接口以及LF接口这四个概念必要性的模块进行话题结构中阻隔效应的探讨，满足了最简方案中的经济性要求。另外，这一推导模式无需探针和目标这些理论内部性的内容，而将移位成分本身所具有的特征核查作为移位操作的动机，从而无需可选性EPP特征的存在，也避免了EPP本身所带来的理论问题。除此之外，存活原则可以在运算过程中通过特征匹配这一关键操作来监测所生成句法结构的合格性，而无需生成众多不合格的句法结构表征移交至接口加以解读，因而减轻了语言处理的负担。存活原则下的推导可以保证生成的句法结构都是合格的，因而属于崩溃预防型（crash-proof）句法，有效地减少了接口需要处理的句法表达式的数量，体现了语言处理高效性的特征。这样来看，与语段理论相比，存活式推导模式更加符合最简方案的要求，在理论设计上具有更好的优越性。通过研究可以发现，存活式理论可以对英汉语话题结构中的阻隔效应做好较好的解释，因而也具有实证研究方面的优势。

在最简方案下，阻隔效应至今仍然尚未得到统一、全面的解释（Boeckx 2012）。一个可能的原因是阻隔效应所涵盖的语言现象不是某一种句法机制所造成的，而是多种因素综合作用的结果；另外一个可能的原因是人们尚未发现阻隔效应中的内在核心机制。对于生成语法研究而言，对于后一种可能的探索更加符合最简方案的精神。无论是阻隔效应，还是阻隔性结构中所体现的定指效应，这些都是对于语言现象的描写，而非解释性的分析。阻隔性结构的多元化说明阻隔效应产生的根本机制不是句法结构和句法类型本身作用的结果，而应该是深层次原始（primitive）句法操作带来的结果。本研究以英汉语中的话题结构为语料，深入探讨这类结构中的阻隔效应，并将阻隔效应的出现和消失分析为最简方案中更加具有核心地位的句法特征、特征匹配以及特征核查的作用。本研究能够超越句法结构和句法类型的限制，针对阻隔性结构和阻隔效应本身所呈现的多元化语言现象，为阻隔效应的统一解释提供可能。这一做法符合Chomsky（2001）提出的摒弃规则和具体结构，从原始操作和特征的交互作用推导出句法结构限制的研究范式。上述对于英汉话题结构中阻隔效应的分析说明，采用探索核心句法机制解释阻隔效应产生动因的做法是可行的，同时基于特征匹配的分析法也可以应用到其他非论元移位结构的分析当中，因而具有较好的语料涵盖范围。当然这一分析能否应用到所有不同类型的阻隔性结构分析当中，还需要更多的后继研究。

6. 本节结语

阻隔性句法结构具有不同的类型，从现有的描写性研究来看，尚未发现阻隔效应的统一性机制，而具体分析不同类型的阻隔条件以及阻隔效应在不同句法结构中的实现，可以为阻隔效应的研究打开新的局面。本研究秉承这一思路，从英汉语中的话题结构出发，运用最简方案下的存活式推导模式，探讨了阻隔效应和定指效应出现的原因，即特征匹配和特征存活造成的结果。这一动因分析同样适用于wh-移位现象，因此该分析法也可以扩展到其他非论元移位现象。本研究尚未涉及其他类型移位操作中的阻隔效应，其运作机制和动因还有待进一步的探讨和分析。

第四章 控制结构的句法分析

控制和控制结构的研究历来受到生成语法理论的关注。在管约论下，控制模组是生成语法理论中的一个重要组块，对特定句法成分的语义诠释起到重要的作用。在最简方案下，学者们尝试采用移位分析法分析控制结构的生成，从而将控制结构纳入到通过论元移位操作生成的句法结构式当中。

本章主要从最简理论出发，探讨采用合并操作分析控制结构的可能性，同时关注疑问词不定式结构、部分控制结构以及兼语结构中体现的控制现象和控制类型。根据语义指向的差异，控制可以分为具体不同的类型，在多种语言结构中都有所体现。英汉语中的控制现象既具有共性特征，也具有一定的个性表现。可以说，通过跨结构以及跨语言的比较，可以对控制以及控制结构作出更为深刻、细致的分析。

第一节 控制的合并式分析法

1. 引 言

关于控制的研究早在Chomsky（1965）即有所涉及，之后一直是生成语法理论各个时期的重要研究课题之一。为了满足题元准则（theta-criterion）（Chomsky 1981）的要求，控制句中的被控成分（controllee）

实现为大代语PRO，例如：

（1）a. John tried PRO to help Jane.

b. John persuaded Jane PRO to leave.

在前一句中，PRO与主语John同指，因而该句为主语控制句；在后一句中，PRO与宾语Jane同指，因而该句为宾语控制句。

在标准理论（Chomsky 1965）时期，控制是通过等同名词短语删略（equivalent NP deletion）进行处理的，PRO通过运算操作加以删除。这样的分析没有给出删除的理据，因而缺乏解释性。到了管约论（Chomsky 1981）时期，根据控制模组（Control module）的要求，PRO在D-结构中插入，并在推导过程中与其控制成分（controller）进行同义标注（co-indexing）。同时，PRO具有［+anaphor, +pronominal］的特征矩阵，只能出现在非限定性从句的主语位置，无管辖域，也无格位赋予的需要。但正如Williams（1980）指出的，控制可以分类为强制控制和非强制控制，但是某一个具体的控制句不可能同时为强制控制和非强制控制，因而PRO无法同时具有［+anaphor, +pronominal］这两个特征。另外，对于PRO的控制解释还需要额外的制约条件，因而违反了Chomsky（2000，2001）提出的摒弃规则和具体结构，从原始操作和特征的交互作用推导出结构限制的原则。因此，最简方案要求对控制和控制结构做出新的分析和解释。

本节将首先回顾最简方案框架下具有代表性的控制结构处理模式，然后提出基于合并操作的分析法并以之解释多种类型的控制现象。

2. 控制的分析综述

2.1 零格分析法

根据格位理论，名词短语不能从一个指派格位的位置移入到另外一个指派格位的位置，如：

（2）a. John hopes［PRO to be applauded t_{PRO}］

b. *John hopes［PRO to_2 seem to_1 t_{PRO}［that Jane likes him］］

在前一句中PRO发生从无格位到有格位句法位置的移位,因而是被允准的，而在后一句中，PRO不能发生从to_1后到to_2后的移位。据此，Chomsky & Lasnik（1993）提出PRO在to_1后也能获得格位，为了将此处特殊的格位与其他格位区分开来，该格位被称为零格（null case）。问题是在提升句和例外授格（ECM）句中也存在不定式to，因而该分析法无法将控制句同提升句和例外授格句区分开来。为了解决这个问题，Martin（2001）提出控制句中的不定式具有［+tensed］特征，而提升句和例外授格句中的不定式具有［-tensed］特征。判定不定式标记是否具有［±tensed］特征的依据是能否与事件谓语（eventive predicate）共现，能否激发将来时态的解读，以及是否允准动词短语省略等。但是根据Wurmbrand（2001）的研究，是否具有［±tensed］特征与控制动词和提升动词、例外授格动词并不具有系统的对应关系，因而它不能作为零格分析法的证据。另外，零格的设定过于特殊，英语中无法找到其他赋予零格的句法成分，在其他语言中也难以找到对应的句法现象。因此，零格的说法缺乏跨结构、跨语言的证据支持，其存在也颇受争议。

2.2 一致分析法

Landau（2000, 2004）采用了Chomsky（2000, 2001）提出的一致操作（Agree）来分析控制结构。① Landau认为控制子句具有［+tensed］和［-tensed］两种特征的可能。

（3） a. [⋯ [$_{FP}$ [F [$_{VP}$ DP [$_{V'}$ V [$_{CP}$ C [$_{TP}$ PRO [$_{T'}$ T [$_{VP}$ t_{PRO}⋯]]]]]]]]]

b. [⋯ [$_{FP}$ [F [$_{VP}$ DP [$_{V'}$ V [$_{CP}$ T+C [$_{TP}$ PRO [$_{T'}$ t_T [$_{VP}$ t_{PRO}⋯]]]]]]]]]

在前一句中，子句CP具有［+tensed］特征，因而T不发生至C的移位，PRO与功能范畴F直接产生一致关系，② PRO与控制成分在语义上

① 一致操作发生在探针(probe)和目标(goal)之间。为了实现一致,探针和目标需要不可解释性特征作为激发机制。到了最简方案后期,一般认为探针只能由中心语(head)承担,且一致操作不受语段的制约。

② 如果出现主语控制,F为时态成分T;如果为宾语控制,则F为轻动词v。

完全同指，从而出现穷尽控制（exhaustive control）。在后一句中，子句CP具有［-tensed］的特征，T移位至C，因而导致PRO与F无法直接产生一致关系，两者需要通过T的中介间接实现一致关系，从而导致部分控制（partial control）的出现。[①]

一致分析法将穷尽控制和部分控制统一起来，从而确立了部分控制在控制研究的重要地位，但是它只是描述了两种控制模式的产生过程，而没有解释控制出现的理据。另外该分析法还存在许多技术处理上的问题。首先，为何PRO与F的一致操作通过T的中介就会产生控制成分与被控成分指称内容的不一致？PRO与T进行一致操作，之后T与F进行一致操作，根据传导性条件（transitivity condition），PRO应该与控制成分实现完全的语义同指，而非部分语义同指；其次，根据语段非渗透性条件（PIC，Phase Impenetrability Condition）（Chomsky 2001, 2008），子句CP作为独立的语段在推导成功后要发生至接口的移交（transfer），实现PF和LF的解读，因而无法出现穷尽控制和部分控制这两种不同的语义解读；最后，一致操作是句法特征的严格匹配和核查，通过间接一致操作产生部分控制现象违背了特征匹配的基本要求。

2.3 移位分析法

作为表征层面之一，管约论中的D-结构具有两个特点，其一是体现完全的句法功能-题元关系，论元成分必须在此结构中得以实现；其二为词汇插入发生在转换之前。这两个条件决定PRO必须在D-结构中进行合并。最简方案摈弃了D-结构和S-结构，词汇插入、题元赋予以及移位操作可以交替进行，控制结构的移位分析模式（Movement theory of control）因此应运而生（Hornstein 1999，2001，2003；Boeckx & Hornstein 2004，2006；Boeckx，Hornstein & Nunes 2010等）。该理论认为在强制控制结构中发生了论元移位，占据PRO位置的是名词短语移位后

① 部分控制指的是控制成分只决定PRO部分指称内容的特殊控制现象，如We thought that the $chair_i$ preferred PRO_{i+} to gather at six。此时PRO包含chair作为其部分指称内容。

的语迹。控制句的结构性（configurational）特征和识解性（interpretative）特征均可以通过论元移位加以说明。控制句的结构性特征主要为强制性PRO需要成分统制该成分的局部先行词，且不能出现在有格位的位置。识解性特征包括强制PRO只能允准松散（sloppy）而非严格（strict）解读、不能出现分裂先行词、必须具有涉及（de se）解读、PRO必须受到以only修饰先行词的约束解读等。① 举一个简单的例子：

（4）a. Mary hopes to leave.

b. [$_{\mathrm{TP}}$ ~~Mary~~ [$_{\mathrm{vP}}$ ~~Mary~~ hopes [$_{\mathrm{TP}}$ ~~Mary~~ to [$_{\mathrm{vP}}$ ~~Mary~~ leave]]]]

Mary首先从leave处获得一个题元角色，然后发生至TP指定语位置的移位，此时Mary无法核查其格位特征。之后Mary继续以连续循环移位的方式移位至主句vP的位置，获得第二个题元角色，最后移位至TP中核查格位。题元角色作为特征与其他特征并无区别，一个名词短语可以进行多重一致操作（Multiple Agree），因而也可参与多重题元关系，核查多个题元特征。Mary发生移位的动机是为了核查动词hopes的题元特征，因而使得Mary获得额外的题元角色。

为了符合简明短语结构（BPS，Bare Phrase Structure）和包含条件（Inclusiveness Condition）（Chomsky 2001）的要求，Boeckx，Hornstein & Nunes（2010）使用了Bošković & Nunes（2007）提出的复制式移位理论（copy theory of movement）。②移位被解构为合并加复制，遗留子句中的成分为Mary的复本，从而满足最简理论构建的要求。另外，他们也借用了Nunes（2001）提出的侧向移位（sideward movement）来解释附加语控制现象，例如：

（5）John$_{i}$ said that [$_{\mathrm{CP}}$ [$_{\mathrm{TP}}$ Mary T [$_{\mathrm{vP}}$ Mary$_{j}$ left] [$_{\mathrm{Adjunct}}$ after Mary$_{j/*i}$ having the dinner]]]

① 该部分内容可参考李京廉、朱玉山(2006)一文中的论述。

② 包含条件认为推导过程需要的内容必须来源于词库，而不能在推导过程中加入新成分或新特征，这样语迹在推导式中的出现就违反了包含条件。

在该句中，Mary在合并到附加语中后，以侧向移位的方式与动词left合并，然后该vP与附加语进行广义合并（Generalized Merge），最后生成合格的句子。

采用移位法分析控制结构可以解释较多控制句的句法特征，但是也面临理论构建和现实语料方面的诸多问题。在理论构建上，名词短语可以从同一句中的不同句法位置获取多个题元角色的做法违反了题元准则，因而成为该理论的严重缺陷（Culicover & Jackendoff 2001）；另外，Bowers（2008）指出题元角色为语义信息，属于概念意向系统（C-I system），而非运算系统中的内容。运算系统对于接口系统而言是不可见的（invisible）。如果将题元角色作为特征就会面临混淆接口系统和运算系统的危险；同时，移位的激发机制一般来源于不可解释性特征的核查（Polinsky & Potsdam 2002；Boeckx，Hornstein & Nunes 2008），名词短语通过移位实现格位特征的核查，同时它的移位也是主句动词题元特征核查的需要。两个特征的核查共同激发同一成分的移位违反了经济性条件；最后，移位分析法对于移位产生不同复本的拼读方式也没有加以说明，因而无法提供不同移位复本拼读的理据。

另外，在现实语料方面，promise类型的控制结构违反了移位的最短距离条件（Shortest Move）（Chomsky 1995），因而成为移位说的代表性反例，例如：

（6）a. $John_j$ promised $Mary_i$ [$PRO_{*i/j}$ to wash himself]

b. Ben_j promised $Fred_i$ [$PRO_{*i/j}$ to shave himself]

在上例中，PRO越过了更近的主句宾语而与主句主语实现同指关系。从移位的角度来看，一个名词短语的移位要跨越另外一个名词短语移位到更高的句法位置，这是不能接受的。另外，控制转移现象（control shift）也无法通过移位分析法加以解释，如：

（7）a. $John_j$ asked the $guard_i$ [$PRO_{i/j}$ to smoke a cigarette]

b. $John_j$ begged $Mary_i$ [$PRO_{i/j}$ to leave the house]

此时的PRO可以受到主句主语或者宾语的约束，这一现象被称为控制转移。可以发现，这种可选性解读无法通过移位加以解释。

最后，分裂控制（split control）也对移位分析法提出挑战，如：

（8）a. John proposed to Mary to help each other.

b. $John_i$ proposed to $Mary_j$ [PRO_{i+j} to help each other]

此时PRO的先行词由主句主语和宾语共同决定，因而被称为分裂控制。移位分析法可以解释从PRO到宾语的移位，但无法解释分裂控制出现的原因。

由以上综述可以看出，零格分析法、一致分析法以及移位分析法在一定程度上深化了对于控制现象和控制结构的理解，但是它们在理论设计以及语料分析方面均存在一定的缺陷和不足。因此，有必要在最简方案的框架下对多元化的控制结构做出新的分析。

3. 合并式分析模式

3.1 理论基础

句法移位是生成语法研究的核心课题，它是位移现象（displacement）在自然语言中的具体实现，而设计一个最优的理论模型来解释位移现象一直是生成语法所致力达到的目标。Chomsky（2001）指出最简方案只应包括概念必要性（conceptually necessary）的内容，因此，最简理论所必需的内容为词库、运算系统、LF接口和PF接口。除此之外，无需任何其他内容。如果采用移位操作来解释位移现象，为了避免过度生成，就需要引入经济性条件，如最短移位（Shortest Move）、语段非渗透性条件PIC等，但是这只会导致整个理论模型的不断膨胀。同时，采用移位解释位移现象还有可能导致循环论证。Stroik（1999，2009）提出存活原则（Survive Principle），使用合并操作来解释位移现象。他提出特征核查是合并的激发机制，某个句法成分拥有的非兼容性

（incompatible）特征导致该句法成分在词库中存活。[1] 为了核查该特征，该句法特征必须再合并（Remerge）到之后生成的每一个最大投射的指定语位置，直至该特征的成功核查。如：

（9）Who does John like?

该句的生成过程如下：

（10）a. 生成[$_{VP}$ like who]，who 因为[WH]特征未被核查而在词库中得以存活；

b. 生成[$_{vP}$ who John [$_{VP}$ like who]]，[2] John 因为[CASE]、who 因为[WH]特征未被核查而得以存活；

c. 生成[$_{TP}$ [$_{T}$ does] [$_{vP}$ who John [$_{VP}$ like who]]]，does 因为[Q]特征得以存活；

d. 生成[$_{TP}$ who John [$_{T}$ does] [$_{vP}$ who John [$_{VP}$ like who]]]，核查 John 的[CASE]特征、who 因为[WH]特征继续存活；

e. 生成[$_{CP}$ [$_{C}$ does] [$_{TP}$ who John [$_{T}$ does] [$_{vP}$ who John [$_{VP}$ like who]]]]，核查 does 的[Q]特征；

f. 生成[$_{CP}$ who [$_{C}$ does] [$_{TP}$ who John [$_{T}$ does] [$_{vP}$ who John [$_{VP}$ like who]]]]，核查 who 的[WH]特征。

此时所有句法成分的特征都得以核查，推导过程也宣告结束，最后该推导式被移交（transfer）至 PF 和 LF 两个接口系统，分别获得语音解读和语义解读。通过合并操作和存活手段可以成功解释位移现象，无需移位操作和经济性条件，因而更为精简。

不同句法位置上出现的相同句法成分是通过该成分在词库中的存活

---

① 以 What do you do 为例，在于动词 do 合并时，疑问词 what 具有的[WH]特征与 do 的特征不相容。按照存活理论的要求，what 需要在词库中存活并不断通过再合并操作参与句法推导，直至合并到标句词短语的指定语位置，实现该特征的核查，最终生成 What do you do 的正确语序。

② 此时 who 因为[WH]而存活并再合并到下一个生成的最大投射 vP 的指定语位置。最简方案放弃了 X-界标理论，多重指定语成为可能，从而为 who 提供了再合并的句法位置。

及再合并操作生成的，为了避免再合并操作（Remerge）加重理论模型的负担，可以假设发生再合并的句法成分在词库中有不同数目的词汇项，即上述推导式的算式库（Numeration）可以标注为$\{who_4, like_1, does_2, John_2, C_1, T_1, v_1\}$，这样再合并即可通过不同词汇项的重复合并加以实现。①

某个句法成分在不同位置合并后，在PF层面一般只能获得一次拼读，根据Nunes（2004）提出的线性化模式（linearization），移位操作产生的多个复本中，一般选择所有特征均得以核查的复本加以拼读，仍以上句为例：

（11）$[_{CP}\ \text{who}_{\cancel{[WH]}}\ [_{C}\ \text{does}_{\cancel{[Q]}}][_{TP}\ \text{who}_{[WH]}\ \text{John}_{[CASE]}\ [_{T}\ \text{does}_{[Q]}][_{vP}\ \text{who}_{[WH]}\ \text{John}_{[CASE]}\ [_{VP}\ \text{like who}_{[WH]}]]]]$

虽然who、does以及John是从词库中提取的不同词汇项，但是当合并到不同的句法位置后，前后合并的句法成分具有相同的语音特征和语义特征，因而满足非区别性条件（nondistinctiveness condition），线性化可以进行，它们分别在最后合并的位置加以拼读。假如选择较低位置上的句法成分进行拼读而删除最后合并位置的句法成分，推导式就要面临包含未核查特征的窘境，从而导致推导崩溃（crash）。假如删除较低位置的句法成分后。因为最高位置上的句法成分已经核查并删除了所有的句法特征，所有未核查特征在表达式中均不复存在，因而是最优的线性化选择。

3.2 控制结构的合并式分析

仍以典型的控制句Mary hopes to leave为例，其推导过程如下：②

（12）a. 生成$[_{vP}$ Mary leave$]$，Mary因[CASE]特征在词库中得以存活；

①算式库为包含词汇范畴和功能范畴的集合，下标表示该词汇项出现的次数。某个集合成员在同一集合中的多次出现并不影响该集合成员的总体数量，因而不会加重词库和儿童语言习得的负担。

②此时只列出了与本节讨论相关的重要推导步骤，VP投射等不相关的句法范畴均未做具体说明。

b. 生成[$_{TP}$ Mary to [$_{vP}$ Mary leave]], Mary 因[CASE]特征继续存活；

c. 生成[$_{vP}$ hopes [$_{TP}$ Mary to [$_{vP}$ Mary leave]]]；

d. 生成[$_{vP}$ Mary hopes [$_{TP}$ Mary to [$_{vP}$ Mary leave]]], Mary 因[CASE]特征继续存活；

e. 生成[$_{CP}$ [$_{TP}$ Mary T [$_{vP}$ Mary hopes [$_{TP}$ Mary to [$_{vP}$ Mary leave]]]]], Mary 的[CASE]得以核查。

Mary 可以不断在推导式中进行多次合并，因为它具有尚未核查的格位特征，一旦该特征得以核查，Mary 就失去了合并的激发机制，因而不再存活，推导也宣告结束。当该推导式进行拼读时，最高位置的 Mary 因为格位特征得以核查而获得拼读，其他位置上的 Mary 均被删除，最后形成 Mary hopes to leave 的正确语序。

与移位分析法相比，合并式分析法具有如下四大理论优势。其一，合并到主句和子句中的两个 Mary 是算式库中提取的两个不同词汇项，因而每个 Mary 从动词 leave 及 hopes 处各获得一个题元角色，维持了论元和题元角色一对一的对应关系，避免了移位分析法的最大缺陷；其二，该分析法没有将题元角色作为特征，也不参与狭义句法的运算，维护了运算系统和接口系统的相对独立；其三，Mary 多次合并的激发机制来源于格位特征的存活和核查，而不存在题元特征的激发作用，单一的激发机制满足了最简方案中经济性条件的作用，避免了理论设计中的羡余(redundancy)；最后，多个 Mary 的拼读是由基于格位特征核查基础上的线性化过程决定的，因而为控制句的语音实现提供了理论依据。

另外，在语料方面，合并式分析法也体现出了较大的优势。其一为附加语控制：

（13）John said that [$_{CP}$ [$_{TP}$ Mary T [$_{vP}$ Mary left] [$_{Adjunct}$ after Mary having the dinner]]]

Mary 在附加语处无法核查它的格位特征，因而在词库中得以存活。该格位特征激发 Mary 在每一个生成的最大投射的指定语位置进行合并操作以核查该特征，直至该特征的成功核查，推导结束。合并式分析法无需侧向移位，也无需复制式移位理论，仅需采用特征存活和合并操作即可达到相同的推导结果，因而更为简约。

另外，该分析法可以成功解释promise类型的控制结构。如：

（14）[$_{CP}$ [$_{TP}$ John [$_{vP}$ John promised Mary [$_{TP}$ John to wash himself]]]]

John因为格位特征未被核查，因而在词库中得以存活，之后分别在主句vP和TP的指定语位置进行合并，并在TP指定语位置核查格位特征，最终形成John promised Mary to wash himself的正确拼读。采用合并式分析法解释控制结构，不会出现移位分析法所带来的额外制约条件（即最短移位条件），因而不存在违反移位制约条件的情况。为了解释最短移位的违反，Hornstein（1999）提出此时的Mary是一个附加语，并隐含介词to：

（15）John promised [[$_{PP}$ to Mary] to PRO wash himself]]

此时Mary因为无法成分统制PRO，因而规避了最短移位的要求。吴益民、谢建华（2009）也持相同观点，并提出移位测试法加以验证：

（16）a. To Harry, John promised [PRO to leave]

b. *John promised [PRO to leave] to Harry

c. *Harry, John promised [PRO to leave]

d. *John promised [PRO to leave] Harry

介词短语to Harry可以移位到句首，因而体现出附加语的灵活性质，但是to Harry不能后置，因而体现出与一般附加语的不同。另外，如果将Harry前置或者后置，得出的句子都不合法，因而Harry并非附加语成分。[①]

合并式分析法的优势还体现在控制转移现象上，以下句为例：

---

① 吴益民、谢建华(2009)指出英语中存在此条规则：当介词短语构成的附加语省略介词时，附加语要置于谓语动词和宾语之前。尚不论该规则是否普遍存在，他们给出的证据为Mary's mother left a big sum of money to her以及Mary's mother left her a big sum of money。问题是前句为与格结构而后句为双宾语结构，两者为完全不同的结构；同时第二句的her为间接宾语，也不是附加语。

（17）John$_j$ asked the guard$_i$ [PRO$_{i/j}$ to smoke a cigarette]

如果合并到PRO位置上的是宾语guard，该句就是宾语控制句；如果合并到PRO位置上的是主语John，那么该句就是主语控制句，两者具有相同的激发机制，即处于该位置上尚未核查的格位特征。这样一来，控制转移现象也可以通过合并式分析法加以分析。

接下来是分裂控制句：

（18）John$_i$ proposed to Mary$_j$ [PRO$_{i+j}$ to help each other]

Fujii（2006）提出日语控制句中存在语态短语MoodP，其功能为允准分裂控制的解读，Boeckx, Hornstein & Nunes（2010）借用了此观点，认为英语中同样存在语态投射，上句的推导过程为：

（19）John proposed to Mary [$_{MoodP}$ [John [~~Mary~~]] to help each other]

采用语态投射从而允准分裂控制具有合理性，但是John和Mary分别发生至主句主语和宾语位置的移位分属于短距离移位和长距离移位，按照移位的最短距离限制，John的长移位是被禁止的。但是，如果采用合并式分析法，John和Mary因为在子句中均无法核查格位，因而得以存活，合并再次发生，从而生成上述合格的句子。除此之外，还可以生成下述合格的句子：

（20）Mary proposed to John [$_{MoodP}$ [John [~~Mary~~]] to help each other]

若采用移位分析法，Mary的长距离移位现象也无法得到解释，这一正确的句子再次证明了合并式分析法的生成能力和解释能力。

合并式分析法还能涵盖汉语中较为特殊的语料，如：

（21）a. 我劝张三$_i$如果没有人买这本书，他$_i$也不要买了。（Hu, Pan & Xu, 2001: 14）

b. 上贤$_i$使之$_i$为三公，次贤$_j$使之$_j$为诸侯，下贤$_k$使之$_k$为大夫。（温宾利、袁芳，2009: 6）

在前一句中，如果控制语“张三”后插入较长的状语，被控成分则可能实现语音拼读。后一句中的“之”分别受到动词“使”前名词短语的控制。这种出现多重拼读的控制现象较为特殊，是任何其他分析法所无法解释的。合并式分析法则可以解释如下："他"与"张三""之"与"上贤""次贤""下贤"分别在不同的位置进行合并，由于他们具有不同的语音实现，非区别性特征不能得到满足，线性化无法进行，因而出现多重拼读。至于不同语音成分的共指关系则是在词库或者LF中进行的，与推导过程无关。

3.3 限定控制结构的分析

英语控制子句一般为非限定性无屈折形态的结构，也就是说此时子句中的T具有不完整的φ-特征集，其特征可以标记为［T^-,$φ^-$］。该子句为缺损性TP，不构成语段（Chomsky 2000，2001），从而可以允准子句内成分的移位。而限定性子句为语段CP，其内部成分遵循语段非渗透性条件的制约，无法允准移位。但是在某些语言，如巴西葡萄牙语（Brazilian Portuguese）中则存在限定控制现象（Ferreira 2004；2009），如：[①]

（22）a. João$_i$ acha［que e$_i$ é esperto］

John thinks that is smart-masc

'John thinks that he is smart'

b. Ele$_i$ disse［que e$_i$ comprou um carro］

he said that bought a car

'He said he bought a car' (Ferreira, 2009: 20)

Nunes（2008）认为巴西葡萄牙语中的T在词库中有数（number）的特征或者数加人称（person）的特征，也就是说T可以拥有完整的φ-特征集，或者不完整的φ-特征集。[②]在限定控制句中，T实现为非完整的φ-特征集，因而子句主语无法核查其格位特征，从而可以越过非语段的子句，移位到主句中获得格位。但是移位分析法无法解释移位成分为何移位到主句动词短语指定语位置获取额外题元角色的现象，同时对于移位复本的拼读也无法给出理据支撑。

① 在下例中，e表示空语类，-masc为性特征的标识。

② 此时，Nunes(2008)没有考虑性(gender)在特征集中的实现问题。

合并分析法则可以给出解释，未核查的格位特征是子句名词短语在词库中存活的激发机制，为了核查格位特征，该名词短语在每个最大投射生成后从算式库中提取相同标识的词汇项并合并到指定语位置处，获取不同的题元角色、核查格位特征，如：

(23) [$_{CP}$ [$_{TP}$ João [$_{vP}$ João acha [$_{CP}$ que João é esperto]]]]

John John thinks that John is smart-masc

此结构式在拼读时三个João具有相同的语音和语义特征，因而满足非区别性条件。线性化过程将删除后两个João，最终形成保留最高位置João的正确语序。

英语中允准控制结构子句的T具有 [T^-,φ^-] 特征，而西班牙葡萄牙语中控制子句T的特征集为 [T^+,φ^-]，从而出现限定控制结构。由此推断，如果子句T的特征出现缺损，控制现象也可出现，汉语中就存在因 [T] 特征缺损而导致的两种控制现象。①

汉语学界曾经就汉语是否存在限定和非限定之分产生过争议。Huang (1982; 1984; 1989)、Li (1990)、石毓智 (2001b)，以及李京廉、刘娟 (2005) 等认为汉语中存在限定与非限定之别，而徐烈炯 (1994; 1999)、Huang (1994)，以及Hu, Pan & Xu (2001) 等认为汉语没有限定和非限定之别。至目前为止，汉语中是否存在限定和非限定的这一问题仍然没有得到让人满意的回答。

认为存在限定和非限定之分的证据主要有两条：其一为汉语不定式子句不能与助动词、体态标记、情态动词共现；其二为非限定子句中不能出现显性主语，如：

(24) a. 我准备[明天来]

b. *我准备[明天<u>会</u>来]

c. *我准备[<u>他</u>明天来](Huang 1982: 248-249)

上例中第二句和第三句不合语法的原因是出现了助动词和显性主语“他”，因此“准备”类动词选择的子句为非限定性的，而“说”以及

① 汉语中f-特征没有显性的形态体现，因而暂不考虑它的实现情况。

“相信”等动词则无此限制，因而其选择限定性子句。

反对汉语中存在限定和非限定之分的理据主要是上述两条证据都不可靠，如：

（25）a. 我准备[明天要来]（徐烈炯，1999：164）

b. 经理准备[自己动手]（徐烈炯，1999：167）

Sybesma（2007）通过荷兰语和汉语的对比分析提出汉语中也存在时态一致现象（Tense Agreement），因而汉语中也存在T投射。与英语中的T不同，汉语中的T与时间副词形成时态一致关系。由此可见，判定汉语中的T有无限定性应该考察子句中是否存在不同于主句时态的时间副词，而非其他共现内容。动词“决定”和“停止”在汉语中具有不同的时间副词共现可能：①

（26）a. 我决定[明天去]

b. 我今天决定[明天去]

c. *我停止[明天去]

d. *我今天停止[明天去]

上例说明“准备”可以同与主句不同的时间副词出现，因而其子句T具有时态一致特征，因而属于有［T^{+}］的T，而“开始”则无此共现条件，因而其子句的T具有［T^{-}］特征。邢欣（2004）采用词汇插入手段，以及能否接受时间副词修饰的测试法将动态动词和静态动词分别分析为强时态特征和弱时态特征也与上述测试法具有相同的依据。

根据汉语中的子句能否出现限定和非限定性，可以推断汉语中存在限定控制和非限定控制两种可能。但是不论是限定控制还是非限定控制，合并式分析法均可以对之做出分析和解释，因而该分析法完全可以涵盖汉语中可能出现的控制结构。

---

① 王丹丹（2010）认为“准备”与“打算”与“决定”具有相同的时间属性，而“停止”类动词则包括“开始”以及表能力的情态动词“会”“能”“可以”等。但是在情态动词结构中，主语从vP内移位到TP的指定语位置，其过程并不涉及额外题元角色的赋予，因而不是控制结构，而属提升结构。

4. 理论反思

控制结构的合并式分析法还具有以下五大特点。第一，控制结构一般可以分类为强制控制和非强制控制，非强制控制句的主句缺少控制成分，因而在子句中进行合并的是具有代名词性质的小代语pro。无论何种其他分析模式都需要将强制控制和分强制控制区别开来，采用两套系统加以分析，而合并式分析法则可以通过合并操作将强制控制和非强制控制统一起来，因此，合并式分析法具有更为广泛的理论覆盖范围。

第二，Chomsky（1995）指出题元角色是通过合并操作加以赋予的，而非移位。合并式分析通过多重合并的句法操作解决了控制句中两个题元角色的分配问题，满足了题元准则的要求，同时符合合并指派题元角色的基本要求。

第三，Fitzpatrick（2002）认为语法理论的构建需要满足两个元条件（metaconditions）：其一为只使用简单而具有概念必要性的句法操作和句法关系；其二为采用的句法操作应该将移位成分与其移位着陆点（landing site）分割开来。采用移位分析法则违反了这两个条件，移位不是原始操作（primitive operation），而可以进一步加以解构，同时移位分析法必然要将移位成分与移位着陆点结合，这种以移位解释位移现象的做法带来更多的问题，如制定经济性制约条件等，同时存在循环论证的可能，而合并式分析法则可以超越移位分析法的不足，完全满足这两个元条件。

第四，正如Rizzi（1990）所指出的，局域性（locality）是自然语言句法中的普遍特征。采用存活式推导的合并分析法将特征核查作为合并的激发机制，以合并到每一个最大投射指定语位置的方式进行特征的核查和删除。该分析法将最大投射作为句法操作的约束条件，成功推导出句法中的局域属性。

第五，移位法认为控制句中移位的动机来源于多个题元特征的核查，但是在建构子句投射之时主句尚未推导，将主句动词题元特征的核查作为移位的激发机制出现了前看性问题（Look-ahead problem）（Bošković 2007），而合并式分析法将移位的激发机制设定为移位成分的特征核查以及在词库中的存活，不会产生前看性问题，这也从另一个角度体现了句法操作的局域性特征和经济性条件。

5. 本节结语

本节采用合并式分析法，以特征核查作为移位成分在词库中进行存活和局域性推导的激发机制，遵循了题元准则的要求，避免了先前零格分析法、一致分析法以及移位分析法的种种弊端。合并式分析法不仅可以解释多种类型的控制结构，具有较强的语料涵盖范围，同时符合最简方案下句法理论构建的各种要求，并能够推演出最简句法的多个制约条件，因而属于较为理想的解释方案。本节的研究主张使用合并操作而非移位操作解释控制现象，但是没有比较合并操作和移位操作在其他结构中的应用情况，也没有对移位操作的应用范围做出解释，这两种句法操作的特征和约束条件及其比较还需要在将来的研究中继续进行。

第二节　疑问词不定式结构中的控制分析

1. 引　言

控制的研究较早见于Rosenbaum（1967），它主要指的是主句中某个名词短语（称为控制成分controller）和子句中大代语PRO（称为被控成分controlee）之间的约束关系。Williams（1980）将控制分类为强制控制（obligatory control）和非强制控制（nonobligatory control）。非强制控制句中的大代语不受约束，具有任意性的指向（arbitrary reference）。强制控制句根据主句中控制内容的不同可以分为主语控制句和宾语控制句。疑问词不定式中的控制属于特殊的控制形式，它的特征是不定式子句中包含一个疑问词成分，如：

（1）a. John knows when to wash the dishes.

b. 他准备明天什么时候来。

疑问词不定式中的控制是一个较少涉及的领域。Bresnan（1982）将英语疑问词不定式分析为非强制性控制，Landau（2000）则将之分析为强制性控制，汉语疑问词不定式的研究则很少有专文讨论。本节将对英汉语中疑问词不定式结构中的控制现象做出比较分析。

2. 传统的分析模式

2.1 单一的分析模式

Hornstein（1999，2006）提出移位分析法以分析控制现象。根据他的分析，题元理论不应该作为最简方案框架下句法理论的一部分，而应为动词的句法特征。一个语链（chain）在推导过程中可以接受多个题元角色。按照这样的分析法，句子“Mary persuaded John to leave”有如下的推导过程：

（2）$[_{CP}[_{TP}$ Mary $[_{vP}$ persuaded John $[_{TP}$ ~~John~~ to $[_{vP}$ ~~John~~ leave$]]]]]$

首先，John与动词leave合并，核查它的题元特征。之后，John移位至子句中Spec-TP位置。由于此时的T无法核查John的格位特征，因此John再次移位到主句中Spec-vP位置，做persuade的宾语，从而核查John的格位特征，同时，动词的受事题元特征得以核查。在Mary合并到句中之后，推导宣告完成。

这样的分析法解释了为什么在强制控制句中大代语必须要有一个成分统制它的前置词；强制大代语在省略时只允许松散解释（sloppy interpretation），而非严格解释（strict interpretation）。强制大代语不允许出现分裂前置成分（split antecedent），且只能允准自身（de se）解释等诸多现象。更重要的是它体现了大代语只能以John而不能以Mary为前置词的最短距离原则的作用，[①]此时这一原则就可以转变为Chomsky（1995）提出的最小连接条件MLC（Minimal Link Condition）或者最近吸引原则ACP（Attract Closest Principle）。作为重复最小连接条件的最短距离原则就可以加以摒弃，消除了理论中的羡余（redundancy），体现了句法理论的经济性原则。

对于疑问词不定式结构，Hornstein（2003）将之统一处理为非强制性控制，且出现在句中的不是PRO，而是小代语pro，例如：

（3）John told Sam [how *pro* to hold oneself erect at a royal ball]

在此句中，小代语的插入可以满足特征核查的要求。它可以核查子句中时态成分T的特征，同时本身不需要格位特征。子句中不能出现大代语的原因是疑问词孤岛（wh-island）中无法出现成分移位，因而移位分析法不能使用。这样一来，大代语和小代语在控制句中呈互补分布（complementary distribution）状态。非强制性控制属于别处条件（elsewhere condition）和最后之举（last resort）。小代语只有在大代语无法出现的时候才能得以运用。它的使用更为费力（costly），只具有相对经济性。

Landau（2000，2003）指出将所有疑问词控制句分析为非强制性控制的做法并不合理，以下句为例：

（4）I thought they wondered [how PRO to feed themselves/*myself]（Landau 2003: 482）

此句中的they可以为PRO的前置词。从语义上来讲，they可以作为PRO的一部分指称内容，也就是Landau所说的部分控制（partial control）。部分控制与强制控制存在相同的运作机制，如必须有成分统制它的前置词，必须满足移位的最小连接条件等。这样的分析对Hornstein（2003）提出的疑问词控制句都为非强制性控制，且隐性成分为小代语

① 最短距离原则(Minimal Distance Principle)最先由Rosenbaum(1967)提出的。通过它的作用,大代语PRO选择成分统制它的最近的可能前置词作为控制成分。这是在表征的基础上出现的计算原则,与在推导过程中出现的最小连接条件内容基本相同。

的分析提出了挑战。

Culicover & Jackendoff（2001：500）指出疑问词控制句中完全有可能出现强制控制，如：

（5）a. John told Sue when (*for Harry) to wash herself/oneself/*himself/*themselves/??each other.

b. John told Sue (*for Harry) to wash herself/*oneself/*himself/*themselves/*each other.

句（5a）属于强制控制的类型，并遵循移位的最小连接条件。值得注意的是，强制性疑问词控制句与一般强制性控制句有所差别。虽然强制性疑问词控制句中同样不能出现显性名词短语，但是可以出现 oneself 这一任意性反身代词，而一般强制性控制句中则不允许任意性反身代词的出现。此时疑问词控制句中的空语类如果分析为大代语，就会出现从疑问词孤岛中产生移位的现象，这是移位分析法所禁止的。如果分析为小代语，就会出现允准小代语而不能允准显性名词短语的现象，这一现象 Hornstein 同样认为无法存在。因而他无法对此类句子做出解释。

2.2 强制控制与非前置控制的两分分析法

Barrie（2007）指出控制不定式结构中可以允准除了 why 词之外所有疑问词的出现，而出现 why 这一疑问词的不定式则不合语法，如：

（6）*John$_i$ doesn't know why e_i to wait ~~why~~.

根据 Rizzi（1997）提出的标句词短语分裂假说（Split-CP hypothesis），标句词短语可以进一步分裂为：

（7）ForceP > (TopP) > IntP > (TopP) > FocP > (TopP) > WhP > FinP

与话题一样，疑问词成分可以出现在不同的位置。Rizzi 指出疑问词在主句中位于 IntP 的指定语位置（即 Spec-IntP），而在子句中则位于 WhP 的指定语位置（即 Spec-WhP）。Ko（2005）论证了高一级的 IntP 投射为 why 疑问词的位置，其他的疑问词短语要比 why 的位置低。据此，Barrie 指出疑问词不定式中只包含 FinP 和 WhP 这两个投射。这意味着能在主句中出现的 why 疑问词在子句中没有相应的位置，因而 why 类型的疑问词不定式不合语法。英语子句中同样不能出现话题投射和焦点投射：

（8） a. *John wants <u>even this student</u> to give a book to.

b. *John wants <u>this student</u>, to give a book to.

在前一句中，this student 受焦点标记词 even 的允准成为焦点成分。在第二句中，this student 为子句中的话题成分。上述两句都不合格，说明话题成分和焦点成分也不可以出现在子句当中。同理，只能在主句中出现的 IntP 也不能出现在子句中，因而 why 型不定式控制句不能得以允准。

据此，Barrie 指出疑问词不定式中的控制可分为强制性控制和非强制性控制。强制性的疑问词控制句与一般控制句相同，可以通过移位的方式加以推导。运用 Krifka et al.（1995）提出的是否接受进行体（progressive aspect）、能否被副词 usually 修饰以及谓词表述的特征是否为句子中提到的人或事物的根本特征（essential property）这三个标准，Barrie（2007）将非强制性疑问词不定式统一分析为通指性控制（generic control）。

与单一的分析模式相比，双分的分析法涵盖了更多的现实语料，探讨疑问词不定式中的投射内容，将非强制性控制分析为通指控制都具有较好的理论依据和语料支撑，具有一定的合理性。

3. 基于移位和基础生成的分析模式

Hornstein（2003）将疑问词不定式结构分析为非强制性控制，主要原因是因为疑问词不定式中存在孤岛效应，无法允准移位的产生，但实际情况并非如此。Pesetsky（1987）曾指出不同疑问词在移位时，优先条件（superiority condition）的作用是有差别的。有些疑问词短语是话语联系的（discourse-linked），它们的移位可以违反优先条件。从句法分析的角度来看，他认为话语联系的疑问词受一个非选择性的量化算子（unselective Q-operator）约束；非话语联系的疑问词须由移位获得辖域

(scope)，因而必须遵循移位推导中的限制条件，如：

(9) [Q_j Which $book_j$ did you persuade [which man_i to read t_j]]

在此句中，which book 属于话语联系的疑问词，它直接受句首抽象算子的约束，因而可以越过 which man 发生至疑问词孤岛之外的移位，尽管这样的移位违反了移位的最小连接条件。由此可见，优先条件可以被违反，疑问词孤岛中也可以出现成分的提取，因而孤岛的出现不能作为判定是否出现移位的依据。疑问词不定式中因而既存在强制控制，也存在非强制控制，Barrie 的两分法更为合理。但是现实语料并非仅限于此，Williams（1992）指出非强制控制句中的空语类与英语中图片式名词短语的前置照应现象（picture-NP anaphora）存在类似之处。非强制控制句中的 PRO 更像一个话语代词（logophor），受到叙述角度（perspective）以及意识指向（center of consciousness）等因素的影响，在疑问词控制句中的使用较为受限，例如：

(10) Jason's_1 wife decided where *PRO_1/for everyone to sit.

在此句中，由于疑问词问句中的空语类不能满足话语代词的语义语用要求，因此大代语不能出现，而必须使用一个受到介词支配的显性名词。这样一来，疑问词不定式结构中还存在着除了大小代语之外的第三种选择。

由此来看，疑问词不定式中既可能有强制控制，也可能有非强制控制，同时也可能出现显性名词。从成分的性质角度来看，前两种属于空语类，而第三种为词汇手段。从生成的角度来看，强制控制通过移位生成，而非强制控制以及显性词汇手段为基础生成（base-generation），基础生成式和移位生成式才是涵盖所有疑问词不定式控制句的合理分析模式。控制概念为管约论时期所提出的概念，不具备概念必要性（conceptual necessity）（Chomsky 1995）。在最简方案中，移位被称为内部合并（internal merge），而基础生成则通过外部合并（external merge）实现，两种操作均为"合并"这一操作的具体实现方式。可以说，采用这两种为最简方案所允准的原始（primitive）操作生成疑问词不定式，不会带来其他规定性（stipulative）的制约条件，更能体现最简方案的精神，因此属于较为理想的分析方法。

既然疑问词不定式中存在基础生成和移位生成两种模式，那么怎样才能对之加以分辨呢？检验的方法来自孤岛中成分提取的允准。基础生成的疑问词不定式中可以出现跨越疑问词孤岛的移位，因而成分提取是被允准的，[①] 如：

（11）a. Which stock can John's software predict when e_{gen} to buy ~~which stock~~?

b. Which stock can John's software figure out when for everyone to buy?

在第一句中，由于疑问词不定式中只有 FinP 和 WhP 这两层投射，when 处于 WhP 的指定语位置。疑问词短语发生移位时，为了遵循连续循环（successive cyclic）的推导方式，which stock 从子句到主句中的移位必须经由子句中的 FinP 位置，即：

（12）[$_{\text{CP}}$ Which stock can John's software predict [$_{\text{WhP}}$ when] [$_{\text{FinP}}$ ~~which stock~~] [$_{\text{TP}}$ to buy ~~which stock~~]]]

这样循环连续性的移位方式得到满足，移位以满足局域（locality）条件的连续循环方式进行。[②]

第二句中出现的是显性名词，根据 Rizzi（1997）的研究，for 占据的是 FinP 的中心语位置，which stock 在移位的过程中可以通过 FinP 投射的指定语位置进行，从而满足局域条件：

（13）[$_{\text{CP}}$ Which stock can John's software figure out [$_{\text{WhP}}$ when] [$_{\text{FinP}}$ ~~which stock~~ [$_{\text{Fin}}$ for]] [$_{\text{TP}}$ everyone to buy ~~which stock~~]]]

---

① 跨越疑问词孤岛的移位是可能的，Pesetsky（1987）从话语连接的角度出发曾论证过这个问题。较近的文献，如 Fanselow（2004）等也证明了最小连接条件在非论元移位中并非总是加以遵从，因而需要进一步的修改和论证。

② 因为 WhP 和 FinP 是 CP 分裂形成的，因而移位操作只要通过两者中的任何一个位置就可以满足局域条件的要求。

而采用移位生成的结构中则无法出现疑问词的移位，如：

（14） a. * Which restaurant does Mary know when ~~Mary~~ to meet at ~~which restaurant~~?

b. *[$_{CP}$ Which restaurant does Mary know [$_{WhP}$ when [$_{FinP}$ ~~Mary~~][$_{TP}$ ~~Mary~~ to meet at ~~which restaurant~~]]]

此时，由于强制性控制中Mary是移位生成的，为了遵循循环连续的推导要求，它要经过子句中的FinP的指定语位置。由于此节点已被Mary占据，同时WhP的指定语位置也被when占据，因而which restaurant在移位时无法满足局域条件，因此推导失败，生成的句子不合格。

4. 汉语疑问词不定式中的控制问题

汉语中是否具有限定与非限定之分存在争议（Hu, Pai & Xu 2001），但是正如石毓智（2001b：100）所指出的，汉语没有时态、人称和数的形态标记，所以没有狭义上的限定和非限定之分，但是汉语的动词也有一系列语法变化形式，通过词汇的手段则可以区分限定和非限定。李京廉，刘娟（2005）使用了时间状语“已经（已）”“正在（正、在）”以及“将要（将、要）”来测定汉语中的限定与非限定，能跟这些时间状语的从句就是限定的，反之则为非限定。通过此测试法可以发现，汉语中的兼语结构、动词补语结构、动词主语结构以及连动结构中均存在非限定成分。

与英语不同，汉语中的疑问词没有发生显性移位，属于疑问词非移位性（wh-in-situ）语言。以连动结构为例，可以看出所有的疑问词都可以出现：

（15） a. 老王不知道PRO拜访谁。

b. 老王不知道PRO吃什么。

c. 老王不知道PRO去哪儿。

d. 老王不知道PRO什么时候走。

e. 老王不知道PRO怎么唱歌。

f. 老王不知道PRO为什么等待。

疑问词不定式基本上很难与时间状语“已经（已）”“正在（正、在）”以及“将要（将、要）”等共同使用，而“为什么”类型的句子基本上可以与之共现，例如：

（16）老王不知道PRO为什么要/在等待。

这说明此类句子不是非限定小句。实际上“为什么”本身也存在着体的变化，如：

（17）老王不知道为了什么/要为什么等待。

此时的“为什么”不再是疑问副词，而表现为动宾短语，包含时体变化，因而不构成疑问词不定式。英语中不能出现why-型的疑问词不定式是因为生成的句子不合格；汉语中的“为什么”可以出现，但是生成的句子为限定性，因而不属于疑问词不定式结构的范围。

汉语疑问词不定式中同样存在移位生成和基础生成之分，例如：

（18）a. 小李决定PRO什么时候洗盘子。

b. 那个标志说明PRO哪儿不能抽烟。

c. 长官决定让士兵完成哪项任务？

在第一句中，PRO为空语类成分，与主语“小李”同指，因而为强制控制，通过移位生成。在第二句中，PRO找不到一个显性的控制成分与之同指，因而为基础生成。在第三句中，出现的不是PRO，而是显性成分“让士兵”，因而也属于基础生成。

强制性控制句有两个问题需要关注。首先是子句中CP的分裂，其次是移位推导的激发机制。Barrie（2007）指出英语中子句的CP只能分裂为FinP和WhP。石毓智（2001a）曾使用能否进入子句这一标准来判定汉语中的主语和话题。子句是句子的构成成分，本身不受语境因素的影响，因而凡能进入子句的格式代表的都是汉语的基本结构。话题结构受语境等因素影响不能进入从句：

（19）a. 她叠好了被子/被子她叠好了。

b. 就是在她叠好被子的时候/ *就是在被子她叠好的时候。

这样的论述同样可以应用到焦点结构中，以典型的汉语焦点标记“是”为例：

（20）a. 我叠好的是被子。

b. *就在我叠好的是被子的时候。

上述语料说明，子句中不能出现焦点和话题成分的观点同样适用于汉语。同时由于汉语中没有疑问词的显性移位，因此可以认为汉语中子句的CP只分裂为FinP而无WhP。[①]这样（18a）句的推导过程如下：

（21）[$_{CP}$ [$_{TP}$ 小李[$_{vP}$ ~~小李~~决定[$_{FinP}$ ~~小李~~ [$_{TP}$ ~~小李~~什么时候[$_{vP}$ ~~小李~~洗盘子]]]]]]

按照Hornstein提出的移位分析法，“小李”首先与“洗盘子”合并，核查此动词的题元特征，之后移位至子句Spec-TP的位置。因为此位置无法核查“小李”的格位特征，“小李”再次移位至主句的Spec-vP位置，核查主句动词的题元特征。最后，“小李”移位至主句的Spec-TP位置核查它的格位特征，完成句子的推导。

将题元角色转化为特征是一个具有较大争议的做法。按照特征核查的理论，特征具有不可解释性（uninterpretable）特征和可解释性（interpretable）特征的差别（Radford 2009），核查的目标是删除所有的不可解释性特征。将题元角色解释为特征，一个突出问题是无法区分解释性特征和不可解释性特征的差别，从而较难纳入到特征核查的机制当中。

名词短语“小李”进行移位的激发机制应该来源于Fox & Pesetsky（2005：6）提出的循环线性化理论（Cyclic Linearization）中的顺序保持原则（Order Preservation），其内容为：关于线性化的信息，在拼读域中一旦建立，在整个推导过程中都不会被改变。当（21）中的子句接受拼读时，如果“小李”不发生至TP指定语以及FinP指定语位置上的移位，

① 胡建华(2007)指出对语言事实的认定可以从点推到面，但不可以从无推出有。汉语中既然没有疑问词显形移位，因此无需假设存在WhP这一投射，这与普遍语法的要求也不会产生矛盾。

那么当此语段接受拼读时，就会出现“什么时候小李洗盘子”的线性排列。这样的排列显然与最后“小李”位于句首的排列要求显然不符。同时按照语段非渗透性条件PIC（Phase Impenetrability Condition）（Chomsky 2001）的要求，此时“小李”由于并非处于语段边缘（phase periphery）的句法位置，因而无法参与下一阶段的推导。主句的推导也相应如此。为了推导能够继续进行，“小李”必须以连续循环的方式移位，最终进入主句TP的指定语位置。这样的解释可以达到Hornstein所要求的连续循环式的移位方式，同时避免了将题元角色作为特征这一有争议的处理，属于较为理想的解释。

接下来要关注的是汉语中疑问词不定式的基础生成句。通过变换操作可以发现，汉语中的非强制控制的疑问词不定式同样符合Krifka et al.（1995）所提出的标准，因而也是通指控制。如子句不能与进行体共现，子句可以受“一般、经常（usually）”等副词性成分修饰等，例如：

（22）a. *那个标志说明pro哪儿不能正在抽烟。

b. 那个标志说明pro哪儿一般不能抽烟。

同时，“不能抽烟”属于句中提及的某个地方的根本特征之一，而非即时要求。这样三个标准都得到了满足，因而与英语相同，汉语中的非强制性控制也属于通指控制。

与英语相同的另外一点是，汉语中同样存在疑问词不定式基础生成式和移位生成式中的提取差别。汉语中没有显性的疑问词移位，但是焦点成分移位的测试法可以分辨出两者的区别，例如：

（23）a. [$_{CP}$那种车[$_{TP}$小李[$_{vP}$~~小李~~知道[$_{FinP}$~~那种车~~[$_{TP}$[$_{vP}$pro怎么驾驶~~那种车~~]]]]]]

b. [$_{CP}$那项任务[$_{TP}$老师[$_{vP}$~~老师~~知道[$_{FinP}$~~那项任务~~[$_{TP}$[$_{vP}$什么时候让学生完成~~那项任务~~]]]]]]

c. *[$_{CP}$这个观点[$_{TP}$小李[$_{vP}$~~小李~~知道[$_{FinP}$~~小李~~[$_{TP}$~~小李~~什么时候改变~~这个观点~~]]]]]

第一句属于基础生成的非强制性控制，句子主语“小李”不是由子句中移位而来的，因而子句FinP的指定语位置为空，“那种车”可以通过连续循环移位的推导方式进行，生成合格的句子。在第二句中，同样FinP的指定语位置为空，“那项任务”的连续循环移位得以满足，因而生成的句子合法。第三句属于移位生成的强制控制句，子句FinP的指定语位置已被“小李”占据，因而“这个观点”无法满足连续循环的推导方式，推导失败，生成不合格的句子。

很多学者如Huang（1994）以及李京廉，朱玉山（2006）认为汉语中控制动词的词义只是限定了可能的控制语范围，具体哪个成分做控制语是由信息原则、语境及诸多语义语用因素决定的。汉语中的疑问词不定式同样可以出现如下情况：

（24）老王$_i$告诉小李$_j$什么时候PRO_j / PRO_i / PRO_{i+j} / pro/overt lexicon 洗盘子。

此时的空语类在不同的语境下可以指“老王”、可以指“小李”“老王和小李”或者指“老王”和“小李”之外的人。这样的分析看似说明控制由语义和语用因素制约，而与句法操作无关，但实际上未必竟然。首先，PRO_j由移位产生，它符合移位生成的所有条件。其次，PRO_{i+j}包含主句的主语和宾语，因而被称为分裂控制（split control）。根据Boeckx, Hornstein & Nunes （2010）的论述，此时只要“老王”和“小李”发生两次移位，此句即可通过移位法加以生成。最后，PRO_i因为“小李”的阻隔而无法发生移位，因而与小代语插入句和显性词汇句相同，无法以移位方式生成，但是只要将它们从词库中提取，然后直接合并到子句当中推导也可完成。这说明在句法框架下这些句子都可以获得生成和解释，而无需引入语义或者语用的概念。从经济性的角度考虑，采用基于移位和基础生成的句法分析法应该为最优的分析模式。

5. 本节结语

早期的分析将疑问词不定式结构分析为强制性控制或者非强制性控制，而诸多语料说明疑问词不定式中也可以出现显性词汇这一特殊现象。移位法生成强制性控制，而基于基础生成的合并分析法则可以生成显性词汇型和通指型非强制性控制，它们具有不同的成分提取表现。反思汉语语料可以发现，汉语疑问词不定式中的控制现象基本与英语对应，如可以分为基础生成和移位生成、焦点成分的移位可以在基础生成的疑问词不定式中出现，而无法在移位生成式中得以允准等。英汉语这两种语言中的不同之处在于，汉语中的“为什么”类型的句子不属于疑问词不定式、疑问词不定式中的子句没有WhP这一投射等。可以说，英汉这两种语言中疑问词不定式结构完全可以在句法范围内得到合理的分析和解释。

第三节　部分控制句的句法分析

1. 引　言

“控制”较早见于Chomsky & Lasnik（1977），它指的是非限定小句中某个显性成分对句中空语类PRO的指称内容产生确定作用的现象（Bresnan 1982）。部分控制指的是控制成分（controller）只决定PRO这一被控制成分（controllee）部分指称内容的控制现象。控制结构的分析手段较为多样，如约束理论法（binding-theoretic approach）、格位理论法（case-theoretic approach）以及移位法（movement approach）等，而专门针对部分控制的研究相对较少。本节将首先对部分控制的性质和内容做出界定，然后在Hornstein（1999）移位分析法的基础上提出一个新的移位分析模式，并以此来分析英汉语中的部分控制现象。

2. 部分控制的传统分析

2.1 动词允准分析法

较早对部分控制提出分析的是Hornstein（1999）。他首先对强制控制（obligatory control）做出严格界定，即控制成分和被控制成分之间的指称内容必须完全同指，这样部分控制显然不属于强制控制。在使用移位法分析强制控制时，他指出其他类型的控制属于别处事例（elsewhere case），可以使用插入小代语pro的分析法加以分析。Pro被阐释为一个代词，可以是限定成分（如he, she, they），也可以为非限定成分（如one）。Chomsky（1995）指出pro可以在如时态短语TP的指定语等位置上得到允准。按照Hornstein的分析法，英语中的非限定成分可以允准pro的存在，pro也可以与英语中的某些屈折成分发生特征核查关系。这样的论述很难加以证实，某些学者如Radford（2009）则指出英语属于非空主语型语言（non-null subject language），不能允准pro的存在，小代语的分析法因此较难成立。

Hornstein（2003: 42）对部分控制现象进行了分析。他认为部分控制来自某些主句动词所允准的具有可选性的意义假设（meaning postulate），即：

（1）If "DP Vs [$_{TP}$ to VP]" then "DP Vs [$_{TP}$ DP and some contextually specified others to VP]"

也就是说，在控制句中，如果主语动词允准，PRO的意义阐释可以包括主语中的限定性短语，也可以包括句子使用时其语境所提供的内容。这样的分析只是描述了部分控制的现象，而没有说明部分控制的产生过程和句法操作手段，因而缺乏解释力，无法达到生成语法所追求的高度。

2.2 间接匹配分析法

Landau（1999）认为控制句有时态区分，且为CP结构。如果控制子句为［-tensed］，子句中的T不发生至C的移位，即：

（2）[… [$_{FP}$ [F [$_{VP}$ DP [$_{V'}$ V [$_{CP}$ C [$_{TP}$ PRO [$_{T'}$ T [$_{VP}$ t_{PRO}…]]]]]]]]]

此时PRO与控制成分的功能语类F（如果是主语控制为主句的T，如果为宾语控制则为主句的v）可以发生直接匹配（Agree）关系，因而产生PRO与控制成分语义内容完全相同的穷尽控制（exhaustive control）。

但是如果子句为［+tensed］，不定式中的T就要移位至C，即：

（3）［… $[_{FP}$［F $[_{VP}$ DP $[_{V'}$ V $[_{CP}$ T+C $[_{TP}$ PRO $[_{T'}$ t_T $[_{VP}$ t_{PRO}…］］］］］］］］］］

此时的PRO与F之间的匹配关系就会被阻断。PRO首先要与小句中移位至C的T发生匹配关系，然后由T与F发生匹配关系。也就是说此时PRO与F的关系确定是间接的，因而导致部分控制的产生。

间接匹配分析法也存在一定问题。首先，穷尽控制中T不发生至C的移位，而在部分控制中进行。这种移位的驱动机制是什么？另外，如果C通过T与F发生间接匹配，为什么间接匹配就可以产生PRO与控制成分之间内容的不一致？Landau认为控制句中的子句为CP，那么根据语段非渗透性条件PIC（Phase Impenetrability Condition）（Chomsky 2001），PRO作为一个独立语段CP中的成分在拼读后是无法与主句中的成分发生匹配关系的。同时Chomsky（1995，2001）所指出的匹配关系是严格的语义特征上的匹配，也就是说，如果PRO与F发生了间接的匹配关系，那么根据传导性（transitivity）原则，也只能发生穷尽控制而无法产生部分控制。

2.3 语义分析法

Culicover & Jackendoff（2006）使用语义学中的概念结构（Conceptual Structure）来分析控制结构。他们将控制现象归结于概念结构中的某些基本谓词的特征。不同类型的控制结构，包括部分控制的出现，是因为某些控制动词为施事控制动词（agent-control verb），某些为受事控制动词（patient-control verb），某些为源点控制动词（source-control verb）等。他们列举的一个基本谓词为“意愿INTENTION”，其结构为：

（4）X^{α} INTEND［α *ACT*］

补足语成分ACT以斜体表示，说明它必须满足某些选择性制约条件。［α *ACT*］说明这一行为的施动者（actor）由主句的X，即意愿者（intender）所控制。这样的分析可以解决一些句法研究中难以解决的问题，问题是很难列举出所有的控制类基本谓词，因而实际操作性较低，很难穷尽所有相关的语料。从动词的类型出发，对于部分控制现象也无法给出明晰的定义。同时语义分析法不能解释部分控制中PRO与主句中成分指称内容不一致的现象，因此从语义分析的角度出发，较难对部分控制提出理想的解决方案。

3. 控制与部分控制

Williams（1980）将控制结构分为两大类：强制控制（obligatory control）与非强制控制（non-obligatory control）。Wurmbrand（2002）则讨论了六类控制结构类型：穷尽控制（exhaustive control）、主观控制（arbitrary control）、隐含控制（implicit control）、分裂控制（split control）、部分控制（partial control）以及变量控制（variable control）。穷尽控制指的是控制句中的PRO与主句中的控制成分完全同指；主观控制指的是PRO的指代内容不确切（unspecified）；在隐含控制中，PRO的控制成分与主句动词产生搭配但是没有在句中出现；分裂控制指的是PRO同时指称主句主语和宾语的内容；部分控制的内容上文已经说明；变量控制指的是PRO既可以与主句中的主语同指，也可以与宾语同指的现象。上述六种类型的控制结构可以分别通过以下六个例子加以呈现：

（5）a. $John_i$ tried PRO_i to leave.

b. It is dangerous for babies PRO_{arb} to smoke around them.

c. It was difficult (for you) PRO_{imp} to leave.

d. $John_i$ persuaded $Mary_j$ PRO_{i+j} to leave together.

e. We thought that the $chair_i$ preferred PRO_{i+} to gather at six.

f. Lee_i promised $Monica_j$ $PRO_{i/j}$ to be examined.

学界对于某些控制类型的归属存在一定争议，如Hornstein（1999）和Wurmbrand（2002）将部分控制归类为非强制性控制，而Landau（1999）则将部分控制归类为强制控制。可以认为，按照控制句中PRO内容的不同可以将控制分为三类：强制控制、部分控制以及语境控制。强制控制包括穷尽控制和隐含控制，因为这种类型控制结构中PRO的内容与控制成分的内容完全一致。部分控制则包括上文中的部分控制和分裂控制。分裂控制中的PRO虽然为主句中的主语和宾语的叠加，但是它完全符合PRO由控制成分部分决定的定义。语境控制则包括上文的主观控制和变量控制，PRO内容不受控制成分决定，而由语境和话语因素决定。三种类别列表如下：

（6）表4-1　三种控制类型

控制类型	内容与特征
强制控制	穷尽控制（控制内容全部显现） 隐含控制（控制内容全部隐现）
部分控制	分裂控制（控制内容全部显现） 部分控制（控制内容部分显现）
语境控制	变量控制（控制内容全部显现） 主观控制（控制内容全部隐现）

语境控制句中PRO的指称内容必须结合具体的语境，由语用以及话语因素确定，而强制控制和部分控制句中的PRO则可以在句法范围内得以解释。Hornstein（2003）所提出的意义假设表明，强制控制在某些条件下可以产生部分控制的解读。Barrie & Pittman（2004）则指出所有的强制控制都为部分控制，或具有成为部分控制的可能。完全不可能成为部分控制的句子实际上不属于控制结构，而应为例外授格结构（ECM construction）或者重构动词结构（restructuring verb construction）。英语order类型的句子一般被认为是控制句，但它们只能为强制控制而不能为部分控制，如：

（7）*Daniel <u>ordered/permitted/required</u> Lydia to go to the cinema together.

此时的补足语从句中不可以出together一词，因为它需要一个具有［PLURAL］特征的PRO，但是主句中的控制成分Lydia却为单数，这与强制控制的要求相背，因而这个句子不合语法。

实际上此类句子为例外授格句而非控制句。首先它们可以在动词宾语位置出现虚位主语there和it，而控制句如persuade句则不可以，如：

（8） a. Alan ordered/expects there to be more coffee available at the meeting.

b. *Alan persuaded there to be more coffee available at the meeting.

在上例中，order类型的句子宾语可以为虚位成分，这与隶属于ECM结构的expect句相同。而persuade句中不可出现虚位宾语且可以有部分控制的解读，因而为控制句。

其次，补足语从句中如果发生被动化，order句可以接受，而persuade句则不可以，这也与expect句相同：

（9） a. John expects/ordered/persuaded Mary to sweep the floor.

b. John expects/ordered/*persuaded the floor to be swept by Mary.

由此可见，order类型的句子实际上不是控制句，而属于例外授格句。

Landau（1999）指出只有隐含（implicative）句、体态（aspectual）句和情态动词（modal verb）句属于强制控制句，不允许部分控制的解读；而表示需要（desiderative）、事实（factive）、命题（propositional）和疑问（interrogative）类型的控制句则可以允许部分控制的解读。也就是说，前一类型的句子必须要求主句与从句中的主语严格同指，以情态动词句为例：

（10） *John must go shopping together.

通过分析可以发现不允许部分控制解读的三种类型中，主句动词与补足语从句之间无法插入其他成分，因而不宜分析为控制句。Wurmbrand（2002）将之分析为重构动词句，主语外的成分为一个复合谓语（complex predicate），如：

（11） *John [$_{VP}$ must go shopping together]

在该句中，must go shopping together是作为一个复合谓语使用的。可以看出，此句不合语法的原因主要是由主语与谓语成分之间语义冲突所导致，从而无法完句，该句不合语法与控制本身没有直接关系。

4. 部分控制的移位分析

4.1 移位分析法及其改进

在指出 Chomsky & Lasnik（1993）零格位（null case）分析法不足的基础上，Hornstein（1999）提出了控制句的移位式分析法。他指出控制不定式中的主语不是PRO，而是由移位操作产生的限定词语迹或者复本。同时他修改了经典的题元理论，提出题元角色属于动词的形态特征，一个语链所能接受的题元角色并非只有一个，可以为多个。移位产生的机制之一就是核查句中动词的题元特征。举一个简单的例子：

（12）a. John hopes to leave.

b. [$_{TP}$ John [$_{vP}$ ~~John~~ [hopes [$_{TP}$ ~~John~~ to [$_{vP}$ ~~John~~ leave]]]]]

首先John与动词leave合并，核查此动词的题元角色特征；然后John移位至子句TP的指定语位置处核查此TP中T的EPP特征。这个位置属于非限定成分，因而不具备指派格位的能力，因而John继续移位并与主句动词短语vP指定语的位置，核查主句动词的题元角色特征；最后John移位至主句TP的指定语位置，在核查此TP的EPP特征的同时，获得主格的格位，从而完成推导。

移位分析法可以解释控制句中子句主语和主句控制成分之间的指称一致问题，但是存在一些不足。首先，题元角色属于语义阐释的范畴，将题元角色作为形态特征和移位的驱动机制并参与特征核查是颇受争议的；其次，按照语段分析的理论，子句中的vP作为语段在完成推导后接受拼读，但是vP中的成分为了核查主句动词的题元角色特征必须发生移位，这样就产生了句法推导中前看性（look-ahead）问题，从而成为移位分析法的重要缺陷；最后，按照Chomsky（2000，2001）提出的特征核查理论，一个句法成分如果发生移位，那么它本身必须有一个不可解释性特征以满足启动条件（Activation Condition），否则移位无法发生。Hornstein（1999）的移位法中没有此类不可解释性特征，因而移位缺乏必要的驱动机制。

在Chomsky（2000，2001）提出的特征核查理论中，P作为探针（probe）与目标G（goal）产生匹配关系，P和G本身各有一个不可解释性特征从而满足启动条件。同时G如果发生移位还必须要求P存在EPP特征，从而驱使移位。这样的核查机制较为复杂，同时存在一定问题。如在推导（12）中的句子时，当John移位至子句TP指定语位置时，必须要保证John仍然具有不可解释性的特征，从而满足进一步移位的要求。这就迫使Chomsky（2001）提出缺损性中心语（defective head）的概念，强制指定在此位置上不能核查移位成分的特征，至于何种中心语可以为缺损中心语则很难做出界定。Bošković（2007）注意到了这些问题，他将移位的驱动机制归结为移位成分的不可解释性特征，移位以连续循环的方式进行直至最后将此特征核查删除。这样一来，移位分析法就无需设置EPP特征，同时满足了启动条件，句法操作更为简洁。

上述模式运用到控制句时可以有如下分析。首先为了满足自婪（self-greed）的要求，可以设定（12）中John发生移位的机制来源于John本身不可解释性的格位特征。当John与leave合并时，获得一个题元角色，但是没有核查本身的格位特征，这一不可解释性特征驱使John再次移位至子句TP的指定语位置，此位置上的T为非限定性成分，同样无法核查John的格位特征，John需要再次发生移位。移位按照语段循环进行，主句中的vP作为一个语段，为了满足连续循环移位（successive cyclic movement）和语段移位的要求，只能移位至主句vP指定语位置，并从主句动词处获取另外一个题元角色。此时John的格位特征仍未核查，只好再次移位至主句TP的指定语位置。此时的限定屈折成分具有核查John格位的能力，使得John获得主格的格位，从而完成推导。

上述分析将移位的驱动机制归结于移位成分的不可解释性特征，因而无需出现EPP和启动条件，简化了推导的理论，同时消除了前看性问题，符合最简方案所要求的概念必要性特征（Stroik 2009）。John发生移位是为了核查本身的格位特征，而不必依赖之后操作成分的特征；推导的驱动就是满足自婪的原则；最后，题元角色并非特征，John在此推导过程中获取两个题元不是特征核查的动因，而是移位操作中的局域条件（locality）和语段理论所决定的，属于无奈之举（last resort）。

4.2 移位分析法的运用

Hornstein（2003: 44）指出英语中存在一类特殊的语料，例如：

（13）John prefers to talk about himself all together at dinner tonight.

句中himself作为反身代词必须得以允准，此时只有主句中的John具有允准它的功能。但是句中的all together需要一个复数主语的允准，这说明这样的句子属于部分控制。在此控制句中，PRO在句法上是单数，而在语义上表达复数概念，如：

（14）a. John$_i$ persuaded Mary$_j$ PRO$_{j/i+j/j+}$ to leave.

b. [$_{TP}$ John [$_{vP}$ persuaded ~~Mary~~ [$_{TP}$ ~~Mary~~ to [$_{vP}$ ~~Mary~~ leave]]]]

在此例中，PRO的内容可以为Mary，即强制控制，但是也可以是Mary和John，甚至是Mary和其他一些特定语境所允准的人物。因而这个句子属于典型的部分控制。首先Mary与leave发生合并，获取一个题元角色，但是Mary的不可解释性格位特征驱使Mary发生移位。子句TP指定语的位置同样也无法删除这个特征，因而Mary再次移位并与persuade合并，在获取另外一个题元角色的同时获得宾格的格位。当此结构与主语John合并时，由于Mary的特征已经得到核查，从而无需再次移位，推导宣告完成。

移位成分可以获得除了主语之外的额外指称，从而产生部分控制。部分控制是移位成分获得多个题元角色的结果。也就是说，语义上的部分控制是移位成分获取多个题元角色的允准条件下发生的。换言之，如果一个移位成分在句子推导过程中没有获得多个题元角色，那么就无法产生移位不同复本之间的语义差别，这也就解释了为什么移位时不同复本语义指向的不对应只能发生在控制句中的原因。

上文分析可以说明，移位法可以用来解释部分控制。移位法最大的挑战来自长距离控制句，即promise类型的控制句，如：

（15）John$_i$ promised Bill$_j$ PRO$_i$ to leave early.

此时，PRO与主句中的主语John同指。但是按照移位法的要求，与John相比，Bill离PRO的距离更近。按照Chomsky（1995）提出的最小连接条件MLC（Minimal Link Condition），PRO应该与Bill同指。这一控制句成为众多学者反对移位分析法的理由。Boeckx & Hornstein（2003）以及Boeckx，Hornstein & Nunes（2010）都注意到promise控制句与带介词的控制句存在较大相似，如：

（16）$John_i$ promised to $Bill_j$ PRO_i to leave early.

据此，他们提出promise类型的控制句中暗含了一个零介词（null preposition）的分析，即：

（17）John promised [$_{PP}$ P_{null} Bill] [to leave early]

由于Bill占据PP成分，John的移位就没有违反最小连接条件MLC。另外，句中的Bill可以删除：

（18）$John_i$ promised PRO_i to leave early.

这说明Bill占据的并非论元位置。Bill不可以发生被动化，这与一般的控制句不同：

（19）a. *Bill was promised [PRO to leave early]

b. Bill was persuade [PRO to leave early]

由此可见，promise一词后的名词并非为占据论元位置的宾语，而只是附接语。这样John就可以越过附接语Bill的位置移位，而不违反MLC的要求。

5. 基于汉语语料的考察

很多学者如Huang（1982）以及石毓智（2010）等认为汉语中存在限定与非限定之别。李京廉、刘娟（2005）指出汉语虽然没有显性形态表征，但是可以通过词汇手段来区分限定和非限定，也就为汉语中存在控制结构和控制现象提供了依据。汉语中同样存在不同类型的控制类型，例如：

（20）a. 他$_i$答应PRO_i重新来过。

b. 我反对PRO$_{arb}$吸烟。

c. 连长命令(士兵)PRO$_{imp}$开枪。

d. 老王$_i$劝老李$_j$ PRO$_{i+j}$去看戏。

e. 他$_i$答应儿子$_j$ PRO$_{i+}$明天去野炊。

f. 老王$_i$保证老李$_j$ PRO$_{i+j}$参加这个会议。

与英语中的控制相同，这些不同的类型完全可以参照控制成分与被控制成分之间指称内容的差别分为强制控制、部分控制和语境控制。

移位法也完全可以用来分析汉语中的控制句，如：

（21）a. 他设法帮助我。

b. [$_{TP}$他[$_{vP}$他[设法[$_{TP}$他[$_{vP}$他帮助我]]]]]

在此句中“他”的不可解释性特征成为移位的驱动机制，同时从动词“帮助”和“设法”处获取两个题元。只有在“他”的格位特征得以核查后，推导才告终结。

吕叔湘（1984：548）曾指出在句子“他同意另写一篇”中，子句主语可以指主句中的“他”，也可以指别人，同样也可以指“他”和某些别人的组合。这样的语料有力地证明了汉语中的控制同样存在部分控制的解读，而部分解读的理据也是因为“他”从动词“同意”和“写”处获得两个不同的题元角色。

Huang（1994）指出汉语中存在长距离控制的现象，如：

（22）学生$_i$答应老师$_j$ PRO$_i$明天交作业。

与英语promise句不同，“答应”与“老师”之间不可以插入介词，这样零介词的分析法就无法使用。但是，此句中的“老师”可以省略，同时被动化后的句子可接受性很低，与一般控制句不同：

（23）a. 学生$_i$答应PRO$_i$明天交作业。

b. *老师被学生答应明天交作业。

这说明“老师”占据的也是附接语而非补足语的句法位置，因而也没有违反最小连接条件MLC这一原则。

小结上文可以得出，汉语中同样存在多种类型的控制句。与英语相同，汉语中的一般控制句同样存在部分控制的解读，移位法也适用汉语控制句的分析。“答应”类型的控制句中因存在附接语的原因，不足以构成对移位分析法的反证。部分控制句的特点和生成完全可以在句法领域内得到合理的解释。

6. 本节结语

从英汉语中部分控制句的分析来看，语义分析法很难给出合理的解释，传统的小代语插入分析法和间接匹配法也都存在一定不足。移位法可以为部分控制的分析提供一个可行的解决方案。移位成分的格位核查是移位的驱动机制，移位推导中语段理论和局域理论导致多重题元的获得，从而允准控制中的部分解读，部分控制的这一特征为控制句所独有。本节的分析将控制重新引入句法学的研究范畴，同时将控制和部分控制统一起来，扩大了移位法运用于控制分析的范围，并借助英汉两种语言中的语料证明了此分析法的可行性。需要指出的是，此处的讨论没有涉及语境控制，其结构特点和生成问题则有待进一步的研究。

第四节　兼语结构中的控制分析

1. 引　言

兼语句为现代汉语中的一个代表性句式，其显性句法结构可以表征为 $NP_1 + Pr_1 + NP_2 + Pr_2$。① 例句如下：

① 以往的研究(邢欣 1990；刘街生 2011 等)从语义或句法角度对兼语句的类型进行了区分。此处采用形式化的方式对兼语句进行定义，将符合这一形式特征的句式统称为兼语句，而不再从语义或句法角度对兼语句进一步分类。其中，Pr 为谓词 Predicate 的缩写。在兼语句中，谓词一般为动词性成分，但也可以出现形容词性谓词，如(1a)，因此此处使用 Pr 而非 VP 的标注。需要指出的是这里只是对兼语句句法结构的显性描写，后文将说明这些谓语实现为 CP 结构的句法投射。

（1）a. 他让我很难堪。[①]

b. 连长命令战士们冲锋。

NP_1为句首名词短语，NP_2由于同时与Pr_1和Pr_2产生关联，因此被称为“兼语”。刘复（1920）以及黎锦熙（1924）最早注意到了这类结构，他们将之称为兼格句。在传统语法研究中，该结构还被称为递系式（王力 1943）、递谓式（吕叔湘 1953）以及主客兼格句（范晓 2009）等。兼语式的说法最早由赵元任（1952）以及丁声树等（1961）提出，目前已为学界所普遍接受。

在生成语法研究中，兼语句一般都被分析为控制结构或者提升结构（邢欣 1990；杨大然 2006；胡波、文卫平 2007；温宾利、袁芳 2009等），以解决兼语成分身兼二职的问题，但是，这些分析或多或少都还存在一些不足。本节将以生成语法的最简方案（Chomsky 1995）为理论框架，使用存活式推导模式（the Survive model of derivation）来重新分析兼语句的句法结构以及兼语句中的控制现象，并比较兼语结构和连动结构以及英语控制结构的异同。

2. 先前的研究

从生成语法的角度来看，兼语句中的两个谓语Pr_1和Pr_2都需要满足各自子语类化（subcategorization）的要求，因此它们都需要自己的主宾语。另外，Pr_1和Pr_2作为谓词也需要投射各自的论元结构，并指派题元角色。不论是从句法角度还是从语义角度来看，兼语句中都需要一个实现为空语类的句法成分。

2.1 PRO分析法

多数学者（邢欣 1990；沈阳 1994；胡建华 1997；陆俭明、沈阳 2003；成镇权 2007等）认为兼语句由一个主句和一个从句构成，从句中存在一个空语类并实现为大代语PRO，在句法上兼语句表现为NP_1+Pr_1+

① 该句具有致使意义，而致使性兼语句属于兼语句的一种典型类别（丁声树等 1961）。

NP_2+PRO+Pr_2。他们假设主句中的受事NP_2与空语类PRO都是在D-结构（D-structure）插入的成分，PRO与受事NP_2具有完全相同的语义指称。以“老王让小李披上外套”为例，其结构为：

（2）[$_{S1}$老王$_i$[$_{VP1}$让小李$_j$[$_{S2}$ PRO$_{*i/j}$[$_{VP2}$披上外套]]]]

胡建华（1997）进一步提出汉语中兼语句中的从句属于非限定性从句，可以通过控制加以分析。在从句中的空语类为PRO，同时它具有接受题元角色和不可词汇化的特征。成镇权（2007）也认为在兼语句中Pr_2投射为一个非限定性从句以指代某个事件，其空主语的位置由PRO占据。[①]

PRO分析法采用了管约论的理论框架，将兼语句分析为控制结构，使用空语类的概念解决了传统语法分析兼语句的不足。不过，管辖概念下的PRO分析法已经在最简方案中失去了存在的理论基础。另外，在这一分析法中，PRO的特征与控制结构中的PRO特征也不匹配：上述学者使用约束理论将PRO特征矩阵分析为［+Anaphor, +Pronominal］，但是控制结构中的PRO要么体现照应语［+Anaphor］的特征，要么体现代词［+Pronominal］的特征，而不能两者兼而有之（Boeckx, Hornstein & Nunes 2010）。这样来看，使用约束理论的PRO分析法无法很好地体现控制的语义阐释特点，因此，用PRO分析法来分析兼语句是值得商榷的。

2.2 分类分析法

另外一部分学者认为，并不是所有的兼语句都是控制结构，兼语句可进一步区分为控制结构、例外授格结构（exceptional case-marking construction）和提升结构（raising construction）（杨大然2006；胡波、文卫平2007）。

杨大然（2006）认为，根据兼语句中Pr_1的使令度，可以将兼语句分为四种类型：在A类中，Pr_1为隐性使令动词，它的题元结构为<施

① 严格上来说，Pr因为是谓词因而与从句的句法地位并不等同。这里暂不考虑Pr_2作为谓词的特点，而接受Pr_2投射为从句的说法。

事，受事>；在B类中，Pr_1一般表示“命令、邀请”等概念，它的题元结构为<施事，受事，目标>；在C类中，Pr_1为称呼定名类动词，它的题元结构为<施事，受事，结果>；在D类中，Pr_1为表示致使意义的词汇，它的题元结构为<施事，述题>。根据Martin（2001）提出的时态假说理论，杨大然认为A类和B类兼语结构中的不定式具有［+Tense］特征，因而属于控制结构，而C类和D类中的不定式具有［-Tense］特征，因而属于例外授格结构。

这一分析法的理论基础为时态假说理论。但是根据Wurmbrand（2007）的研究，Martin（2001）提出的不定式时态特征的测试方法都不可靠，时态特征并不能有效地区分控制结构、提升结构以及例外授格结构。Landau（2000，2004）指出控制不定式中可以具有［+Tense］特征和［-Tense］特征两种可能，并非只存在［+Tense］特征。另外，将兼语句分析为控制结构和例外授格结构的做法无法体现兼语句的统一性特征。

胡波、文卫平（2007）认为兼语句可以分析为控制结构和提升结构两种类型，如：

（3）a. 张三使［他生气了］。

b. 我们请他［PRO来北京］。

按照胡波、文卫平（2007）的分析，例（3）中的“使”是单纯致使义动词，并不属于控制动词。因此（3a）属于提升结构，而（3b）属于控制结构。他们还指出控制动词具有如下四个特征：第一，在控制性兼语句中，主句动词一般不直接表示致使意义；第二，它选择的补语从句中谓语一般为动态的或者为动作动词；第三，补语从句只能用“不（要）”，而不能用“没（有）”否定；第四，主句动词可以加上“着、了、过”等体标记。与之相对，提升动词则不具备这四个特征，即在提升性兼语句中，主句动词直接表示致使意义，它所选择的补语从句中谓语一般为静态或者时态动词，补语从句中可以使用“不（要）”，以及“没（有）”进行否定，主句动词不能加上体标记。

需要指出的是，以上所提到的四个区分标准并不能体现控制和提升的核心区别。Davies & Dubinsky（2004）以及Polinsky（2013）指出，提升与控制的核心区别在于提升动词不能赋予某个名词短语任何题元角色，而控制动词则拥有赋予题元角色的能力。在（3b）中，动词“请”可以赋予“他”受事的题元角色。在（3a）中，动词“使”同样具有赋予“张三”施事或者致事的题元角色，因而两者都属于控制动词。这说明，提升结构的分析法并不能用来分析“使”字类型的兼语句。

2.3 移位分析法

根据移位式控制分析法（Hornstein 1999）以及移位的复制理论（Chomsky 1995），温宾利、袁芳（2009）提出兼语句通过论元移位操作生成。根据提取法和插入法的测试，他们指出Pr_2实现为缺乏CP投射的缺损性TP投射（defective TP）。以“老师逼我看书”为例，其生成过程如下：

（4）[$_{TP}$老师[$_{vP}$老师 逼[$_{VP}$逼我[$_{TP}$我[$_{vP}$我 看[$_{VP}$ 看书]]]]]][①]

首先，从句中的动词“看”和“书”合并形成动词短语VP“看书”。然后，“我”和“看书”合并，“我”从动词“看”获得一个题元角色。当从句的TP投射生成时，T的EPP特征驱使“我”复制一个拷贝并合并到TP的指定语位置。不过，此时的TP不是语段，因而“我”无法核查格位特征。当主句VP投射出现后，“我”再复制一个拷贝并合并到VP的宾语位置，同时从动词“逼”获得另外一个题元角色，进行格位特征的核查。在生成主句vP的过程中，“老师”合并到主句vP的指定语位置。最后，T的EPP特征驱使“老师”复制一个拷贝，合并到TP的指定语位置，生成主句的TP。

为了解释兼语“我”此时获得的两个题元角色，他们提出“名词拷贝假设”，即名词拷贝可以独立承担题元角色。如此一来，题元准则也

---

① 温宾利、袁芳(2009)没有明确说明中心语“看”拼读的机制。从中心语的移位过程来看，为了得到功能范畴的允准，“看”需要移位到v的位置，并在该位置进行拼读。后文将予以详细说明。

就相应被修改为：一个论元或者一个拷贝可以充当一个题元角色，一个题元角色可以指派给一个论元或者一个拷贝。

移位分析法虽然具有一定的解释力，但是也存在一些问题。首先，移位的过程中出现格位特征的核查和题元角色的指派，究竟哪一个才是移位的激发机制，作者没有给予明确的说明；其次，如果名词拷贝可以承担题元角色，就会造成过度生成的危险。以被动句John was killed John为例，如果位于句末的拷贝John可以承担受事题元角色，那么位于句首的John则无法从被动动词处获得题元角色，从而违反题元准则的要求；再次，名词拷贝假设还存在理论上的不足。由于进行复制拷贝的名词短语具有相同的特征矩阵（Nunes 2004），因此在语义和句法方面应该具有一致的内容。如果认为拷贝可以承担题元角色，就会出现拷贝和原名词短语指称不一致的情况；最后，假如名词短语可以复制一个拷贝并获得题元角色，那便意味着在句法生成的过程可以产生新信息，这与Chomsky（1995）提出的包含性条件（Inclusiveness Condition），即句法推导所有的信息均来源于词库的要求相悖。

3 存活推导模式下的兼语句

3.1 存活式推导模式

根据最简方案（Chomsky 1995），句法推导过程必须摈弃冗余性表征，只保留具有概念必要性的内容。基于这样的认识，Stroik（1999，2009）、Putnam（2007）、Putnam & Stroik（2010）以及Stroik & Putnam（2013）等提出了存活式推导模式。

存活式推导模式认为句法错位现象（displacement）不是由移位生成的，而是来源于移位成分与相关句法成分进行合并操作时所产生的特征不匹配（feature incompatibility）。特征的不匹配导致移位成分在词库中的存活，并通过再次合并（Remerge）的方式参与下一步的推导，直至该特征的成功核查。特征得到成功核查之后，推导式就会被移交（Transfer）到语音（PHON）和语义（SEM）这两个接口进行解读。具体来说，如果Y在合并到XP时与X具有不相匹配的特征，从而导致Y的特征无法得以核查。那么Y就会在词库中存活，在下一个最大投射ZP建立之时再次合并到ZP中进行特征核查。如果Y与Z特征匹配，那么Y的特征得以核查，Y将不能继续存活。如果Y与Z的特征仍然不匹配，那么Y就会再次存活，并以合并操作的方式再次参与到下一个最大投射的推导过程。

存活式推导模式使用了词库、合并操作、接口这些必要的概念，简化了狭义句法中的信息，只保留了合并操作，同时通过特征的匹配要求来检测句法结构的合格性，保证了移交到接口处的表征式都具有合格性，因而属于防溃语法（crash-proof grammar）（Frampton & Gutmann 2002），体现了语言处理的高效性。更为重要的是，移位成分存活和合并的条件是中心语的介入和投射，因此，存活式推导模式所提出的局域单位为最大投射，而非语段（Phase）（Chomsky 2001，2008），这与Boeckx（2008）以及Müller（2011）的研究结果是保持一致的。

3.2 兼语句的句法结构

将兼语句分析为控制结构，必须满足控制结构对从句结构的要求，即控制句中的从句在句法上必须投射为标句词短语CP（Radford 2009）。本节我们将对汉语兼语句从句的句法结构进行考察，看其是否满足控制结构的句法要求。

以（4）为例，可以看出从句中的空语类e与主句的宾语“我”共指，同时从题元结构来看，它承担了Pr_2“看书”的施事题元角色，因此拥有外论元的Pr_2也可以扩展为vP投射。

另外，体貌成分（5a）以及情态动词（5b）可以进入兼语句从句之中。如：

（5）a. 我请他吃过饭。

b. 我劝他不要来。

这说明兼语句的从句中也可以出现体貌成分和情态动词，也就是说兼语句的从句可以实现为TP投射。不过，温宾利、袁芳（2009）采用提取法和插入法这两种测试手段证明，兼语句从句的最大投射为TP而非CP。如：

（6）a. 张三请李四星期天吃饭。

b. 星期天张三请李四吃饭。

（7）a. 妈妈（星期天）逼我（星期天）看书。

b. *妈妈逼星期天我看书。

温宾利、袁芳（2009）认为，（6a、6b）中的时间副词“星期天”虽然位置不同，但两句的意义基本相同，因而“星期天”是从句中移位到了句首。根据语段非渗透性条件PIC（Phase Impenetrability Condition）（Chomsky 2001），只有语段的中心语和语段边界成分才可以移位到上层语段中，而（6a）中位于兼语句从句中的句法成分“星期天”却可以移位到主句之中（6b），这说明兼语句的从句不是语段CP而只能是TP。在例（7）中，“星期天”可以插入主句动词“逼”和从句动词“看”之前，但是不能出现在“逼”和“我”之间。这说明从句中没有CP投射，从而无法提供副词插入的位置。①

不过，以上提供的两条证据都不可靠，以下句为例：

（8）a. 我劝他星期天来。

b. 星期天我劝他来。

在（8a）中，当时间副词“星期天”出现在从句中时，事件“来”必须在“星期天”发生，而事件“劝”是否发生在“星期天”皆可接受。在（8b）中，当“星期天”出现在主句中时，事件“劝”必须发生在“星期天”，而事件“来”既可以发生在“星期天”，也可以是“星期天”之后的任意一天。例（8）的两个句子表明，时间副词的位置不同，会导致句子意义产生差别，这说明句首的副词并不是从从句中移出的成

① 并非所有的副词都要嫁接在CP上（Ernst 2004）。时间副词一般与事件有关，通常嫁接在vP或者TP上。因此，时间副词不能在“逼”和“我”之间插入的语言事实并不能说明从句中没有CP投射。

分。[1]可以认为，在（7b）中，“星期天”之所以不能在“逼”和“我”之间出现，是因为时间副词与事件相关，所以，在句法上“星期天”只能嫁接在动词短语之上，例如，出现在动词短语“逼我”和“看书”之前，这与时间副词的性质和句法位置有关，不能将其作为判定兼语句从句为TP投射的证据。

下面的例子说明兼语句从句中可以出现疑问成分，如：[2]

（9）a. 你们选了<u>谁</u>当代表？

b. 你请他<u>什么时候</u>过来？

按照Rizzi（1997，2013）提出的CP分裂假说，CP可以分裂为语势短语（ForceP）、话题短语（TopicP）焦点短语（FocusP）以及限定短语（FinitenessP）。从句法位置上来看，疑问成分占据FocusP的指定语位置（Rizzi 1997，2013），疑问词的出现说明兼语句的从句为CP投射。因此，兼语句从句的句法结构应该为［CP［TP［vP［VP］］］］。按照我们的分析，兼语句的从句投射为CP，这一结果符合Radford（2009）提出的控制结构的要求，从而为兼语句的控制分析法提供了基础。

3.3 兼语句的控制分析与存活式推导

与以往学者（如邢欣1990；成镇权2007等）的看法相同，我们也认为NP_2是兼语句主句的宾语，兼语句从句的主语一般以空语类形式出现，不能实现为显性的语音形式（如10a），同时该空位主语与主句的宾语同指（10b）。兼语句的这些特点与宾语控制结构的要求完全相符。

（10）a. *[我劝他[他学医]]

---

① 在句子“张三请李四星期天吃饭”中，副词“星期天”的不同位置不会对句子意义产生影响；原因在于主从句表达的事件具有时间上的一致性，从而造成了提取法成立的假象。主从句事件在时间上的一致性并不是兼语句的必要条件，因而提取法并不能适用于所有的兼语句。

② 无论是从移位分析法还是此处采用的存活式推导法来看，(9)中的疑问词都是首先在从句的主语位置合并，并在子句CP的指定语位置中出现，从而满足连续循环性移位的局域限制条件。但是因为在这些位置都无法得到格位的允准，因此疑问词需要继续移位直至主句宾语的位置。这就可以为CP投射的存在提供证据。

b. [他批评我$_i$[e_i不用功]]

在管辖与约束理论的框架下，控制句的子句一般被看作非限定结构（Chomsky 1981；Haegeman 1994）。不过，根据 Chomsky（2001）以及 Landau（2013）的观点，T节点由时态特征［T］和一致性特征［Agr］构成，同时在控制结构中这两个特征具有不同的取值可能。这两个特征实际上反映了控制结构的两个主要特点：［-Agr］表明控制结构子句中的主语应该是一个无格的位置；［T］的取值决定了控制结构子句的限定与否，［+T］特征表明控制结构子句为限定性分句，而［-T］特征则表明控制结构子句为非限定性分句。这一观点与管辖与约束理论的最大区别在于，控制结构的子句不再局限于非限定结构，这一观点已得到了不少语言事实的支持。例如，在威尔士语（Welsh）和巴西葡萄牙语中便存在限定控制现象，如：

（11） a. Gwnaeth Elen gytuno [i/*iddi ddarllen y llyfr] (Tallerman 1998: 82)

did Elen agree to/*to.3Fem.Sg read the book

'Elen agreed to read the book.'

b. [a vaca]$_i$ acabou que t_i foi pro brejo (Martins & Nunes 2010: 146)

the cow finished that went to-the swamp

'The cow went to the swamp.'

在威尔士语中，i一词只能引导限定性子句（11a）；而在巴西葡萄牙语中，foi则带有明显的过去意义（11b）。因此，Tallerman（1998）以及 Martins & Nunes（2010）认为在这两个控制句中，子句T的时态特征实现为［+T］，但是一致性特征实现为［-Agr］，因而它们都属于限定控制结构。①

在以往对汉语兼语句的控制分析中，兼语句的从句大都被分析为非限定性从句，即T节点的［T］特征实现为［-T］（胡建华1997；成镇权

① 当然，[T]和[Agr]的特征矩阵组合还可以存在其它的可能，具体内容可以参阅Landau(2013)中的讨论。

2007等）。[1] Huang（1982，1987）以及Li（1990）等指出，汉语的限定句和非限定句的区别主要表现在以下三个方面：第一，句中是否可以出现情态动词；第二，句中是否可以出现体貌成分；第三，句子主语是否接受强制控制。根据上文的观察，有一部分兼语句从句中是可以出现情态动词和体标记的（如例5）。因此，按照能否在从句中出现情态动词以及体标记，兼语句从句可以分为非限定性和限定性两类，如：

（12）a. 我选他当班长。

b. 我选他*要/*应该当班长。　　（情态动词）

c. 我选他当*着/? 了/*过班长。[2]　　（体貌成分）

（13）a. 我劝老王吃饭。

b. 我劝老王要/必须吃饭。　　（情态动词）

c. 我劝老王吃了/过饭。　　（体貌成分）

如果从句中不可以出现体标记以及情态动词（如例12），那么，T的时态特征实现为［-T］，这种兼语句从句就是非限定性的。反之，T的时态特征为［+T］（如例13），这种兼语句从句就是限定性的。但是无论何种情况，兼语句中的从句都不可以出现显性主语，如：[3]

（14）a. *[我选他[他当班长]]

b. *[我请老王[老王/他吃饭]]

---

① 有些学者，如Huang(1982，1989)、Li(1990)，以及李京廉、刘娟(2005)等认为汉语中存在限定和非限定的区分，而另外一些学者，如徐烈炯(1994)以及Hu, Pan & Xu (2001)等认为汉语中并不存在这一区分。这里采用了Huang(1982，1989)等的观点，认为汉语存在限定和非限定的区分。

② “我选他当了班长”似乎也能够成立。但是，此处的“了”似乎表达一种结果，应该并不是体标记。另外，汉语中的“选…当”在英语中并不总是控制句“I elect him to be the monitor.”，还可以是名词次谓语句，如“I elect him (the) monitor. /I elect him as the monitor.”等，不过，在汉语中此句的动词“当”必须拼读出来，因此，该句符合兼语句的句法表征，可以分析为控制结构。

③ 根据停顿位置、状语插入，以及支配对象等测试法来看，兼语出现的位置只能是在主句之中，而不能在从句之中，如：张三使他//生气了、张三使他真的生气了、[张三[[使他]生气了]]。

兼语句从句主语不能出现，说明主语的出现无法得到允准，也就是说，此时从句T的一致性特征实现为［−Agr］。[①] 结合［T］特征的实现方式，兼语句从句中T的特征矩阵应该为［+T, −Agr］或者［−T, −Agr］。可以发现这两个特征矩阵虽然体现限定和非限定之分，但是它们都属于缺损性特征矩阵，具有这些特征的T都不能为主语的位置分派格位（Chomsky 2001；Landau 2013）。因此，兼语句从句可以存在限定控制和非限定控制两种类型，但不论属于何种类型，兼语句从句主语都是一个无格的位置，从而体现与英语控制结构相同的特点。

根据存活式推导模式，限定控制型兼语句和非限定控制型兼语句具有相同的生成机制，即通过特征匹配的要求来检测句法结构的合格性。如：

（15）a. $[_{CP}[_{TP}$ 我 $[_{vP}$ 我选 $[_{VP}$ 他~~选~~ $[_{CP}$ ~~他~~ $[_{TP}$ 他 $[_{vP}$ 他当 $[_{VP}$ 当班长]]]]]]]]

b. $[_{CP}[_{TP}$ 我 $[_{vP}$ ~~我~~劝 $[_{VP}$ 老王劝 $[_{CP}$ ~~老王~~ $[_{TP}$ ~~老王~~ $[_{vP}$ ~~老王~~吃 $[_{VP}$ ~~吃~~饭]]]]]]]]

以（15a）为例，该句的生成过程如下：首先，从句中的谓词 Pr_2“当”与其补足语“班长”合并形成动词短语VP。然后，NP_2“他”与“当班长”合并，形成轻动词短语vP。“他”虽然在vP中获得了题元角色，但是因为缺乏格位，因而可以在词库中存活。当TP生成时，“他”从词库中提取出来并合并到TP的指定语位置。由于兼语句中T的特征矩阵为［−T, −Agr］，“他”仍然无法核查它的格位特征，因而“他”可以继续存活。当生成CP时，“他”再次进行提取并合并到CP的指定语位置。当从词库中提取的“他”合并到主句VP的指定语位置时，“他”的格位特征被核查，实现为宾格的格位，同时“他”从主句动词“选”那里获得一个题元角色。主句主语“我”的合并过程与此类似，首先，“我”合并到主句vP的指定语位置，但是格位特征驱使“我”在词库中

① 根据Chomsky（2007，2008）提出的特征继承（feature inheritance）观点，T的一致性特征由C处继承而来。本研究不涉及这方面的理论探讨，故暂不讨论这一内容。

存活。[1]当"我"合并到主句TP的指定语位置时,"我"的格位特征得以核查。最后CP得以投射,以满足完句的要求(Rizzi 1997)。此时已无尚未核查的特征,推导结束并生成合语法的句子。推导结束后生成的结构式被移交到接口中,根据Nunes(2004)提出的线性化原则,各个存活的成分在最后获得格位特征核查的位置进行拼读。动词"当"因为功能范畴允准的需要而移位至v,"当"也因此需要在v上进行拼读,最后生成合格的兼语句线性语序。

存活式推导模式通过句法成分的多次存活和合并操作解释了兼语句中空语类与主句宾语同指的语义阐释结果。在管约论中,PRO为一种重要的空语类,是分析控制结构的必需工具。存活式推导模式通过合并操作体现空语类的句法作用,而无需借助于PRO的使用,因而可以消解PRO这一理论内部性的概念,体现经济性原则的作用。本节提出的分析将兼语成分不可解释性的格位特征核查作为兼语存活和再次合并的激发机制,从而避免了格位特征核查和题元特征核查双重激发机制的缺陷,也避免了将题元改造为句法特征的质疑。除此之外,从主句动词和从句动词获得题元角色的句法成分是从词库中提取的内容,因此具有独立承担题元角色的能力,因而不会在句法推导过程中出现新的信息内容,满足了包含性条件的要求。

与英语中的控制结构类似,汉语的兼语句同样属于强制性宾语控制的类型。所不同的是英语中的控制从句都是非限定性的,而汉语兼语句中存在限定性和非限定性控制两种可能。问题是为什么英语中没有对应的兼语结构以及一个句法成分占据两个句法位置的争议呢?其原因在于英汉语中限定和非限定性控制实现方式的不同,如:

(16) a. [John_i persuaded Mary_j [to e_j leave the room]]

---

① 生成语法认为需要严格区分论元移位和非论元移位,一个句法成分无法在进行论元移位后再进行非论元移位。此处采用的是合并的句法操作,而没有涉及句法移位。因此虽然存活式推导需要在每一个最大投射的指定语位置进行合并,但是并没有涉及移位操作,因而也就不会违反移位的这一区分性要求。

b. [He_i killed her_j [e_i using a shotgun]][1]

可以看出，英语采取显性策略来表达限定和非限定的区别，如添加不定式标记to，或者将从句中的动词加上-ing形式，这样就会较为明确地标识出主从句的句法位置或者主从句的关系，兼语之说也就无法出现。由于汉语采取隐性的方式表达限定和非限定性，因此汉语子句的限定和非限定特征需要通过词汇插入等句法手段加以判定。这样来看，兼语句从句具有的限定性和非限定性特征需要通过体标记、情态动词的插入等测试手段加以判定，因而无法从显性句法表现中发现兼语句的隐性句法位置和主从句关系，因此导致了出现“兼语”这一说法的可能。

4. 兼语句与连动句的比较

4.1 连动句与兼语句之比较：两种不同的控制结构

汉语的连动句和兼语句具有相似的显性句法表征，即 $NP_1 + Pr_1 + NP_2 + Pr_2$，从句的主语都由空语类充当，区别仅在于两种句式中空语类的指称对象有所不同。在兼语句中，空语类指向的是宾语 NP_2（17a），而在连动句中，空语类指向的是主语 NP_1（17b），如：

（17）a. [我$_i$叫他$_j$[$e_{*i/j}$走开]]

b. [我$_i$帮她$_j$[$e_{i/*j}$洗碗]]

与兼语句的从句主语一样，连动句从句中的空语类可以从从句的谓语那里获得题元角色，而且该空语类一般也无法以显性形式出现。例如：

（18）a. *他脱了鞋他走进屋去。

b. *你凭什么你欺负人？

这说明连动句从句中T的一致性特征总是实现为［-Agr］，因此，无论T的时态特征实现为［+T］还是［-T］，连动句从句的T总是一个缺损的中心语，因此无法为TP指定语位置上的主语赋格，主语因而总

① 此时her实现为宾格形式，这说明her只能做主句的宾语，而不能做从句的主语。形态方面的显性表现也可以规避兼语之说出现的可能。

是处于一个无格的位置，从而符合主语控制结构的要求。

与兼语句类似，根据能否接受体貌成分以及情态动词等，连动句也可以分为非限定性控制和限定性控制两大类型，如：

（19）a. 小王打零工挣学费。

b. *小王打零工挣着/了/过学费。

c. *小王打零工要挣学费。

（20）a. 她拿着扇子跳舞。①

b. 她拿着扇子跳着/了/过舞。

c. 她拿着扇子要跳舞。②

在例（19）中，从句部分不可以出现体貌成分和情态动词，这说明例（19）中的连动句为非限定性控制结构。在例（20）中，体貌成分和情态动词可以在子句部分中出现，这说明例（20）中的连动句属于限定性控制结构。

汉语中还存在一些有歧义的句子，即同一个句子可以存在多种语义解读的可能性。如：

（21）a. [我$_i$送她$_j$[$e_{*i/j/i+j}$去车站]]

b. [我$_i$扶着他$_j$[$e_{i/j/i+j}$走]]

在这两句中，从句的谓语Pr_2可以指向NP_2，也可以指向NP_1，也可以指向NP_1+NP_2，也就是说，两句中从句的空语类可以与主句的宾语、主语或者主语和宾语同指。根据控制成分是宾语还是主语，可以将这两句可以分析为强制宾语控制句或者强制主语控制句。如果控制成分为主语和宾语的集合，那么就出现了部分控制（partial control）的解读。部

① 注意此时“拿着”中的“着”是持续体标记，而不是进行体标记，所以，如果“着”替换成“了”或者“过”，句子的合格程度都不高。

② 与兼语句的情况相同，有的句子可能无法接受特定的测试方法，这可能与句子的意义表达相关。但是以上例句已经可以说明从句的限定性特征。在(18a)中，从句谓语表示主句谓语的目的。在(19a)中，主句谓语为从句谓语的方式(如果主句谓语表达方式，那它就不应该是主句谓语了)。两句存在不同的意义关系，这应该是产生非限定控制和限定控制的原因之一。

分控制解读的出现为强制控制的重要特征（Barrie & Pittman 2004），例（21）中的句子可以理解为属于强制控制的兼语句和连动句，也可以理解为部分控制句，这也说明了将兼语句和连动句分析为强制性宾语控制和强制性主语控制的正确性。宾语控制和主语控制的并存，或者说兼语句和连动句两种解读的出现，正是上述句子出现歧义的根本原因。

4.2 连动句的存活式推导

与兼语句相同，存活式推导方式同样可以用来分析连动句的生成。以“小王打零工挣学费”为例，其生成过程如下：

（22）[$_{CP}$[$_{TP}$ 小王[$_{vP}$~~小王~~打[$_{VP}$~~小王~~打零工[$_{CP}$ ~~小王~~[$_{TP}$~~小~~王[$_{vP}$~~小王~~挣[$_{VP}$~~挣~~学费]]]]]]]]

首先，动词Pr_2“挣”和“学费”合并形成动词短语VP。之后，“小王”和“挣学费”合并形成轻动词短语vP，“小王”在vP中获得题元角色，但是因为格位特征尚未得到核查而处于活跃状态，因而在词库中得以存活。同时，动词“挣”因为功能范畴允准的要求移位到v的位置。当从句TP和CP以及主句VP构建成功时，“小王”都要从词库中进行提取，并合并到这些投射的指定语位置，从而满足局域理论的要求。由于这些投射的中心语都不具有主格格位特征核查的能力，因此“小王”继续存活。当主句vP得以构建时，“小王”再次合并到vP的指定语位置。虽然“小王”在该位置仍然无法核查它的格位特征，但是它从动词“表扬”处获得另外一个题元角色。当TP获得投射后，“小王”合并到TP的指定语位置，此时“小王”的格位特征得以核查。动词“打”因为功能范畴允准的需要而移位至vP的中心语v位置。最后CP得以构建，推导成功结束。推导结束后，被移交到接口的结构式进行线性化操作。“小王”因为在主句TP的指定语位置进行特征核查，因此也在该位置进行拼读，动词“挣”和“打”分别在从句和主句中的v位置进行拼读，从而生成合格的连动句。

如果采用移位法分析连动句，就会出现“小王”由从句中vP的指定语位置跨越宾语“零工”至主句中主语的移位，这将会违反移位的局域性条件。根据最近吸引原则（Attract Closest Principle）（Chomsky 1995），这一操作无法得以允准。而存活式推导模式由于没有采用移位操作，存活和合并的局域单位是最大投射，因而可以实现至主句TP指定语位置的合并，成功实现连动句的推导，并满足局域条件的要求。连动句的语料说明存活式推导模式除了理论构建方面的优势之外，还具有更好的语料覆盖范围。

Li & Thompson（1981）、朱德熙（1985），以及刘街生（2011）等认为兼语句和连动句具有相似的线性结构，兼语句应该属于连动句的一种类型，两者具有上下义的关系。上文的分析可以说明，连动句和兼语句具有基本相同的线性表征和推导步骤。兼语句和连动句的异同可以通过下表加以说明：

表4-2　兼语句和连动句的异同

句种	有无空语类	子句中T的特征矩阵	子句的限定类型	控制类型
兼语句	有	[+T, -Agr], [-T, -Agr]	限定控制；非限定控制	宾语控制
连动句	有	[+T, -Agr], [-T, -Agr]	限定控制；非限定控制	主语控制

可以看出，兼语句和连动句中都存在受到显性名词短语控制的空语类，因此，这两种句式都属于控制结构。从子句的时态特征来看，子句的T都具有［±T］两种特征取值的可能，也就是说，兼语句和连动句的子句都包括限制控制和非限定控制两种类型。连动句和兼语句的核心区别在于，兼语句中存活的名词短语需要核查的是宾格的格位特征，而连动句中存活的名词短语需要核查的是主格的格位特征，兼语句和连动句格位实现方式的不同体现了主语控制结构和宾语控制结构的差异，因此，从句法结构上来看，兼语句属于宾语控制结构，而连动句属于主语控制结构。如此看来，连动句和兼语句应该属于控制结构的平行下属类型，两者并不存在隶属关系。

5. 本节结语

上文采用生成语法理论中的存活式推导模式对汉语兼语句进行了再次探讨，研究发现兼语句中存在一个空语类，该空语类具有与主句宾语同指的意义解读，因而兼语句属于宾语控制结构。另外，兼语句还可以分为限定宾语控制和非限定宾语控制两种类型。存活式推导模式的使用不仅消解了大代语PRO的概念，同时澄清了兼语结构和连动结构以及英语中控制结构的关系。本节提出的分析法明确了Pr_1和Pr_2这两个动词短语的语法语义要求，避免了一个句法成分占据两个句法位置并承担两个句法功能的缺陷，同时更为清晰地阐述了不同类型兼语句中的句法和语义特点。兼语的称谓只能展示这个结构表面的句法成分内容，却无法揭示它作为宾语控制结构所具有的特点。在语法研究中，研究的对象不能仅仅局限于句法结构中的显性成分。生成语法理论的使用以及跨结构、跨语言对比的方法有助于我们更好地了解汉语语法的特点，同时认识到语言之间的共性和个性，把握普遍语法的内容。

第五章　句法结构的优选分析

转换生成语法理论属于一种代表性的生成语法理论，但是广义的生成语法理论还可以涵盖更多的句法理论和流派。优选句法来源于音系学中孕育的优选论，也是广义生成语法理论中的一个重要组成部分。优选句法具有与转换生成语法理论完全不同的基本理念，操作机制以及解释力，属于较为独特的一种研究范式。

本章将从SVO基本语序、话题结构、多元移位算子结构以及可选性现象这四个角度出发，讨论优选论在句法结构研究中的运用。通过与最简句法的比较，可以发现采用优选论分析句法结构具有一定的优势，这一不同的视角可以为句法研究提供新的视角、开辟新的研究领域。

第一节　SVO基本语序的优选分析

1. 引　言

每一种语言的基本结构都是由S（主语），V（谓语动词）以及O（宾语）这三种主要句法成分构成的。从逻辑和类型学的角度来说，上述三种成分可以有六种排列方式，分别为SVO，SOV，VSO，VOS，OSV以及OVS。每一种语言都会选择一种语序作为自己的非标记性基本语序。以前两种排序方式，即SVO型和SOV型作为基本语序的语言约占世界语言的90%左右（石毓智 2002），本节分析的主要是SVO这一基本语序下的语言差异。一种语言的形式不仅受到语法规则的制约，同样也要受到信息原则和话语因素的影响。因此，采用某一种特定语序的语言在这些因素的作用下也呈现出一定的变异特征。主语本身就是无标记的话题，本节涉及的焦点化和话题化主要指宾语位置的变化，属标记性结构。汉语，英语以及法语这三种语言，它们都使用SVO这一基本语序，但受焦点化和话题化影响则会产生不同的句法表现。基于优选论的分析可以对这些语言中的变异给出较为合理统一的解释。

2. 基本语序，话题与焦点

基本语序指的是在不受语境影响的情况下、表述句子常规焦点信息的场合中所使用的一般语序（Costa 2001）。Li（1976）和Dik（1978）提出了一个测试语言基本语序的方法，即看一种语言针对“发生了什么事?”（对应的英语问句为：What happened?）这一简单问句所进行的回答，英语、汉语和法语都给出了SVO这一基本语序的回答。石毓智（2001a）所提出的用能否进入从句层面来判断动词前不同类型的名词所组成的语法形式性质差别的方法，同样可以用来鉴别基本语序。如汉语中句子层面可以有SVO和OSV的结构，但从句则只能接受SVO这一基本语序。

（1）a. 小王看完了书。

b. 书小王看完了。

c. 这就是小王看完书的地方。

d. *这就是书小王看完的地方。

（2）a. 他叠好了被子。

b. 被子他叠好了。

c. 就在他叠好被子的时候。

d. *就在被子他叠好的时候。

上述例句证明了汉语的基本语序为SVO，而不是受话语因素影响的

OSV 型。另外，说一种语言采用某种基本语序，采用的是原型理论（prototype theory）的观点（Taylor 1995）。人类建立的范畴大都是类典型范畴，范畴中的成员有核心和边缘之分。一种语言中采用的基本语序自然是这一语言范畴中的核心成员，汉语中的其他语序类型都是边缘派生的，不具有核心地位，沈家煊（1999）指出一个范畴的核心成员通常也是这个范畴的无标记项。这种对基本语序原型和无标记性的认识可以将语言中采用的不同语序进行合理的范畴化，更易于让人理解掌握。

汉语的基本语序为SVO，但由于受话语因素的影响也会产生很大的变异性。其中具有代表性的为话题化和焦点化现象。对话题和焦点研究属 Keenan（1976）和 Li & Thompson（1976）较为典型。Li & Thompson（1981）认为汉语属于话题显著型语言，在表述中较多采用话题 - 说明（topic - comment）型结构，上文中例（1b）和例（2b）都是以话题开头的句子。

句子信息的编排一般遵循从旧到新的原则，越靠近句末的信息内容就越为重要，因此句末的成分通常被称为句末焦点。这种焦点与SVO基本语序是吻合的，因此也被称为常规焦点。但汉语中的焦点信息也可以置于句首，通常加“是，连”等句法成分加以确认。如：

（3）是小李叫蛇咬了。

（4）连小狗小猫都不放过。

小结上述讨论可以看出，汉语的基本语序为SVO，但受话语因素的影响也会采用其他语序，但SVO是基本的，无标记性的，而其他的语序则是派生的，有标记性的。从理据上来看，汉语中多种语序并存的局面为汉语语法结构和信息结构共同作用的结果。

3. 生成语法对语序和焦点话题的分析

3.1 对语序的分析

Pollock（1989）提出将句法分析中的屈折短语进一步拆分为一致性短语（Agreement Phrase）和时态短语（Tense Phrase），同时这些功能语类具有特征核查的要求。不同的短语结构负责核查不同的特征，所不同的是特征力量的差别。Chomsky（1995）接受了这一观点，进而提出句子推导中的所有移位现象都是由特征核查驱动的。特征存在强势特征和弱势特征的区分，强式特征必须在显性句法中核查并删除，而弱势特征则根据Procrastinate这一经济性原则推迟到逻辑式中进行核查。在后来的文献中（如Chomsky 1998；1999；2001），Chomsky进一步提出了语段（Phase）的概念。并将特征核查分解为探针（Probe）和目标（Goal）之间进行的三个步骤，即一致操作（Agree）、特征赋值（Feature Valuation）以及特征核查（Feature Checking）。特征力量的概念得以保留，用以解释运算系统和逻辑式之间的互补对立。运用这些理论可以对移位现象，包含论元性移位结构和非论元性移位结构做出一定的解释。

从Emonds（1978）时起，法语与英语之间动词移位的现象就引起了广泛的关注。法语与英语不同的是它的动词出现在副词之前，而英语只能在副词之后。如（副词以黑体显示）：

（5）a. Bill **often** visits museums.

b. *Bill visits **often** museums.

（6）a. *Bill **spesso** visita i musei.

b. Bill visita **speso** i musei.

运用生成语法的理论，这些差别可以得到如下解释。英语中的屈折成分拥有一个动词特征需要核查。法语中屈折成分的动词特征是强式的，因此必须在运算系统，即显性句法（overt syntax）中完成，这一特征核查的要求驱动动词提升至屈折成分的位置。与之相反，英语中屈折成分的动词特征力量较弱，可以推迟在逻辑式中进行特征核查，在显性句法中动词无需进行提升操作。这一力量的差别导致了句法表面形式，即语音式中的差别。

3.2 对焦点和话题的分析

Rizzi（1997，2001）提出对焦点和话题的分析，他认为标句词短语仍可以细分为不同的投射，这一分析被称为分裂标句词短语假说（Split-CP hypothesis）。根据这一理论，标句词短语可进一步分为语力短语（Force phrase），话题短语（Topic phrase），焦点短语（Focus phrase）和限定短语（Finiteness phrase）。语力短语决定了句子的类型，即Cheng（1997）所说的标类（clause-typing）功能。话题短语可以用来承载一个句子移位至句首位置的话题成分，焦点短语承载句子的焦点成分，而限定短语则是用来表明句子是限定还是非限定的句式结构。

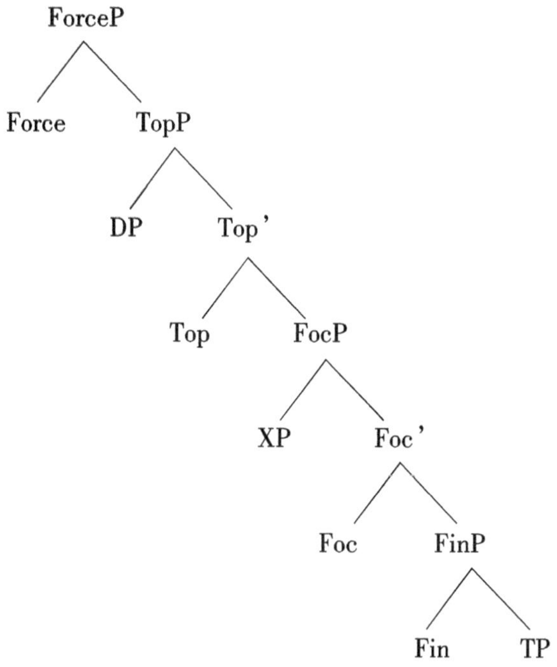

图5-1　CP分裂结构图

依据这一理论，句子的焦点和话题都可以在句法分析中找到位置。当句子有话题化现象时，标句成分短语分裂为语力短语，话题短语和限定短语。当出现焦点化现象时，标句成分短语则分裂为语力短语，焦点短语和限定短语。如焦点和话题都出现时，上述四种短语投射全部出现。如分析句（7）时就可以使用上述理论。

（7）…That mistakes like those never again would he commit.

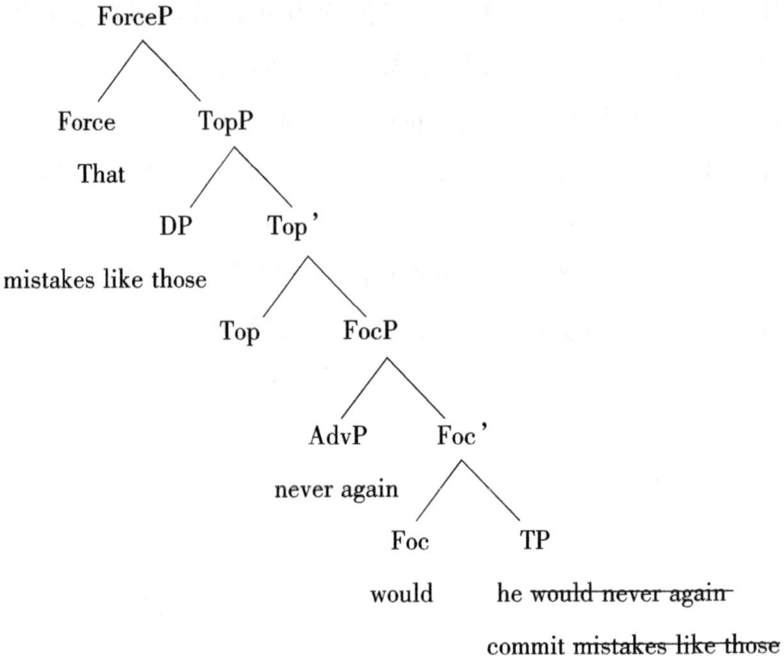

图 5-2　分裂标句词短语假说的应用

"特征力量"这一说法可以很好地解释语言中动词提升的现象，也可以将有动词提升和没有动词提升的语言统一起来加以解释。它比之前的理论具有更大的语料涵盖范围以及更好的解释力，但力量差别造成的原因则很难交代清楚。一般认为这与形态格的丰富程度挂钩，但这两者的相关性有多大，究竟可否从此角度入手仍然是一个有待证实的假说，两者究竟存在何种具体的联系还有待进一步的明确。分裂标句词短语可以解释焦点化和话题化现象，但这一理论使得标句成分过于复杂，包含过多的非必要性内容。话题化，焦点化和话题焦点句要求标句成分分裂为其他内容迥然不同的句法投射，随意性过大。不同的分裂也只是指定的（stipulative），缺乏可信的理论依据和语料支持，解释的力度也因此受到影响。

4. 基于优选论的分析

优选论是 20 世纪 90 年代初期由 Prince & Smolensky （1993）在生成

音系学领域里创立的普遍语法理论，这种理论采取并行处理（Parallelism）的原则。一种语言形式是否合乎语法，关键在于这种语言形式能否最大限度地满足，或者最小程度地违反某一特定语言所遵循的制约条件等级排列体系。制约条件具有普遍性，语言之间的不同主要是普遍性制约条件的等级排列的不同所造成的（McCarthy & Prince 1993；马秋武 2008）。

4.1 制约条件的制定

英语和法语中的功能语类都需要具备EPP特征，即时态和标句成分需要一个名词短语成分进行EPP特征的核查，从而解释英语和法语中必须出现主语的形式化要求。汉语中是否也有此要求呢？通过屈折成分测试法和否定测试法就可以对此加以确认。

（8）阿Q能读懂鲁迅的文章。

（9）阿Q不喜欢祥林嫂这个角色。

根据动词短语内部主语的假说（VP - Internal Subject Hypothesis），句子的主语成分是在vP结构中的。句法中所接受的句子功能语类的排列为：C > T >(Neg) > (Perf) > (Prog) > (Pass) > v > V （Adger 2003）；但在汉语可接受的句子（8）和（9）中，句子主语“阿Q”的显性位置却排在了屈折成分“能”和否定成分“不”的前面（汉语属无显著屈折形态的语言，因而一般被认为是隐现的；但助动词成分则属显现的代表性汉语屈折成分）。由此可见汉语中的句子主语产生了从vP结构到句子时态短语中指定语位置（Spec-TP）的显性移位。这说明汉语中的主语也是移位的，而移位的动因正好可以使用屈折成分的EPP特征加以说明。需要指出的是，这里所说的汉语主语一般指的是谓语陈述的对象，这一点与英语是相同的；所不同的是汉语中主语的构成内容更加灵活，既可以由名词性词语充当，也可以由动词、形容词、动词短语、形容词短语等成分充当（黄伯荣、廖序东 2002）。汉语同其他EPP语言不同的是它不需要一定在句子中出现主语，如：

（10）要发扬艰苦奋斗的作分。

（11）要认清形势，不可鲁莽行事。

造成这一现象的原因是因为汉语是话题凸显性语言，不出现的主语可以暗含在话语或者交谈的语境当中，句子本身并不一定总是需要主语成分的参与。因此可以将汉语中对主语的要求分析为：句子可以有主语；如果有主语，必须产生从动词短语结构中指定语位置到时态短语指定语位置的移位。这就是第一个普遍性制约条件EPP的内容。

法语同英语的差别之一在于是否产生动词移位，生成语法将之解释为屈折成分的力量差别。因此第二个制约条件可以表述为Infl*（*表示强式特征）。汉语和英语没有这一特征要求，而法语则要求此特征产生作用。由此可以推断出汉语和英语中这一制约条件的排位是比较靠后的，而在法语中则比较靠前，从而使得法语中的动词发生提升，移位至副词之前的位置，而汉语和英语中则不会产生这一移位。

如果一种语言中功能语类的力量都是弱势的，那么所有的移位都不会发生。这一现象可以用一个制约条件加以表述，即Stay，其内容为不发生任何移位。

最后一个制约条件涉及话题化和焦点化。上文已经说明汉语中通过话题化和焦点化可以将宾语提升至句首位置。那么西欧语言是否也具有此特征呢？张伯江，方梅（1996）认为西方语言的对比焦点可以通过词序变化直接得以体现，如：

（12）a. She can't stand Tom.

b. No, it's Jerry she can't stand.

（13）a. She has two brothers, Tom and Jerry.

b. She likes Tom a lot. But Jerry she can't stand.

上述两例属对比焦点的句子。但实际上英语也可以通过前移宾语表示话题。如：

（14）a. How do you like the book?

b. The book I find very fascinating.

这一例句中前移的宾语充当的是话题的角色，而并非是焦点。但值得注意的是如果没有一个具体的场景，单纯的OSV句子在西方语言中的可接受度还是比较低的。如：

（15）?*The man I hate.

（16）?*A woman I love.

上述句子一般可以接受为复杂的名词短语而非句子，这说明在西方语言中话题化和焦点化在简单句中是受限制的。如要出现话题句和焦点句，它们则属高度标记性（highly marked）的句式，在语音上带上对比重音或者简单停顿方可接受，而且需要特定语境的支持。与之不同，汉语一般则不需要这一要求。显然，这说明了西方语言属主语凸显型（subject-prominent）语言，因话语影响而产生的句序变化受到较大的限制。在这一点上，汉语与西方语言体现出了很大的差别。就句子的研究层面（sentence-level based）而言，OSV语序在西方语言中是不可接受的，因而不能发挥作用,它属于汉语中所独有的现象。在制约条件的制定过程中，这两种话语现象可以表述为话语性移位DisMove（Discourse Movement），从而将焦点化和话题化现象统一起来。

通过各种语言现象的观察，可以制定出优选生成SVO基本语序过程中所需的四个制约条件。它们的表述及意义分别为：

（17）EPP

句子的屈折特征核查需要驱动句子主语移位至屈折成分短语的指定语位置。

（18）Infl*

强式屈折成分驱动动词移位至屈折成分位置（即句法分析中所说的V－to－T Movement）。

（19）Stay

不产生任何移位。

（20）DisMove

话题化和焦点化驱使句子宾语移位至句首位置。

4.2 不同语言中制约条件的等级排列

根据主语、谓语和宾语的不同位置，可以制定出五个候选项。值得注意的是［$_{VP}$S V O］这一选项是不具有竞争力的，因而不列入竞选表格。原因在于，虽然它满足了题元授予一致性假说（Uniform Theta-Assignment Hypothesis），但它的结构只是一个动词短语，而非句子。显然它不符合输出项的要求，因而不列入具有竞争力的输入项当中（竞赛表的格式参见 Kager 1999）。Hornstein, Nunes & Grohmann（2005）认为对一致性特征的核查（Agreement feature checking）可以通过时态短语完成，从而把一致性短语从句法操作中剔除出去，减轻运算系统的负担。本节接受此观点，采用TP而非IP的标记方法。

表5-1表示的是汉语中的优选过程。对汉语而言，可接受的句子有两种类型，无标记的基本语序和话题化或焦点化产生的OSV型。首先EPP特征将没有主语的句子排除掉，然后在DisMove和Stay的共同作用下将剩下的不合格的输入项排除，最后只剩下合格的两个选项。在汉语中，Infl*并未发生多大的制约作用，它的位置较低，不具有竞争力。因此，汉语中的制约条件等级排列应为EPP > DisMove, Stay > Infl*，其优选竞赛表为：

表5-1　汉语中的优选过程

{V (S, O), S, O}	EPP	DisMove	Stay	Infl*
a.☞[$_{TP}$ S [$_{VP}$ t V O]]		*	*	*
b. [$_{TP}$ S [$_{T'}$ V [$_{VP}$ t t O]]]		*	**!	
c. [$_{CP}$ O [$_{VP}$ [S V t]]]	*!		*	*
d.☞[$_{CP}$ O [$_{TP}$ S [$_{VP}$ t V t]]]			**	*
e. [$_{CP}$ O [$_{TP}$ S [$_{T'}$ V [t t t]]]]			***!	

英语同汉语的不同之处在于，在简单句当中不允许出现因话语影响而产生的宾语移位，同汉语相同的是它也不允许出现动词提升的现象。因此DisMove的排列位置在英语中稍低一些。与汉语相同，Infl*的位置

也是比较低的。总结起来，英语中的等级排列为EPP > Stay > DisMove > Infl*，其优选竞赛表如下：

表5-2　英语中的优选过程

{V (S, O), S, O}	EPP	Stay	DisMove	Infl*
a.☞[$_{TP}$ S [$_{VP}$ t V O]]		*	*	*
b. [$_{TP}$ S [$_{T'}$ V [$_{VP}$ t t O]]]		**!	*	
c. [$_{CP}$ O [$_{VP}$ [S V t]]]	*!	*		*
d. [$_{CP}$ O [$_{TP}$ S [$_{VP}$ t V t]]]		**!		*
e. [$_{CP}$ O [$_{TP}$ S [$_{T'}$ V [t t t]]]]		***!		

与英语和汉语相同，法语中的句子也会出现主语，因此EPP的排列处于最高位置。法语的特殊之处在于要求动词进行提升操作，因此Infl*的排列紧随EPP位置之后。DisMove再将不需要的候选项排除后，所需要的最优候选项即可得出。这样一来，法语中制约条件的等级排列应为EPP > Infl* > DisMove > Stay，其优选竞赛表如下：

表5-3　法语中的优选过程

{V (S, O), S, O}	EPP	Infl*	DisMove	Stay
a. [$_{TP}$ S [$_{VP}$ t V O]]		*!	*	*
b. [$_{TP}$ S [$_{T'}$ V [$_{VP}$ t t O]]]			*!	**
c. [$_{CP}$ O [$_{VP}$ [S V t]]]	*!	*		*
d. [$_{CP}$ O [$_{TP}$ S [$_{VP}$ t V t]]]		*!		**
e.☞ [$_{CP}$ O [$_{TP}$ S [$_{T'}$ V [t t t]]]]				***

汉语、英语以及法语这三种语言同属SVO基本语序的语言，这一点在竞选表中体现为EPP的特征在这三种语言中排位都是最高的。英语、法语同汉语的不同之处在于不允许出现因为话语因素而产生的焦点化和话题化现象。英语与法语的不同在于是否出现动词提升。三种语言中系统的共性和个性可以通过优选竞选表中四个制约条件的不同排位得以体现。

5. 本节结语

生成语法的分析从某个角度而言可以对基本语序和话题化、焦点化的语言现象作出一定的解释，但它也存在诸多问题。如标句成分短语一般做为一个语段，但分裂后的标句词短语是否为一个还是多个语段？宾语移位时是否要遵循中心语移位限制条件（HMC，Head Movement Constraint）（Travis 1984）？按照特征核查驱动移位操作的理论，又是何种特征驱动宾语移位？到目前为止，这些问题都尚未得到满意的回答。更重要的是，生成语法不能对汉语中所出现的可选性现象（optionality），即汉语不仅可以选择无标记的SVO，也可选择标记性的OSV这一现象做出较为合理的解释。基于优选论的分析则不受上述理论因素的困扰，更为重要的是可以将多选同单选的可能结合起来，以并行处理的原则（parallelism），通过四个制约条件EPP，Stay，DisMove和Infl*的等级排列，将基本语序和因信息结构而产生的话题化、焦点化句法现象给予一致性的分析和解释。在这一点上，优选分析法更能体现出普遍语法所追求的解释力和经济性，而这些正是生成语法暂时欠缺而无法做到的。

第二节　话题结构的优选分析

1. 引　言

从语言类型学的研究角度出发，Li & Thompson（1976，1981）按照偏重主语还是偏重话题的标准将英语归类为主语显著型（subject-prominent）语言，将汉语归类为话题显著型（topic-prominent）语言。尽管学界对于这一分类存在一定争议，但是话题结构作为汉语言中大量存在的一种代表性的句法构式这一说法显然是受到普遍认同的。本节以优选论（Prince & Smolensky 1993；马秋武 2008）为理论依据，讨论汉语中不同类型的话题结构。首先通过话题与主语以及焦点的对比说明话题的具体特征，其次指出采用生成语法理论分析话题结构的不足，最后对汉语中具有代表性的几种话题构式的优选过程进行详细的论述。

2. 话题的性质

Trask（1995）将话题定义为句子中表示语境中已知的有定成分，是句子其余部分的陈述对象。沈家煊（1999）和 Shi（2000）根据这一定义具体考察了汉语中的话题结构，并指出汉语话题结构的四个代表性特点。第一，位于句首；第二，后加停顿、语气词；第三，表示有定、已知信息；第四，话题属于话语概念，具有延续性，可以将语义辖域延伸到后面的句子。根据这些定义和描写可以看出，话题属于篇章研究的范围，与主语的句法位置有所不同。另外，话题总是有定的，是句子讨论的语义指向。

主语是语法结构研究所定义的概念，它一般代表的是独立存在的实体，与句子中动词存在一致关系，并制约句子中包括代词、反身代词以及零回指（null anaphor）的共指现象（co-reference）（曹逢甫 2005）。主语一般是无标记的话题，话题的凸显可以通过主语等句子成分的移位以及添加诸如语气词、加复述代词等方法加以实现。

由此可见，话题与主语的最大区别在于两者的存在范围。作为语篇概念的话题只能存在于句子当中，而作为语法结构层面的主语则可以存在于句子与子句两个层面当中，如：

（1）a. 他昨天就写好了辞职信。

b. 辞职信他昨天就写好了。

c. 我知道他昨天就写好了辞职信的事情。

d. *我知道辞职信他昨天就写好了的事情。

石毓智（2001a）认为从句是句子的构成成分，因而不受如话题和焦点等语境因素的制约。根据这一特点，他指出可以用能否进入从句来鉴别一个格式是基本的还是派生的。能够进入从句的属于基本的无标记句式，如主语结构；而不能进入从句的则为派生的有标记性句式，如话题结构。

从句法研究的角度出发，徐杰（2001）将焦点定义为句子中某个句法成分的特征，是通过语言手段进行强调的成分。每个句子基本上都可以分为“焦点”和“预设”两个部分。张伯江、方梅（1996）指出焦点属于语用平面的概念，它是言语交际者在传达重要信息时所强调说明的句子成分。这也就是说焦点是语言使用者为了强调句子的某个成分而产生的，它的功能是标识句子中最重要的新信息，或者是与其他成分产生明确的对立，原则上讲任何句子成分都可以成为焦点。汉语中存在的焦点标记词“是”可以明确标识句子的焦点，以下句为例：

（2）他昨天在食堂吃了晚饭。

在该句中，任何一个句法成分都可以加上“是”的标记成分从而成为焦点，即：

（3）a. 是他昨天在食堂吃的晚饭。

b. 他是昨天在食堂吃的晚饭。

c. 他昨天是在食堂吃的晚饭。

d. 他昨天在食堂吃了的是晚饭。

焦点的灵活性决定了它一般也可以进入从句，即句法研究的范围，如：

（4）a. 小李没有告诉我是他昨天在食堂吃晚饭的事情。

b. 小李没有告诉我他是昨天在食堂吃晚饭的事情。

c. 小李没有告诉我他昨天是在食堂吃晚饭的事情。

d. 小李没有告诉我他昨天在食堂吃了的是晚饭的事情。

综上所述，主语是语法结构研究的概念，可以存在于句子和子句之中。话题是句子讨论的对象，而焦点是句子讨论强调的重心。话题不能进入从句，但焦点则可以。话题属于篇章研究的范围，而焦点既属于篇章研究的范围，也属于语法结构，具有双重性质。可以发现，石毓智（2001a）中的结论就显得过于笼统，焦点结构虽然属于非标记性的话语结构，属于篇章研究的范围，但是它是可以进入从句，成为句法结构研究的层面，真正具有派生性的标记性话语结构只有话题结构。

3. 话题结构的生成语法分析及其不足

3.1 移位说与基础生成说的对立

Huang（1982）以及 Li（1990）认为话题是由移位产生的，其证据之一是话题从未移位时的题元位置移位到新位置时遵循邻接条件（Subjacency Condition），如：

（5）*张三$_i$李四[$_{NP}$[$_{CP}$[$_{IP}$ $t_{i/j}$很喜欢$t_{j/i}$]的]人$_j$]

在此句中，“张三”可以是动词短语“很喜欢”的主语或者宾语。但是无论在哪个位置上，当它从IP里移位到表层的位置时跨越了NP以及IP这两个界限节点（bounding nodes）。根据邻接条件（subjacency condition），跨越多于一个界限节点的移位都是不合法的，这样一来，此句的不合格性从反面证明了移位操作的存在。

话题移位说的第二个证据来自长距离反身代词“自己”的约束。Huang & Tang（1991）提出任何成分统制（c-command）“自己”的名词短语都可以为“自己”的前置词，与之共指。

（6）[$_{NP}$[$_{IP}$ t_j放纵自己$_{k/j}$]的人$_j$]$_i$小王最不喜欢t_i

此句有两种解释，其一为“自己放纵自己的人，小王不喜欢。”也可以理解为“放纵小王的那个人，小王不喜欢。”当取第二种意义解释时，“小王”必须与“自己”同指，也就是说小王必须成分统制“自己”，而这样的情况只有在成分“放纵自己的人”为发生移位时才能成立、因此“自己”的约束证明了话题结构中移位的存在。

Xu & Langendeon（1985）以及 Li & Thompson（1976）则持相反观点，他们认为话题是由基础生成（base-generate）而非移位产生的。也就是说，话题句中不存在话题成分的移位，话题成分采取直接合并到句首位置的方式进入话题句中。原因如下：

某些话题与它在原句中的语缺（gap）超越了多个界限节点，但是仍然属于合格的句子，如：

（7）这些花$_i$，我都没看见[$_{NP}$[$_{IP}$喜欢t_i]的人]

如果认为“这些花”是由动词“喜欢”后的语缺移位得来的，“这些花”的移位则跨越了NP和IP这两个界限节点，显然这一移位方式违反了邻接条件，应该是不合格的句子。而实际情况是该句属于合格的句子，这就说明了“这些花”并非是由t_i移位产生的。据此，他们提出话题是在句前位置直接与句子发生合并，即基础生成的结果。

支持基础生成的第二个证据是有些话题是不可能在评述部分中找到对应的语缺位置，如：

（8）这件事，你不能全麻烦一个人。

此句中的话题“这件事”是评述部分具有完整题元角色句子的评价对象，无法重构到评述部分中的任何一个句法位置。可以说，这样的话题句对移位说产生了巨大的挑战，也为基础生成说提供了重要证据。

由此可见，针对话题结构的分析，从不同的角度和语料出发，可以得出“移位说”与“基础生成说”两种矛盾的结论。

3.2 论元移位与非论元移位的对立

在可以重构的话题结构中，移位的属性是论元移位（A–movement）还是非论元（A–bar movement）也成为了争论的焦点。从不同角度进行的分析，可以得出不同的结论。

弱跨越（weak crossover）指的是如下的现象：

（9）a. Who$_i$ [saw his$_i$ mother at the festival]

b. *Who$_i$ did his$_i$ mother see t_i at the festival

第一句中who可以约束his，但是在第二句中who与t_i都不能约束his，原因是who在发生移位时跨越了his，因而共指的关系不能成立，这一现象因而被称为“弱跨越现象”。弱跨越现象只能出现在如疑问词移位与量化词提升等非论元移位当中，在论元移位中是不存在的，如：

（10）Someone$_i$ seems to his$_i$ mother t_i to have come

此句中someone是从一个论元位置移位到另一个论元位置，它与his

之间的约束关系不受前后移位位置的影响。由此可见，是否遵循弱跨越可以用来检测移位的具体类型。例句如下：

（11）a. *我向他们$_i$的家长表扬过[所有的学生]$_i$

b. [所有的学生]$_i$，我都向他们$_i$的家长表扬过t_i

如果第一句中的代词“他们”受“所有的学生”约束时句子就不合语法，原因是代词不能被逻辑式中发生非论元移位的疑问词所约束。但是，第二句中的话题“所有的学生”以及它的语缺都是可以约束代词“他们”的。由此可见，话题移位并没有产生弱跨越现象。也就是说，话题移位应该属于论元移位。

相反，依据重构现象（reconstruction effect）进行的分析却得出相反的结论。重构想象指的是某些成分可以放置于原先尚未移位的句法位置进行语义阐释，某些可以移位至原先位置的话题都可以称为重构。一般认为，反身代词的重构是不可以发生在论元移位中的。

（12）a. *自己$_i$认为老王$_i$很不喜欢

b. 认为老王$_i$很不喜欢自己$_i$

在第一句中，“自己”与“老王”不可以同指。但是当“自己”移位至动词“喜欢”之后时，同指关系就可以发生。这两句说明，将名词短语重构到原先位置的论元移位是不合法的。话题结构中代词“自己”表现如下：

（13）自己$_i$的孩子，谁$_i$不喜欢t_i

此句中的“自己”可以受“谁”的约束，当“自己”重构到t_i位置时“自己”同样可以受“谁”的约束，由此可见话题结构中反身代词的移位是可以发生重构的，因此它不可能是论元移位，只能是非论元移位。这样一来，论元移位还是非论元移位成为了话题结构中移位说成立时的又一对无法调和的矛盾。

3.3 宾语前置句中话题与焦点的对立

汉语的非标记性语序为SVO，但是汉语中同样存在大量SOV类型的句子，这种类型的句子被称为宾语前置句，如：

（14）a. 我那本书快读完 t_i 了。

b. 我羊肉不吃，吃牛肉。

石毓智（2001a）指出此类句子的共同特点是多用于比较，而且前置的名词一般表示通指（generic），而不是定指（definite）。依据这些特点，他将宾语前置的成分称为对比话题，将这类现象称为“次话题化”现象。

曹逢甫（2005）则认为前置的宾语就是话题。原因如下：

（15）他$_i$那本书$_j$看完，t_i t_j就还给我了。

首先，前置宾语“那本书”紧随于句首的基本主题“他”之后；其次，在基本主题“他”发挥主题链的功能时，前置宾语“那本书”也可以将语义范围拓展到多个子句中，体现主题链的语篇特征。上例中的“那本书”既是前一个小句的话题，也是后一个小句的话题就证明了这一点。同时，此例中的次要主题“那本书”与基本主题“他”一样，在整个主题链中控制着同指名词删除和代名词化等句法操作。

需要指出的是，宾语前置句与一般的话题句存在一定的差别。Ernest & Wang（1995）指出汉语中的话题化可以是长距离的，但是宾语前置只能在本小句范围内进行，例句如下：

（16）a. 那本书，王五认为李四读完了。

b. *王五那本书认为李四读完了。

宾语前置的成分可以位于情态动词之后的句法位置，这与传统的句首话题产生了矛盾，如：

（17）你不可以饭也不吃，水也不喝。

最重要的是宾语前置的句子可以发生在从句当中，展现与话题结构不同而与焦点结构相类似的句法表现，如：

（18）就在我那本书快看完的时候，他来了。

由此可见，前置的宾语既有话题特征也有焦点特征，因而很难确定它究竟属于话题成分还是焦点成分。

由以上论述可以看出，从生成语法分析的角度出发，针对话题结构的分析产生移位与非移位的对立。即使在移位说的阵营中，同样存在论元移位与非论元移位的争论。而针对宾语前置句的分析则同时呈现出了与话题和焦点相类似的特征，从这一角度进行的分析很难得出一致性的结论。

4. 话题句的优选论分析

与生成语法不同，优选论采取并行处理（Parallelism）的模式，而不是强调多重表征和句法推导。语言中制约条件的作用不是绝对的，一种语言形式是否合乎语法要求的关键在于这种语言形式能否最大限度地满足，或者最小程度地违反这一特定语言所遵循的制约条件等级体系。制约条件具有普遍性，语言之间的不同主要是普遍性制约条件的等级排列的不同所造成的（McCarthy & Prince 1993）。本节的目的就是从优选论的理论视角出发，对汉语中的话题结构做出一致的分析。

4.1 句前话题结构的优选分析

Choi（2001）指出按照信息的新旧，句子的成分可以分为旧信息（标注为［-New］）和新信息（标注为［+New］）。某些旧信息如话题，比其他的旧信息更为重要，因此更为显著（标注为［+Prom (iment)］），其他的信息则为具有非显著性（标注为［-Prom］）。同理，对比性质的焦点承载的新信息比其他填充信息空位的一般新信息更为重要，也呈现出［+Prom］与［-Prom］的对立。因此［New］与［Prom］的排列组合可以呈现如下四种不同情况：

表 5-4　句子成分分类

	［+New］	［-New］
［+Prom］	focus	Topic
［-Prom］	new info	old info

在优选句法中，关于主位和述位信息的内容属于句法结构生成的信息，因而应包含在输入项（input）之中（Kager 1999）。一个普通的句子

“小马喜欢小丽”，其中主宾语的信息表征如下：

（19）输入项：小马［Subj: -New, +Prom］；小丽［Obj: +New, -Prom］

主语“小马”作为无标记的话题而更为显著，“小丽”作为宾语承载信息表达的内容但是不属于焦点的范畴。根据这些内容以及汉语主语特征可以制定如下的制约条件：

（20）短语结构制约条件：SUBJ：主语应该先于非主语成分。

信息结构制约条件：NEW：［+New］应该先于［-New］。

PROM：［+Prom］应该先于［-Prom］

汉语中话题结构的分布就是这两类具有普遍性的制约条件共同作用下产生的。可以看出，汉语中这些制约条件的等级排列为：PROM > SUBJ > NEW。

需要指出的是优选论强调底层的丰富性（richness of the base）（McCarthy 2002），也就是说能进入到评估器（Evaluator）中的候选项应该是无限制的，但是实际上拥有竞争力的选项还是有限的，因此此处所列举的都是具有竞争力的候选项。

首先是主语做话题的情况，根据宾语属于新信息还是焦点会出现两种情况。当宾语属于新信息的情况时，其竞赛表如下：①

表5-5　主语做话题且宾语为新信息时的竞选表

小马[S: -New, +Prom] 小丽[O: +New, -Prom],	PROM	SUBJ	NEW
☞a. 小马喜欢小丽			*
☞b. 小马，喜欢小丽			*
c. 小丽，小马喜欢	*!	*	
☞d. 小马小丽喜欢			*

当宾语成分属于焦点时，其竞选表如下：

① 为节省篇幅，不将“喜欢[Verb]”列入输入项，下同。竞选表的类型和使用参见McCarthy(2007)中的说明。

表5-6　主语做话题且宾语为焦点时的竞选表

小马[S: -New, +Prom] 小丽[O: +New, +Prom]	PROM	SUBJ	NEW
☞a. 小马喜欢小丽			*
☞b. 小马，喜欢小丽			*
c. 小丽，小马喜欢		*!	
☞d. 小马小丽喜欢			*

无论宾语属于新信息还是焦点，最后优选得出的结果为选项a、选项b和选项d。选项b属于典型的主语置于句首的话题结构，而选项a则是汉语中主语为无标记话题这一论述（徐杰2001）的体现。选项d为宾语前置结构。在暂不考虑宾语前置结构的优选过程时，它也可以看成是一种可能的主语做无标记话题的表现。

第二种情况是宾语为话题，按照主语属于新信息还是焦点的不同，也会出现两种情况。其一为"新信息+话题"，其二为"焦点+话题"。实际上，在汉语中第二种搭配是不可能存在的。张伯江、方梅（1996）中指出汉语遵循由旧到新的信息组织原则，由标识新内容的焦点再到旧内容的话题显然不符合这一原则的要求。其次，Radford（2004）中对Rizzi（1997）提出的标句词短语CP分裂做出详细论述。按照他的解释，CP可以分裂为语势短语ForceP，话题短语TopP，焦点短语FocP和限定短语FinP。在位置安排上，话题短语总是高于焦点短语，也就是说在线性排列上，话题应该先于焦点。这样的表述同样使得焦点到话题的顺序排列无法实现。因此，汉语宾语做话题时，主语只有做新信息的可能，其优选竞赛表为：

表5-7　宾语做话题时的竞选表

小马[S: +New, -Prom] 小丽[O: -New, +Prom]	PROM	SUBJ	NEW
a. 小马喜欢小丽	*!		

续 表

小马[S: +New, -Prom] 小丽[O: -New, +Prom]	PROM	SUBJ	NEW
b. 小马,喜欢小丽	*!		
☞c. 小丽,小马喜欢		*	*
d. 小马小丽喜欢	*!		

此时唯一的可能就是做话题的宾语发生前置，高于主语位置，从而生成典型的宾语做话题的结构。

本节对汉语中可能出现的三种话题结构进行了优选分析。值得注意的是，当主语为话题时，宾语前置结构与一般结构同时成为优选项。下一节将对宾语前置的优选特别做出说明。

4.2 宾语前置结构的分析

汉语的宾语前置结构较为特殊，按照不同的分析角度，前置的宾语成分可以是话题也可以是焦点。目前来看，学界对于前置宾语隶属于话题还是焦点这一问题尚存争议。

可以出现SOV宾语前置结构的语境如下：

（21）a. 小马他那本书怎样？

b. 小马，那本书读完了。

b'. 那本书，小马读完了。

此句中“小马”属于上下文已知的无需强调的旧信息，而“那本书”不论属于焦点还是话题，它的特征是突出强调的信息。针对如上的问句，如何将b选项而不是b'选项筛选出来成为关键。Chomsky（1995）提出的最简方案加入了经济性的原则，移位不是随意的，而是受到经济性原则，如局域条件（locality condition）的制约。Chomsky（2001，2008）进一步提高了局域移位的重要性，认为移位是按照语段以连续循环的方式进行的，局域条件受到进一步的强调。这一经济性制约条件可以总结为最短移位（Shortest Move），在优选论的框架下它可以定义为：

（22）最短移位（ShM）：受到强调的突出信息必须移位，移位遵循经济性原则，采取最短移位的方式进行。

有了这个制约条件，就可以优选出SOV式的特殊结构：

表5-8 宾语前置结构的竞选表

小马[－New，－Prom]；那本书[+Prom]	PROM	ShM	SUBJ	NEW
a. 小马读完了那本书	*	*!		
b. 那本书，小马读完了		*	*!	
☞c. 小马那本书读完了	*			

由于PROM与ShM处于相同的制约条件等级位置，它们共同作用针对候选项做出第一轮的筛选。选项a违反了突出成分需要先于非突出成分的PROM制约条件，同时它又违反了突出信息必须移位，且移位应采取经济性方式的ShM这一制约条件，因而遭到排除。选项b和选项c各违反一条制约规则，因而无法淘汰任何一个。在第二等级的筛选中，选项b违反了SUBJ这一制约条件，而选项c则没有，因而选项b遭到排除，此时无需再进行第三步的筛选，优选项c已经得出。

由以上优选论的筛选过程可以看出，移位至主语和动词之间的宾语成分是否为焦点或者话题的归属并不重要。实际上只要确定移位成分为突出的强调成分，加上其他必需的制约条件，就可以将它从多种不同的候选项中优选出来。基于优选论的分析有效的规避了移位宾语的归属之争，具有更大的解释力和说服力。

5. 关于复述代词

话题结构的一个重要特点是如果话题具有在原句中得到题元阐释的语缺（gap）位置，此语缺可以由某个代词占据，形成包含复述代词的特殊格式，如：

（23）a. 这个学生我教过。

b. 这个学生我教过他。

有复述代词与没有复述代词的话题结构在一般情况下呈现出自由变体（free variation）的分布特征，但在某些语境中则不然。复述代词的使用主要是语义阐释驱动的，而不具有结构上的重要意义。

复述代词的使用主要是为了减轻认知的难度，从而快速确定前置话题的题元位置，实现整个句子的高效语义处理。当句子很长或者很复杂时，复述代词的使用成为必要。

（24）a. *张三，李四知道昨天打王五的事情。

b. 张三，李四知道他昨天打王五的事情。

短句子或者简单句中的话题移位相对较为容易确认，因而有无复述代词都可以接受。在宾语前置结构中，由于移位很短，前置的宾语很容易得到题元位置的确认，使用复述代词就显得有些多余，如：

（25）a. 小马，那本书读完了。

b. *小马，那本书读完了它。

其次，复述代词的使用在某些句子中起到消除歧义的作用，如：

（26）张三，我知道认识的人很多。

此句是歧义的，它可以理解为“我知道张三认识的人很多”，也可以理解为“我知道认识张三的人很多”。但是一旦在句中相应的位置添加上复述代词，歧义现象就可以消失，意义表达得以明确：

（27）a. 张三，我知道他认识的人很多。

b. 张三，我知道认识他的人很多。

这样一来，上述两句就不再具有歧义解读的可能性。综合以上两点可以看出，不出现复述代词的话题结构是无标记的、相较更为经济的表现手段。复述代词的使用主要由语义阐释驱动，是为了提升信息处理效能和消除歧义而出现的，因而属于有标记的话题结构。复述代词本身不具有独立的结构意义，因而无需将它转换为制约条件，也没有必要将包含代词得句法结构式列入优选竞赛表中。

6. 本节结语

由以上分析可以看出，生成语法针对汉语话题结构的分析遇到诸多的争论和不足，很难达到一致性的理论高度。优选论的分析从线性排列出发考虑话题结构，而不考虑话题是否发生移位，从而回避了基础生成说与移位说的争论，同时也就避免了移位属于论元移位还是非论元移位的争议。三种制约条件的排列可以将不同类型的话题结构统一起来，同时将话题结构、宾语前置结构与无标记性的SVO语序统一起来，涵盖更多的现实语料，具有更大的解释力。在对宾语前置句的分析中，通过加入一个普遍性推导条件“最短移位”就可以将宾语前置句筛选出来，而无需具体争论前置成分属于话题还是焦点，从而更有效地解释了这一结构的生成，而无需陷入前置宾语的类属之争。可以看出，与原则与参数式生成语法理论相比，从优选论这一理论视角进行的分析具有更好的一致性和解释力。

第三节　多元疑问算子移位的优选分析

1. 引　言

疑问句研究一直是生成语法研究的热点课题之一，疑问句式也是句法理论不同发展阶段都会有所涉及的一个句法结构式。由于人类认知的局限性，或是出于经济性原则的考虑，在一个疑问句中一般只会存在一个、两个或者三个疑问算子（wh-operators），拥有三个以上更多疑问算子的疑问句较为罕见。本节将以具有两个疑问算子的疑问句作为考察对象来探讨多元疑问词问句中的移位问题。

优选论是20世纪90年代由Prince & Smolensky（1993）所创立的语

法理论，这一理论抛弃了串行处理模式（serialism），而采取并行处理（parallelism）的原则。通过一系列具有可违反性制约条件的等级排列，一次性为特定的输入形式选择一个“最优的”的输出形式（Prince & Smolensky 1993；马秋武 2008）。一种语言形式是否合乎语法并不会考虑某个或者某些句法规则的作用，其关键在于这种语言形式能否最大限度地满足，或者最小程度地违反某一特定语言所遵循的制约条件等级排列体系。制约条件具有普遍性，语言之间的差异主要是不同语言之中普遍性制约条件等级排列的不同所造成的。本节将以优选论作为理论依据，对多元疑问算子的移位做出分析。

2. 语料描述

人类语言中包含疑问算子的句法结构式具有多元化的句法表现。经过总结可以发现，其代表性类型可以归纳为以下五种。第一类以汉语和日语等语言为代表。此类语言中疑问句中的疑问算子不发生移位，疑问词的位置由句中谓词的论元结构所决定，而不受其他机制的制约，这类语言也就是通常所说的非移位型（Wh-in-situ type）语言。英语和德语等语言为第二类，这类语言只允许一个疑问算子移位，具体哪一个疑问词会移位则受到经济性条件的制约。第三类是法语类，它允许一个疑问算子产生移位，这与第二类特征相同。所不同的是，此类语言中疑问算子也可以不发生移位，体现出与汉语日语类相同的特征。例句如下：

（1）谁给李四买了<u>什么</u>?（汉语类型）

（2）What did John give to <u>who</u>?（英语类型）

（3）a. <u>Qu'</u>a-t-il donné à qui?（法语类型）（Bošković 2002: 352）

What has he given to who

b. Il a donné <u>quoi</u> à <u>qui</u>?

He has given what to who

在汉语的例句（1）中，疑问词“谁”和“什么”所占据的句法位置由句中的论元结构所确定，没有发生任何显性移位。在英语的例句（2）

中，因为what的句法位子要高于who，所以根据移位以及移位的经济性原则，what移位至疑问句的句首。在法语的例句（3）中，疑问词则可以发生一个最高位置的疑问词移位，或者不产生任何疑问词的移位。

疑问算子移位的第四类和第五类移位方式为某些斯拉夫语言所特有，它们的疑问算子全部移位到句首。具有代表性的分别为保加利亚语（Bulgarian）和克罗地亚语（Serbo-Croatian）。两者所不同的是第四类语言遵循优先效应（Superiority Effect）这一经济性原则，即两个疑问词在发生移位后，根据论元结构所规定的句法位置，原结构中位置较高的疑问词在发生移位后仍需高于原结构中位置比较低的疑问词。而第五类语言则没有这一要求，两个疑问词的位置呈自由变体分布。相关语料如下（Bošković 2002: 353–354）：

（4）a. Koj kogo e vidjal?（保加利亚语类型）

Who whom is seen ('Who saw whom?')

b.*Kogo koj e vidjal?

Whom who is seen

（5）a. Ko je koga vidio?（克罗地亚语类型）

Who is whom seen ('Who saw whom?')

b. Koga je ko vidio?

Whom is who seen

由此可见，多元疑问算子移位的现象是多元化的：可以是零移位，可以移动一个疑问算子，也可以将疑问算子全部移位；产生移位时经济性原则可以也可以不发生作用，多个疑问词的排序可能是受到约束的，也可以是自由分布的。

3. 来自生成语法的解释

生成语法认为移位的激发机制来自特征核查。句中功能语类（functional category）的强势特征（strong features）属于不可解释性特征（uninterpretable features），需要在狭义句法中进行特征的赋值，从而驱使具有相同特征的语类移位，以局域（locality）的方式来完成对强特征的核查并将其删除。如果句子的推导完成时尚有不可解释性特征未能得到检查删除，那么句子生成就会发生崩溃（crash），其结果是生成不合格的句子（Radford 2009）。

对于汉语疑问句的分析，Huang（1982）使用的理论基础为生成语法在20世纪80年代早期所创立的管辖与约束理论（Chomsky 1981）。他认为汉语表层结构中没有疑问算子移位，但在逻辑式中移位算子就要移位至CP指定语（Spec-CP）的位置，从而形成与英语相同的逻辑式表征。同时这种移位无需遵循领属条件（Subjacency Condition），但要受到空语类原则（Empty Category Principle, ECP）的制约。如句（1）就会有如下的逻辑表达式：

（6）$[_{CP}[_{SPEC}$什么$][$谁$][_{TP}t_{谁}$给李四买了$t_{什么}]]$

该例说明汉语中的疑问词“什么”虽然在表层结构中没有出现显性句法移位，但是在逻辑中发生了至句首标句词短语指定语位置上的移位，从而体现出与英语疑问句相同的移位操作。英语中在表层结构进行的移位操作在汉语中是置于逻辑式中完成的，这也就是英汉语在疑问句生成中的主要差别。

为了体现Cheng（1997）所提出的句子必须表明类型的要求（Clausal Typing Hypothesis），同时也考虑到一些现实的语料，Aoun & Li（1993）和Watanabe（2000）提出汉语、日语类中也存在着疑问算子移位，但移位的是一个空算子（null operator），而不是疑问词。空算子的提出将汉语英语类的疑问句统一起来，即都在表层结构中发生显性移位，但代价是增加了“空算子”这一概念，违反了Chomsky（1995）提出的包含性原则（Inclusiveness Condition），其内容为：句法推导过程中不得加入非词库中的成分。Tsai（1999）则提出副词性疑问词，如“为什么”等在逻辑式中产生移位；而论元性质的疑问词，如“什么”等则不发生移位。它们以非选择性约束（Unselective Binding）的方式受到句首抽象疑问算子（abstract operator）的制约。这更进一步加深了分析的复杂性，很难达到普遍语法所追求的一致性的理论高度。这些问题在多元疑问算子结构中表现更为明显，因而解释力更为有限。

Chomsky（1995）提出疑问算子移位是因为句子的标句成分具有强式的疑问特征［WH］，吸引具有疑问意义的句法成分移位到句子的指定语位置，以局域的方式完成特征核查，造成显性句法移位。如果存在多项疑问算子，则遵循最近吸引原则（Attract Closest Principle, ACP），也就是发生移位的是符合移位要求的最为靠近标句词的那个疑问算子。标句词的疑问特征一经核查即被删除，从而处于蛰伏状态（Inertness Condition）（Collins 2000），不再需要额外的核查操作，也不再参与句子其他成分的推导，从而解释了英语类句子中只有一个疑问算子移位的现象。

对于多项疑问词全部移位这一现象，Koizumi（1994）提出指定语多重附加的理论（Multiple Adjunction to Spec-CP）。他认为这类语言中的标句成分具有多个指定语位置，从而承载多个疑问算子。显然这一理论与X-界标理论（Jackendoff 1977）不符。在同一句中，标准的X-界标理论只能允许一个指定语位置的存在。采用多元指定语位置的做法使得句法操作存在随意性，什么样的成分能够移位至指定语的位置，多元指定语上疑问词的具体显性位置的排列等问题对这一理论提出了诸多挑战。Chomsky（1995）在分析冰岛语中多项主语类型的句子时，提出某一个特定中心语可以不止一次地吸引具有某个特定特征的成分。对于多元疑问算子移位，可以做“全部吸引”（Attract All）的假设。同样这一分析也存在随意性，前移的疑问算子所处的位置排列没有予以交代，同时产生全部吸引的动因为何？全部吸引和特征核查理论的矛盾该如何解决？对于此类问题，他都没有给出令人信服的解释。Stroik（2009）认为移位的激发机制来自移位成分本身的不可解释性特征，而疑问词移位的激发机制来源于疑问词本身的不可解释性特征［WH］。这可以解决多元算子全部移位的现象，但是对零移位和单个算子移位的解释就要产生问题。如果假定疑问算子具有不同的子类，每个子类对应不同属性的特征，这样就加剧了词库的负担，不利于诠释语言习得过程，因而成本也较高，较难让人接受。

综上所述，生成语法在对于一个疑问算子的疑问句的分析主要针对的语料以英语为主，当此理论应用到其他语言，就会产生新的问题，很难得出一致性的解释。针对多元疑问词类型疑问句的分析则存在更大的问题，更难达到一个较为合理的理论高度，所提出的分析法也存在诸多迫切需要解决的缺陷和不足。

4. 基于优选论的分析

采用优选论的理论框架研究疑问算子移位的代表为 Grimshaw（1997），Ackema & Neeleman（1998）和刘存伟、黄鹂（2007）。他们的研究基本都是针对英语这一种语言展开的，关注的语料较为有限。同时他们提出的制约条件较为复杂，不利于表征儿童语言习得的开展过程。

在最简方案中，经济性条件的重要性越来越突出，它是奥卡姆剃刀（Occam' s razor）在语言中的体现（Hornstein, Nunes & Grohmann 2005）。句法理论应该尽量精简，短距离移位要优于长距离移位，较少步骤的推导要优于较多步骤的推导，语法操作应遵循局域条件等。句法成分进行移位操作时应该受到这一条件的约束，因此可以将它设定为第一个制约条件。它的内容可以用 Chomsky（1995）提出的最小连接条件 MLC（Minimal Link Condition）加以概括：A 可以移位到 B，如果没有 C 比 A 到 B 的距离更近（A can move to B if there is no C that is nearer to B than A）。

疑问成分标记句子中的新信息，也就是信息结构中所谓的焦点信息（张伯江、方梅 1996）。Rizzi（2004）提出分裂标句词短语假说（Split-CP hypothesis），即标记词短语可以分裂为语力短语（Force Phrase），话题短语（Topic Phrase），焦点短语（Focus Phrase）和限定短语（Finiteness Phrase）。也就是说疑问词作为焦点成分，一般需要移位至句首位置以标记它的焦点属性。因此可以设定焦点化移位（FOCUS-MOVE）作为另一个普遍性制约条件：被焦点化的疑问算子应该移位到句首位置（Focused wh-operators move to sentence initial position）。

在生成语法中，句法成分移位后其空语类必须得到合理管辖，从而获得形式上的允准（licensing）。按照空语类原则的要求，空语类的管辖可以通过先行词管辖或者题元管辖的方式实现（Haegeman 1994）。根据这一要求，可以将疑问词语迹的管辖允准设定第三个制约条件：T-LICENSE（Wh-traces must be properly licensed）。

除了产生移位的制约条件外，当然最经济的是不产生移位（STAY），这是此处分析所需要的第四个制约条件。

有了这四个制约条件，就可以对上述五种类型多元疑问算子的移位做出统一的解释。首先是汉语、日语为代表的第一种类型，这类语言中不产生显性移位，这说明制约条件STAY的位置在此类语言中制约条件的等级排列体系中所处的位置最高。剩下的三个制约条件对此类语言所产生的作用较小，因而排列的位置较低，同时也没有必要具体区分其先后顺序。因此，汉语日语类中疑问算子移位的制约条件等级排列体系为STAY > MLC, FOCUS-MOVE, T-LICENSE。其优选竞赛表为（Op为疑问算子）：

表5-9　以汉语、日语为代表的语言的优选过程

Input: [C, T, V, Op_1 Op_2]	STAY	MLC	FOCUS-MOVE	T-LICENSE
a.☞$[_{CP}[_{TP}Op_1[_{VP}Op_2]]]$		*	*	
b. $[_{CP}Op_1[_{TP}t_{Op1}[_{VP}Op_2]]]$	*!		*	
c. $[_{CP}Op_2[_{TP}Op_1[_{VP}t_{Op2}]]]$	*!	*	*	
d. $[_{CP}Op_1Op_2[_{TP}t_{Op1}[_{VP}t_{Op2}]]]$	*!*			*
e. $[_{CP}Op_2Op_1[_{TP}t_{Op1}[_{VP}t_{Op2}]]]$	*!*	*		

英语等第二类的句子只有一个而且是靠近标句成分的疑问算子发生移位，因此MLC的排位最高；剩下的疑问算子则不允准产生移位，因而STAY的排位紧随其后。此类语言的制约条件等级排列应为：MLC > STAY > FOCUS-MOVE, T-LICENSE。值得提出的是d项中出现了两个疑问算子的移位，但是因为Op_1的位置较高，因而先发生移位。在它发生

移位后，Op_2 移位至 Op_1 之后的位置，因为 Op_1 已经发生了移位，其本来的位置上只有没有语音表征的语迹 t_{Op1}，因而不会对 Op_2 的移位产生阻隔效应，因此这样的移位方式不会违反 MLC 的制约。但是 e 项中当 Op1 完成移位后，Op_2 移位至 Op_1 之前，Op_1 此时就会对 Op_2 的移位产生阻隔，因而 MLC 这一条件遭到违反。其优选竞赛表为：

表 5-10　以英语为代表的语言的优选过程

Input: [C, T, V, Op_1 Op_2]	MLC	STAY	FOCUS-MOVE	T-LICENSE
a. $[_{CP}\ [_{TP}\ Op_1\ [_{VP}\ Op_2]]]$	*!		*	
b. ☞ $[_{CP}\ Op_1 [_{TP}\ t_{Op1}\ [_{VP}\ Op_2]]]$		*	*	
c. $[_{CP}\ Op_2\ [_{TP}\ Op_1\ [_{VP}\ t_{Op2}]]]$	*!	*	*	
d. $[_{CP}\ Op_1 Op_2\ [_{TP}\ t_{Op1}\ [_{VP}\ t_{Op2}]]]$		*!*		*
e. $[_{CP}\ Op_2 Op_1\ [_{TP}\ t_{Op1}\ [_{VP}\ t_{Op2}]]]$	*!	**		

以法语为代表的语言可以产生移位也可以保持原位，因此排位最靠前的应该是 STAY 和 MLC 这两个制约条件，从而保证能同时优选出移位与不移位的两个合格候选项。它们的制约条件等级排列体系应为：STAY , MLC > FOCUS-MOVE, T-LICENSE。其优选竞选表为：

表 5-11　以法语为代表的语言的优选过程

Input: [C, T, V, Op_1 Op_2]	STAY	MLC	FOCUS-MOVE	T-LICENSE
a. ☞ $[_{CP}\ [_{TP}\ Op_1\ [_{VP}\ Op_2]]]$		*	*	
b. ☞ $[_{CP}\ Op_1 [_{TP}\ t_{Op1}\ [_{VP}\ Op_2]]]$	*		*	
c. $[_{CP}\ Op_2\ [_{TP}\ Op_1\ [_{VP}\ t_{Op2}]]]$	*!	*	*	
d. $[_{CP}\ Op_1 Op_2\ [_{TP}\ t_{Op1}\ [_{VP}\ t_{Op2}]]]$	*!*			*
e. $[_{CP}\ Op_2 Op_1\ [_{TP}\ t_{Op1}\ [_{VP}\ t_{Op2}]]]$	*!*	*		

第四类语言要求所有的疑问算子前移，因此需要将 MLC 与 FOCUS-MOVE 这两个制约条件放置较高的位置。值得注意的是这类语言遵循右向附加（rightward adjunction）的原则（Richards 1997），在发生移位后，Op_2 移位至 Op_1 之后要比移位至 Op_1 之前所需的路径短，因而更经济。因

此不经济的e项被排除。这类语言的等级体系排列为：MLC > FOCUS-MOVE > STAY, T-LICENSE。此类语言的优选竞赛表为：

表5-12　第四类语言的优选过程

Input: [C, T, V, Op_1 Op_2]	MLC	FOCUS-MOVE	STAY	T-LICENSE
a. $[_{CP} [_{TP} Op_1 [_{VP} Op_2]]]$	*!	*		
b. $[_{CP} Op_1 [_{TP} t_{Op1} [_{VP} Op_2]]]$		*!	*	
c. $[_{CP} Op_2 [_{TP} Op_1 [_{VP} t_{Op2}]]]$	*!	*	*	
d. ☞$[_{CP} Op_1 Op_2 [_{TP} t_{Op1} [_{VP} t_{Op2}]]]$			**	*
e. $[_{CP} Op_2 Op_1 [_{TP} t_{Op1} [_{VP} t_{Op2}]]]$	*!		**	

第五类语言要求两个疑问算子必须同时移位，并且无需区分他们的前后关系。在优选竞赛表上则表示为FOCUS-MOVE的位置最高，剩下的三个条件位置较低，且无需排序。值得提出的是此时T-LICENSE的作用，在c项中，Op_2因为Op_1的阻隔无法作为先行词管辖允准其语迹，但是这个语迹可以通过VP中的动词得到题元管辖，因此这一条件没有遭到违反。在d项中，Op_2的语迹得到题元管辖，但是Op_1的语迹由于Op_2的阻隔无法得以Op_1的先行词管辖，也没有动词管辖，因而T-LICENSE条件遭到违反。在e项中，Op_1的语迹得到Op_1的先行词管辖，Op_2的语迹得到动词的题元管辖，因而没有违反T-LICENSE这一条件。因此，这类语言的制约条件等级排列体系应该为：FOCUS-MOVE > MLC, STAY, T-LICENSE，其竞赛表如下：

表5-13　第五类语言的优选过程

Input: [C, T, V, Op_1 Op_2]	FOCUS-MOVE	MLC	STAY	T-LICENSE
a. $[_{CP} [_{TP} Op_1 [_{VP} Op_2]]]$	*!	*		
b. $[_{CP} Op_1 [_{TP} t_{Op1} [_{VP} Op_2]]]$	*!		*	
c. $[_{CP} Op_2 [_{TP} Op_1 [_{VP} t_{Op2}]]]$	*!	*	*	
d. ☞$[_{CP} Op_1 Op_2 [_{TP} t_{Op1} [_{VP} t_{Op2}]]]$			**	*
e. ☞$[_{CP} Op_2 Op_1 [_{TP} t_{Op1} [_{VP} t_{Op2}]]]$		*	**	

由上述优选方案的选择以及实施过程可以看出，语言中的制约条件具有普遍的约束力，但是当某些制约条件在特定语言中的约束表现得不明显时，一般都应将这样的制约条件放置到等级排列体系的较低位置，有时甚至无需具体确定它们的排列位置，这体现了 Tesar & Smolensky（2000）所提出的“制约条件降级验算模式”的作用（马秋武 2003）。它说明儿童习得此类语言现象时并未将其视为起决定作用的制约条件，在生成此类句子时就不会过多考虑到它们的作用，只是针对起决定作用的制约条件进行习得，从而减轻了儿童习得此类句式的负担，体现出经济性原则的作用，为语言习得过程中体现的快速、一致特征提供佐证。

5. 本节结语

生成语法对多项疑问算子移位中的某些问题不能做出统一的解释，更为重要的是对这一专题的研究主要是针对移位操作和移位性句法结构开展的，其直接负面结果是汉语类非移位型语言得不到应有的重视，对其阐释的力度也不够。基于优选论的分析可以克服这一缺点，将所有属于这一专题的语言现象统一起来，将汉语和其他语言放置于同等重要的地位一起进行研究和讨论。使用一些具有普遍性制约条件的等级排列就可以给予它们统一的分析解释，而不再需要逐步的推导。同时。它还可以解释法语中可移位与可不移位的可选性现象，以及克罗地亚语中移位算子的任意排列现象，而这些优势则是原则与参数理论式的生成语法分析法所无法比拟的。

第四节　可选性现象的优选分析

1. 引　言

优选论是 Prince & Smolensky（1993）在音系学中创立，之后对语言研究的多个领域产生重大影响的语言学理论。按照这一理论，一种语法形式是否合格，关键看它能否最大限度的满足，或者最小限度的违反一系列由标记性（markedness）制约条件和忠实性（faithfulness）制约条件构成的制约条件等级排列体系。首先，生成器（Generator）在输入项（input）的基础上生成一系列候选项（candidates）以供评估器（Evaluator）进行优选，最终产生符合语法要求的最优输出项（马秋武2003，2008）。一次参与评估的所有候选项构成一个候选集（candidate set）。一般而言，一次筛选后最优的输出项只有一个。

可选性指的是在同一情境下，可以采用多种具有对应形式的方式来表达同样的意义，而不产生明显的核心意义以及话语意义差别的语法状态，如英语陈述式补足语小句中that的存在与否就属于可选的状态。在优选论的理论框架下，可选性表现为在同一竞赛（competition）中，两个或者两个以上的候选项都是最优的输出项（Schmid 2001）。这就对一次产生一个最优输入项的经典优选模式提出了挑战。为了解决这一难题，归并法（neutralization approach）以及并列法（tie approach）应运而生。本节首先详细论述这两种解决方案的基本理念，之后对它们做出比较，分析它们的不足，最终确立一种较为理想的解决方案。

2. 归并法的处理

较早的处理可选性的方案是将两个同样合格的最优选项分布在不同的候选集中，这样一来，一次筛选只能优选出一个候选集中的一个优选项，不同的候选集产生多个优选项，单一最优输出项的优选模式得以保留。如在解释that的可选性现象时将有无that的小句分别放在两个不同的候选集中分别处理，Grimshaw & Samek-Lodovici（1998）使用了这种方法。但是，这种方式通过约束候选项的方式解决可选性的方案是存在缺陷的，英语陈述式补足语小句前的that在嵌套句中出现话题化时就不可省略（Grimshaw 1997），如：

（1）a. I think that [$_{pp}$ to John]$_i$ she gave a book t_i

b. *I think [$_{pp}$ to John]$_i$ she gave a book t_i

此时可选性现象消失，标句词that必须要在子句中出现。按照优选论的分析，这样的分布说明了存在that的嵌套话题句和不存在that的嵌套话题句应该是进入到同一个候选集当中，最终优选出唯一合格的包含that的输出项。这样，包含that的英语句子和不包含that的英语句子有时需要存在于同一候选集中，有时又不能存在于同一候选集中，这一相互矛盾的结果无法达到普遍语法一致性的要求，也无法予以统一的解释。

受上述分析的启发，Legendre, Smolensky & Wilson（1998）以及Baković & Keer（2001）使用了归并法来分析可选性现象。Baković & Keer（2001）在分析英语that从句时认为存在that与缺少that的句子存在于同一个候选集中，而产生可选现象是因为不同输入项的结果。他们使用的制约条件有两个，其一为Grimshaw（1997）中所使用的HD-RT（head-right），即中心语居右的制约要求；其二为Faith［COMP］（faithful-complementizer），即输出项与输入项中［COMP］的值应保持一致。通过这两个制约条件的交互作用，有that和没有that的句子实际上是两个输入项的不同优选结果。首先是输入项［COMP］的值为［+COMP］，其优选竞赛表（竞选表格式的体例①参见Kager 1999）为：

表5-14　遴选包含that的竞赛表

Input:［+COMP］embedded clause	Faith［COMP］	HD-RT
a. ☞The coat [$_{cp}$ that he always wears *t*] doesn't fit him		*
b. The coat [$_{cp}$ he always wears *t*] doesn't fit him	*!	

存在that的句子满足了［COMP］值与输入项一致的要求，都为［+COMP］。虽然它违反了中心语居右的制约条件，但是此制约条件排列较低，因而不影响最终的优选结果。没有that的句子虽然没有违反中心语居右的制约条件，但是它违反了排位较高的Faith［COMP］条件，因而

① McCarthy(2007)指出优选竞赛表可以分为违反式表格(Prince & Smolensky 1993)和比较式表格(Prince 2002)两种。此处采用应用较为普遍的违反式表格。

被排除，最终优选出的结构为含有that的句子。如果输入项的值为［-COMP］，那么依据同样的制约条件和同样的排列方式，则可以得出没有that句子的优选项：

表5-15　遴选不包含that的竞赛表

Input: [-COMP] embedded clause	Faith [COMP]	HD-RT
a. The coat [$_{cp}$ that he always wears *t*] doesn't fit him	*!	*
b. ☞The coat [$_{cp}$ he always wears *t*] doesn't fit him		

将这两张竞赛表结合起来就可以解释可选性现象。可选性是由于不同的输入项，经相同的候选集和相同的制约条件等级排列体系优选而来的。与前面所说的将有that和没有that的句子分列到不同候选集的程序类似，要经过两次优选完成。它的优点在于克服了既要求有that和无that的句子出现在同一候选集，又要求它们不出现在同一候选集的矛盾。通过两次竞选，此法也可以优选出嵌套句中话题化时仅存在含that句子这一唯一正确输入项的优选结果：

表5-16　输入项为［+COMP］的竞赛表

Input: [+COMP] embedded clause with topicalization	PURE-EP	Faith [COMP]
a. ☞I think [$_{cp}$ that on him, no coat looks good *t*]		
b. I think [$_{cp}$ on him, no coat looks good *t*]	*!	*

表5-17　输入项为［-COMP］的竞赛表

Input: [-COMP] embedded clause with topicalization	PURE-EP	Faith [COMP]
a. ☞I think [$_{cp}$ that on him, no coat looks good *t*]		*
b. I think [$_{cp}$ on him, no coat looks good *t*]	*!	

PURE-EP的全称为purity of Extended Projection，即嵌套句中不能产生至中心语位置的显性移位（Grimshaw 1997: 374）。如果有that，产生的移位只是附接到that之上，而不是占据标句词中心语位置，因而没有显

性移位，也就不会违反这一制约条件的要求。此排位高的制约条件排除了没有that的句子，剩下的选择只能是包含that的句子。两张竞选表格产生了相同的最优选项。

3. 并列法的处理

归并法的核心是采用限制输入项内容的方法，以两次处理的方式，将输入项不同的候选项最终优选出来。与之不同，并列法不对输入项和候选集做任何处理，而是通过制约条件的具体排列方式来解释可选性问题。并列法可以具体分为广义并列法（the global tie approach）和狭义并列法（the local tie approach）两类。[①]

3.1 广义并列法

广义并列法认为如果多个制约条件的排列是未标明的，也就是说可能的排列方式都是存在并且是可以接受的。如果制约条件C1与C2没有明确的等级排列，那么广义并列法就认为C1 > C2和C2 > C1的排列方式可以同时存在。

Schmid（2001）中使用了广义并列法来分析英语中的有that和无that的句子优选过程，他使用到的制约条件有三个：

（6）a. *EXP: 即*Expletives（Complementizers），句中不能出现标句词成分。

b. HAVE（CP）：小句中标句词的投射是必需的操作。

c. PURE-EP: purity of Extended Projection，嵌套句中不能产生至中心语位置的显性移位。

PURE-EP的排位最高，而*EXP和HAVE（CP）处于广义并列排位。此时的优选竞赛表为：

---

① Müller(2003)对并列法作出了更详细的区分。按照他的观点，共有四种并列法：广义顺序并列法(ordered global tie approach)、狭义顺序并列法(ordered local tie approach)、和取狭义并列法(conjunctive local tie approach)和析取并列法(disjunctive approach)。但是将这几种方法总结后，具有代表性应为广义并列法和狭义并列法两种。

表 5-18　广义并列法竞赛表

Input	PURE-EP	HAVE(CP) *EXP
a. ☞The coat [$_{cp}$ that he always wears *t*] doesn't fit him		*
b. ☞The coat [$_{cp}$ he always wears *t*] doesn't fit him		*

实际上这一张竞选表包含了两次不同的优选，一次为 PURE-EP > HAVE（CP）> *EXP，另一次为 PURE-EP > *EXP > HAVE（CP），即：

表 5-19　广义并列法竞赛表可能 1

Input	PURE-EP	HAVE (CP)	*EXP
a. ☞The coat [$_{cp}$ that he always wears *t*] doesn't fit him			*
b. ☞The coat [$_{cp}$ he always wears *t*] doesn't fit him		*!	

表 5-20　广义并列法竞赛表可能 2

Input	PURE-EP	*EXP	HAVE (CP)
a. The coat [$_{cp}$ that he always wears *t*] doesn't fit him		*!	
b. ☞The coat [$_{cp}$ he always wears *t*] doesn't fit him			*

广义并列法与归并法相同，认为可选性的结果是经多次优选而得到的。与之不同的是，广义并列法认为产生不同结果的优选不是由于输入项的不同而造成的，而是由于多个制约条件的排列未能确定的缘故。

3.2 狭义并列法

广义并列法认为如果多个制约条件排序不确定，即成并列状态，那么就可以产生可选性现象，此时的并列包含了可能产生的任何排序。与之不同，狭义并列法认为并列的制约条件应作为一个制约条件。某个候选项如果违反了并列制约条件中的任何一个，就被认为是违反此并列分制约条件，多种违反则需多重累加（Müller 1999: 6）。如果制约条件 C1 与 C2 没有明确的等级排列，那么狭义并列法就认为此时 C1 和 C2 合并为一个制约条件 C1 + C2。使用此方案分析英语根句中的 that 删除可以有如下的优选竞赛表：

表5-21　狭义并列法竞赛表

Input	PURE-EP	HAVE (CP)	*EXP
a. ☞The coat [$_{cp}$ that he always wears *t*] doesn't fit him			*
b. ☞The coat [$_{cp}$ he always wears *t*] doesn't fit him		*	

此时HAVE（CP）和*EXP合并为一个制约条件，由于候选项a违反了*EXP而没有违反HAVE（CP），相加后的违反为一次。候选项b违反了HAVE（CP）而没有违反*EXP，相加后的违反也为一次。这样两个候选项违反的次数相同，最终都为最优选项。

狭义并列法也可以用来解释汉语话题化结构中复述代词使用的可选性问题。Legendre, Smolensky & Wilson（1998：266）指出如果汉语中发生移位的话题成分的语迹得到管辖，那么有无复述代词属于可选性现象。但如果语迹没有得到管辖，那么就必须出现一个复述代词，可选性现象消失，如：

（11）a. 那个学生，我认识（他）。

（12）a. 张三，李四知道他打王五的事情。

b. *张三，李四知道打王五的事情。

在第一个例子中，复述代词“他”出现与否不会对句子的合格性产生影响。与之不同，在第二个例子中，由于句子中的主语“张三”发生了话题化的移位操作，同时也没有词汇对它产生管辖，因而复述代词“他”必须出现。

在分析汉语话题结构的可选性现象时需要用到如下的制约条件：

（13）a. GOV（t）：话题化的语迹必须得到管辖。

b. *t：句子中不能出现语迹。

c. FILL：不能出现含有复述代词做链尾的话题语链。

如果GOV（t）得到满足，那么优选的结果为：

表5-22 满足GOV（t）的竞赛表

Input：话题化的语迹得到管辖	GOV (t)	*t	FILL
a. ☞那个学生我认识*t*		*	
b. ☞那个学生我认识他			*

此时两个候选项违反制约条件的次数相同，都为一次，因而都为最优选项。如果GOV（t）得不到满足，那么：

表5-23 不满足GOV（t）的竞赛表

Input：话题化的语迹得到管辖	GOV (t)	*t	FILL
a. 张三李四知道*t*打王五的事情	*!	*	
b. ☞张三李四知道他打王五的事情			*

此时虽然两个候选项同时满足了*t和FILL构成的并列制约条件，即各违反了一次。但是，由于选项a违反了GOV（t）这一排位最高的制约条件，因而被淘汰，最终优选出包含复述代词的话题句。由此可以看出，归并法和广义并列法解决可选性问题的方案是采用两次优选过程，而狭义并列法则不需要，通过一张竞选表格就可以筛选出不同合格输出项的结果。从方法论上来说，相较而言，狭义并列法具有更大的经济性。

4. 归并法与并列法的比较

很多学者，如Schmid（2001）、Baković & Keer（2001）都认为归并法相较并列法而言，更具有可取性。本节将对此三种优选方案做具体的比较分析。

归并法的特征在于将输入项区别开来，不同的输入项参与不同的优选过程，涉及两次不同的优选。同时根据输入项要求的某个特征具体值的不同，采取两次筛选的方式进行。由于忠实性制约条件排在标记性制约条件之前，与输入项特征值不符的选项必须加以剔除。这样一来，两次筛选实际上维护了一个输入项对应一个优选结果的经典模式。可选性的结果是不同的输入项所造成的，其实质为单一优选结果的累加。

这一方式可能存在着致命的缺陷。输入项的值一般而言只能存在正值和负值这两种可能性，因而当一个句中出现三种可能的可选性时，此方式就陷入了困境。英语关系从句就有三种可以接受的结果（Pesetsky 1998: 349）：

（14）a. *the person [$_{CP}$ who that Mary invited t to the party]

b. the person [$_{CP}$ who ~~that~~ Mary invited t to the party]

c. the person [$_{CP}$ ~~who~~ that Mary invited t to the party]

d. the person [$_{CP}$ ~~who that~~ Mary invited t to the party]

由上例可以看出关系从句中的 who 和 that 除了不能同时出现外，可以删除任意其中一个或者两个都加以删除。这样就出现了具有三种选择结果的可选性现象，采用赋值方式的归并法此时就无法对此给出解释。归并法存在无法涵盖的语料空缺，因而缺乏普遍性的解释力，它只能对出现两种可能的可选性现象给出解释。

广义并列法的抽象表达则需要三张不同的竞选表格。首先是表示可能性的总表，此总表按照 C1 和 C2 的具体位置再出现两张不同的优选表格。此法的最大缺陷在于语法操作的复杂化。根据 Vikner（2001）的研究，一个存在三个制约条件的优选过程，如果不存在广义并列，那么会存在 6 种可能的语法；如果存在广义并列，那么就会有 19 种具体的语法可能形式。如此泛化的语法可能形式很难对语法做出统一限定的解释。同时，如此众多的可能性对语言习得提出了挑战，儿童在语言习得的过程中，是很难从如此众多的可能语法中选取一种本族语所采用的语法形式的。鉴于上述原因，广义并列法也不具有较强的解释力。

狭义并列法的优点在于不存在语法的泛化。首先，它不需要广义并列法中一种抽象表格转换为两种具体操作表格的复杂性，通过一次筛选的方式优选出多个合格的最优选项。这样的处理模式满足了 Kager（1999）所提出的并行处理（parallelism）的要求，具有更强的经济性；其次，与归并法不同，它没有对输入项提出任何的要求，与 Kager 所提出的底层丰富性（Richness of the Base）的要求一致；最后，它能有效的解决存在两个以上的最优输出项的可选性现象。如要解决英语关系从句中存在的三选现象，可以使用如下的两个制约条件：

（15）a. LE（CP）：Left（CP）的缩写，即标句词短语中的标句词成分只能出现在CP的左边界。

b. TEL: Telegraph 的缩写，即功能词没有语音处理。

将这两个制约条件按照狭义并列法的处理就可以一次优选出三个合格的输入项：

表5-24　一次优选式竞赛表

	LE(CP)	TEL
a. the person [$_{cp}$ who that Mary invited *t* to the party]	*	*!
b. ☞the person [$_{cp}$ who ~~that~~ Mary invited *t* to the party]	*	
c. ☞the person [$_{cp}$ ~~who~~ that Mary invited *t* to the party]		*
d. ☞the person [$_{cp}$ ~~who that~~ Mary invited *t* to the party]	*	

选项a同时违反了呈狭义并列的LE（CP）和TEL这两个制约条件，总体违反两次。而剩下的三个候选项只一次违反了呈狭义并列制约条件的其中一个，总体违反的次数相同，都为一次，因而都为最优选项。

狭义并列法通过LE（CP）和TEL这两个制约条件的狭义并列，通过一次竞选的方式筛选出三种合格的输出项，从而较为理想地解决了多个可选成分的可选性现象。相较归并法和广义并列法而言，狭义并列法能够涵盖更多的语料，更能经济有效地解决可选性问题，同时也最可能对优选论的基本要求保持一致。因此可以说，狭义并列法应该属于最为理想的解决方案。

某些针对狭义并列法的批评并非完全可信。Baković & Keer（2001）曾指出如果两个制约条件C1和C2在一种语言中呈并列状态，由于并列的制约条件是相互联系的，那么在另一种语言中C1的最优性就蕴含了C2的最优性，反之亦然，从而限制了语法多样性的范围。此现象并非属实，蒋平（2005: 292）指出制约条件具有语言的普遍性。而语言之间的差异则来自于这些具有普遍性制约条件的等级排列。如果接受并列法的语法规则，那么个体语言的差异来自制约条件的等级排列和排列方式。一种语言具体采用哪种排列方式是具有个性的，因而在一种语言中呈并列状态的制约条件在另一种语言中完全没有必要也呈现并列状态，也就不可能出现一种制约条件的最优性蕴含另一种制约条件的最优性这一问题。

5. 本节结语

在生成语法理论，尤其是最简方案（Chomsky 1995）的理论框架下，所有的句法操作都被认为是必须的，且都是由特征核查所驱动的，语言可选性的现象则可以解释为驱动某成分移位的特征具有可选性。问题是为什么这样的特征具有可选性，生成语法很难给出合理的解释。另外，最简方案也认为句法操作是费力的（costly），因而需要遵循经济性原则（戴曼纯 2007）。英语句中有 that 的句子比没有 that 的句子多了一步操作，因而违反了经济性原则，应该不为语法系统所接受，但实际上这两个句子都是合格的。这样的可选性现象对生成语法的解释力提出了挑战，而基于优选论的分析则可以克服这一不足。可选性现象的产生是具有普遍性的制约条件在某一特定语言中的排列次序和排列方式所造成的，优选论可以对可选性现象提出多种解决方案。根据以上讨论可以发现，相较多种不同的处理模式，狭义并列法能够涵盖更为广泛的语料，同时克服其他处理方案的理论不足，因而属于较为理想的解决方案。

第六章 结 语

第一节 研究发现

本书以原则与参数理论下的最简句法理论和优选句法理论作为理论框架，对英汉语中的话题结构、控制结构以及其他代表性的句法结构和句法现象进行了探讨。主要研究发现可以总结如下：

1. 生成语法中的句法理论

主要介绍生成语法在发展到最简方案时期具有代表性的三种句法推导理论，即语段推导理论、反局域推导理论以及存活式推导理论。除此之外，对于优选句法理论的基本原则和工作机制也进行了阐述。从语料分类和理论设计两个角度对最简方案下三个代表性的句法推导理论进行了比较和探讨，并对最简句法理论的构建进行了反思。

2. 话题结构的句法分析

（1）话题结构的移位分析。以反局域理论为理论框架探讨话题结构的生成。可以发生重构的话题成分产生从题元域到呼应域再到话语域的连续循环移位，特征核查为移位提供激发机制，线性化理论则为多重复本的删除提供依据。所有除了句首位置的话题复本删除后生成典型的话题化结构。在此基础上，如果最低位置的话题成分拼读为复述代词，则可生成左偏置话题结构。

（2）宾语前置结构的句法分析。宾语前置结构不能简单分析为话题结构或者焦点结构中的一种。话题与焦点在有定与无定、能否进入从句、是否可以添加焦点标记词、能否用疑问词提问以及是否存在对比这五个方面呈现出不同的句法表现。通过这五个方面的比较以及并列结构测试和否定结构测试的应用，可以发现单一的宾语前置结构为无标记的话题结构，而并列的话题结构为焦点结构。宾语前置的激发机制来自宾语［-Top］或者［-Foc］特征的核查。单一强式话题和单一强式焦点的提出则可以允准宾语产生进一步的移位，从而形成句首话题结构和句首焦点结构。

（3）“连”字结构的句法分析。话题和焦点在有定与无定、能否进入从句、能否加焦点标记词、能否用疑问提问、能否通过并列结构测试以及能否通过否定结构测试方面存在不同的句法表现。这些判定标准说明“连”字成分具有焦点属性，“连”字句中T位置的前后各有一个焦点短语投射，从而使句中“连”字句和句前“连”字句的推导成为可能。“连”与“都”之间无法出现焦点信息的阻隔效应则进一步为“连”字成分的焦点分析法提供证据。

（4）重动结构的句法分析。按照动补短语中补语语义指向内容的不同，重动句可以分为动词指向、动词和宾语指向，以及动词和主语指向三种类型。动补成分可以在重动句中重复出现，而动宾成分具有话题或者焦点属性。根据最简方案下的存活原则，位移现象的动机设定为移位成分的特征存活和核查，实现对于三种重动句统一的分析，同时解释多个动补成分并列和动宾、动补成分的语序问题。弥散操作、CP分裂假说，以及语链缩减则可以为动宾成分和宾语的移位以及相关结构的生成提供理论依据。

（5）悬垂话题结构的线性化。根据关系化测试法，悬垂话题句可以分为移位生成和基础生成两大类型。话题移位的激发机制来源于移位成分不可解释的［-Topic］特征的核查，线性化理论决定拼读时复制成分的删除模式。通过移位生成的话题句中，只有删除除了句首之外所有的话题复本才是最优的选择，符合经济性原则的作用。基础生成的话题句在循环线性化的理论下可以直接生成，无需进行移位操作。

（6）话题结构中的阻隔效应。以存活式推导模式为理论基础，将英汉语话题结构中阻隔效应出现的理据分析为话题成分与中心语在进行合并操作时产生的特征匹配，而阻隔效应的消失则来源于话题和中心语两者间的特征不匹配。定指效应作为阻隔效应在汉语话题结构中的体现，也可以通过特征匹配的分析加以解释。基于特征匹配和特征核查的分析可以将三类话题结构，即话题化话题结构、左偏置话题结构以及悬垂话题结构加以统一，体现它们的共性和个性。除此之外，还可以解释wh-移位现象中的阻隔效应，从而为阻隔效应在非论元移位中的句法表现提供一致性的分析。

3.控制结构的句法分析

（1）控制的合并式分析法。传统分析模式，如零格分析法、一致分析法和移位分析法均无法对控制现象做出合理的解释。合并式分析法将特征核查作为控制句中句法成分进行存活和合并的激发机制，将基于非区别性特征的线性化操作作为拼读的依据，从而符合题元准则的要求，并能推演出自然语言位移现象的局域性特征。合并式分析法不仅符合最简句法理论构建的要求，还可以解释包括附加语控制、控制转移、分裂控制、多重拼读式控制等大量现实语料。除此之外，巴西葡萄牙语中的限定控制以及汉语中的限定控制和非限定控制均可以采用合并式分析法加以分析。

（2）疑问词不定式结构中的控制分析。疑问词不定式结构可以分为移位生成和基础生成两大类型，基础生成的类型又存在小代语插入和显性词汇插入之别，孤岛提取的测试法可以对这两种类型进行区分。英语疑问词不定式中存在FinP和WhP这两个由标句词短语分裂而来的句法投射，而汉语疑问词不定式子句中只存在FinP投射。强制控制句推导的激发机制来源于循环线性化中的顺序保持原则，而非题元特征的核查。焦点移位不能在移位生成式中出现，但可以在基础生成式中得以允准，从而为控制的移位分析提供证据。

（3）部分控制结构的句法分析。根据控制成分和被控制成分之间的关系，控制结构可以分为强制控制、部分控制以及语境控制三大类型。同时，强制控制在适当句法条件下可以获得部分控制的解读。在句法上，移位成分的不可解释性特征的核查是移位产生的激发机制，移位方式因为受到语段的制约因而采用局域式推导模式进行。在语义上，移位成分多个题元角色的获得造成控制成分和被控制成分语义指向内容的差别。语义分析法很难对部分控制做出分析，“答应”类型的控制句无法构成移位分析的反例。汉语中的部分控制句通过移位法同样可以得到合理的解释。

（4）兼语结构的控制分析。采用存活式推导模式分析现代汉语中的兼语结构。从控制类型出发，兼语句被分析为主句和从句都为CP投射的宾语控制结构。根据从句中T特征矩阵内容的不同，兼语句可以分类为限定性控制结构和非限定性控制结构。格位特征的核查驱使兼语成分在词库中的存活和句法结构中的再次合并，再合并的位置决定控制结构的类型。连动句属于主语控制结构，同时也存在限定控制和非限定控制的分类。从控制的角度来看，兼语结构和连动结构具有平等的句法地位，两者并不存在隶属关系。

4.句法结构的优选分析

（1）SVO基本语序的优选分析。基于优选论的分析可以克服生成语法分析中所存在的理论不足，通过EPP，Infl*, Stay和DisMove这四个制约条件的不同排列，可以对具有代表性的三种SVO型语言，即汉语、英语以及法语做出统一的分析。这一分析涵盖句子研究和话语研究，也能解决可选性现象等问题。

（2）话题结构的优选分析。采用生成语法理论分析汉语中的话题结构会出现移位说与基础生成说、论元移位与非论元移位，以及宾语前置句中前置宾语的话题性质与焦点性质这三大矛盾。从优选出发可以看出，汉语中的话题结构都是PROM > SUBJ > NEW这一制约条件等级排列制约的结果。宾语前置结构中的主语可以作为话题，其前置的宾语可以通过最短移位ShM这一制约条件加以筛选。话题结构中复述代词的使用是为了满足语义阐释而产生的，属于语言处理产生的结果，不具有独立的句法地位。

（3）多元疑问算子结构的优选分析。基于优选论的分析，通过STAY，FOCUS-MOVE，MLC以及T-LICENSE这四个普遍性制约条件的制定和交互作用，可以对疑问句中多元疑问算子在汉语类、英语类、法语类、保加利亚语类以及克罗地亚语类这五种类型语言中的移位现象做出统一的解释。基于优选论的分析可以将此类疑问句的研究统一起来，克服来自生成语法理论解释中的不足。

（4）可选性现象的优选分析。在比较归并法、广义并列法和狭义并列法这三种具有代表性的优选解决方案的基础上，通过具体语言的讨论和理论分析，提出狭义并列法可以解决归并法语料涵盖的不足以及广义并列法中出现的理论缺陷，因而属于较为理想的处理可选性现象的解决方案。

第二节　研究展望

本研究将当代句法理论与英汉句法结构紧密结合，探讨了英汉语中具有代表性的话题结构和控制结构等主要句法结构式，对生成语法中的非论元移位和论元移位进行了考察。本研究不仅可以对最简句法理论和优选句法理论的研习有所参考，对于英汉语具体句法结构的探讨有助于深化对于英汉句法结构的了解，丰富英汉比较的研究成果。除了英汉语言外，本书还考察了法语、日语、葡萄牙语等多种语言中的对应语料，这对于类型学研究也具有一定的启示。因各方面条件的限制，本研究尚存不足，或者说，本研究还有一些相关的重要研究领域没有予以关注。这些内容可以总结为以下五点：

第一，本研究尚未对最简方案下的理论构建提出系统、成熟的观点。本书探讨了最简方案理论在英汉句法结构分析中的应用，也对最简方案下的句法推导理论进行了分析。通过语段理论、反局域理论以及存活理论的比较，反思了最简方案下理论建构需要注意的内容。但是，本研究没有对最简理论作出系统性的思考，也没有建立一个较为成熟的句法理论观。最简句法理论应该具有何种内在机制，其运作方式究竟如何，最简句法理论如何体现语言机制和生物体一般规律之间的关系和互动，经济性原则究竟在人类语言中占据何种地位，这些有着极大价值的问题亟待以后通过更为深入的研究加以破解。

第二，本研究没有更多地探讨焦点结构的句法实现问题。本研究对话题结构以及话题化在英汉语中的实现进行了深入的探讨。通过宾语前置结构以及悬垂话题结构等具体构式探讨了英汉语中话题的句法实现。话题属于信息结构的内容，而信息结构另外一个重要的研究课题为焦点，英语中的分裂句、准分裂句以及汉语中的“是”字句均为探讨焦点结构的重要构式。关于这些构式所具有的特点和生成机制是极为重要的研究课题。话题结构与焦点结构之间的异同需要更多的关注，通过话题和焦点可以更多地了解信息结构的句法实现问题，也可以深刻把握句法与信息结构的接口关系。通过话题结构和焦点结构的联动考察，应该可以获得更多、更有价值的成果。

第三，本研究没有探讨更多的控制结构。控制结构在管约论时期是一个重要的模组，实现语义关系的句法表征。在最简方案时期，控制关系可以通过论元移位加以生成。但是论元移位是否可以解释所有人类语言中的各种控制现象，这仍然是一个尚未解决的问题，本书也没有进行具体的讨论。现代汉语中是否存在限定和非限定的分类，现代汉语中的限定控制能够找到更多的例证，这些问题均有待更多的探索。汉语中的动词补语结构、动词主语结构以及连动结构中可能也涉及控制关系，控制关系在这些句式中的具体实现方式和工作机制也有待在将来的研究中予以探讨。

第四，本研究尚未对局域单位作出更多思考。最简方案中的经济性条件必然要求语言处理应该以比较小的单位逐一进行，从而体现语言信息处理的高效性。语段理论和存活理论自上而下地考察了语段可能存在的最小单位，反局域理论则是以自下而上的方式考虑这一问题。这两种相左、互补的视角反思带来了语言局域单位完全不同的结果，也得到一定语料的验证。语言的局域单位究竟是什么，局域单位的设定对于句法移位操作有何影响，它又会对句法理论的构建带来何种启示，局域单位的设定是否与语言使用抑或语言进化存在一定的联系。这些问题非常值得深入探讨。

第五，本研究没有深入探讨句法中的阻隔效应。句法研究关注移位操作，特别是移位操作的动机，方式、起始点和落脚点。移位需要按照局域的方式进行，采取连续循环的方式进行，这一观点已经成为共识。局域单位有多大，连续循环方式究竟如何实现是一个具有重要价值的课题。从移位的另一个方面来看，移位操作并非总是得到允准的，从早期的孤岛效应，到目前的阻隔效应研究，研究移位无法发生的动机会从另外一个视角对句法理论的构建提供宝贵的素材。本研究对于话题结构中的阻隔效应进行了初步探讨，将阻隔效应分析为移位成分与句法中心语之间特征的匹配性，这是一个采用特征作为句法核心操作而得到的结果。这一分析法是否可以运用到更多的结构中，本研究没有涉及。另外，孤岛效应和阻隔效应可以体现在多个句法结构式中，这些结构式是否存在某种联系。或者说，能否存在对所有的句法阻隔现象进行统一解释的可能，不同语言中阻隔效应的参数性差异如何通过句法理论加以解释，阻隔效应可以为句法理论的构建提供哪些反思，这些也有待于将来的研究和探讨。

以上提到的研究不足以及尚未涵盖的研究课题将是今后努力的方向。在以后的研究中，需要认真考量选题的质量，紧密结合当代句法理论，采用英汉对比以及类型学的视角，更加深入地查考多种语言中的不同句法结构，加强研究的系统性和延续性，以期更多、更有价值的研究成果。

参考文献

Abbott B. Definiteness and indefiniteness[M].// L. Horn & G. Ward. The Handbook of Pragmatics. Oxford: Blackwell, 2006: 197–221.

Ackema P. & A. Neeleman. WHOT? [M]//P Barbosa., D. Fox & P. Hagstrom et al. Is the Best Good Enough? Optimality and Competition in Syntax. Cambridge, MA: MIT Press, 2001: 15–33.

Adger D. Core Syntax: A Minimalist Approach [M]. Oxford: Oxford University Press, 2003.

Aoun J. & A Li. Wh–elements in situ: syntax or LF? [J]. Linguistic Inquiry, 1993(24): 199–238Baker M. Incorporation: a theory of grammatical function changes[M]. Chicago: University of Chicago Press, 1988.

Baker M. The Syntax of Agreement and Concord [M]. Cambridge: Cambridge University Press, 2008.

Bakovič E. & E. Keer. Optionality and ineffability [M]//G. Legendre, J. Grimshaw & S. Vikner. Optimality–Theoretic Syntax. Cambridge, Massachusetts: MIT Press, 2001: 97–112.

Barbosa P., D. Fox & P. Hagstrom, et al. Is the Best Good Enough? Optimality and Competition in Syntax[M]. Cambridge, MA: MIT Press, 1988.

Barrie M. Control and Wh–infinitivals[M]//W. Davies & S. Dubinsky. New Horizons in the Analysis of Control and Raising. Dordrecht: Springer, 2007:263–280.

Barrie M. & C. Pittman. Partial control and the movement towards movement [J]. Toronto Working Papers in Linguistics, 2004, 22: 75–92.

Blunter R. & H. Zeevat. Optimality and Pragmatics [M]. New York: Palgrave Macmillan, 2004.

Boeckx C. Understanding Minimalist Syntax: Lessons from Locality in Long-distance Dependencies[M]. Oxford: Blackwell, 2008.

Boeckx C. Syntactic Islands [M]. Cambridge: Cambridge University Press, 2012.

Boeckx C. Elementary Syntactic Structures: Prospects of a Feature-free Syntax[M]. Cambridge: Cambridge University Press, 2015.

Boeckx C. & K. Grohmann. The Cambridge Handbook of Biolinguistics [M]. Cambridge: Cambridge University Press, 2013.

Boeckx C. & N. Hornstein. Reply to "control is not movement" [J]. Linguistic Inquiry, 2003, 34: 269–280.

Boeckx C. & N. Hornstein. Movement under control [J]. Linguistic Inquiry, 2004, 35(3): 431–452.

Boeckx C. & N. Hornstein. The virtues of control as movement, Syntax, 2006, 9(2): 118–130.

Boeckx C., N. Hornstein & J. Nunes. Copy-reflexive and copy-control constructions: A movement analysis[J]. Linguistic Variation Yearbook, 2008, 8: 61–100.

Boeckx C., N. Hornstein & J. Nunes. Control as Movement [M]. Cambridge: Cambridge University Press, 2010.

Bošković Ž. On multiple-fronting[J]. Linguistic Inquiry, 2002, 33(3): 351–383.

Bošković Ž. On the locality and motivation of Move and Agree: an even more minimal theory[J]. Linguistic Inquiry, 2007, 38(4): 589–644.

Bošković Ž & J. Nunes. The copy theory of movement: A view from PF

[M]// N. Corver & J. Nunes. The Copy Theory of Movement. 2007: 13–74.

Bowers J. On reducing control to movement, 2008, 11(2): 125–143.

Bresnan J. Control and complementation [M]//J. Bresnan. The Mental Representation of Grammatical Relations. 1982: 282–390.

Brody M.Projection and phrase structure [J]. Linguistic Inquiry. 1998, 29 (3):367–398.

Brody M. On the status of representation and derivations [M]//S. Epstein & T. Sealy. Derivation and Explanation in the Minimalist Program. 2002: 19–41.

Carnie A. Syntax: A Generative Introduction [M]. Oxford: Wiley-Blackwell, 2013.

Carnie A., Y. Sato & D. Siddiqi. The Routledge Handbook of Syntax. New York: Routledge, 2014.

Cecchetto C. & C. Donati. (Re)labeling [M]. Cambridge, MA: MIT Press, 2015.

Chao Y.-R. A Grammar of Spoken Chinese [M]. Berkeley: University of California Press, 1968.

Chen P. Pragmatic interpretations of structural topics and relativization in Chinese [J]. Journal of Pragmatics,1996, 26(3):389–406.

Cheng L.On the Typology of Wh-Questions [M]. New York: Garland, 1997.

Cheng L. Verb copying in Mandarin Chinese [M]//N. Corver & J. Nunes. The Copy Theory of Movement, 2007: 151–174.

Choi H. Binding and discourse prominence: Reconstruction in "focus" scrambling [M]// G. Legendre, J. Grimshaw & S. Vikner. Optimality-theoretic Syntax, 2001: 143–169.

Chomsky N. Aspects of the Theory of Syntax [M]. Cambridge, MA: MIT Press, 1965.

Chomsky N. Lectures on Government and Binding [M]. Dordrecht: Foris, 1981.

Chomsky N. Some Concepts and Consequences of the Theory of Government and Binding[M]. MA: MIT Press, 1982.

Chomsky N. Knowledge of Language: Its Nature, Origin, and Use[M]. Westport, CT: Greenwood Publishing Group, 1985.

Chomsky N. Barriers[M]. Cambridge, MA: MIT Press, 1986.

Chomsky N. A minimalist program for linguistic theory[M]// K. Hale & S. Keyser. The View from Building 20: Essays in Linguistics in Honor of Sylvain Bromberger. Cambridge, MA: MIT Press, 1993: 1–52.

Chomsky N. The Minimalist Program. Cambridge, MA: MIT Press, 1995.

Chomsky N. Minimalist inquirics: Thc framcwork [J]. MIT Occasional Papers in Linguistics, 1998, (15): 89–155.

Chomsky N. Derivation by phase[J]. MIT Working Papers in Linguistics, 1999, (18):1–43.

Chomsky N. Minimalist inquiries: The framework [M]// R. Martin, D. Michaels & J. Uriagereka. Step by Step: Essays on Minimalism in Honor of Howard Lasnik. Cambridge, MA: MIT Press, 2000: 89–155.

Chomsky N. Derivation by phase[M]// M. Kenstowicz. Ken Hale: A Life in Language. MA: MIT Press, 2001: 1–52.

Chomsky N. Beyond explanatory adequacy[M]//A. Belletti. Structures and Beyond: The Cartography of Syntactic Structures, Volume 3. Oxford: Oxford University Press, 2004: 104–131.

Chomsky N.Three factors in language design[J]. Linguistic Inquiry, 2005, 36(1): 1–22.

Chomsky N. Language and Mind [M]. Cambridge: Cambridge University Press, 2006.

Chomsky N. Approaching UG from below[M]//U. Sauerland & H. Gärtner. Interfaces + Recursion = Language? Chomsky's Minimalism and the View from Syntax-Semantics, 2007: 1–29.

Chomsky N. On phases [M]//R. Freidin, C. Otero & M. Zubizarreta. Foundational Issues in Linguistic Theory: Essays in Honor of Jean-Roger Vergnaud. MA: MIT Press, 2008: 133-166.

Chomsky N.Problems of projection[J]. Lingua, 2013, 130: 33-49.

Chomsky N. Problems of projection: Extensions [M]// E. Domenico, C. Hamann & S. Matteini. Structures, Strategies and Beyond: Studies in Honor of Adriana Belletti. Amsterdam: John Benjamins, 2015: 3-16.

Chomsky N. Some core contested concepts[J]. Journal of Psycholinguistic Research, 2015, 44: 91-104.

Chomsky N. The language capacity: Architecture and evolution [J]. Psychonomic Bulletin & Review, 2017, 24: 200-203.

Chomsky N. & H. Lasnik. Filters and control[J]. Linguistic Inquiry, 1977, 8: 425-504.

Chomsky N. & H. Lasnik. The theory of principles and parameters[M]// J. Jacobs, A. von Stechow, W. Sternfeld, et al. Syntax: An International Handbook of Contemporary Research. Berlin: Walter de Gruyter, 1993: 506-569.

Cinque G. A null theory of phrase and compound stress [J]. Linguistic Inquiry, 1993, 24: 239-297.

Collins C. Economy conditions in syntax[M]// M. Baltin & C. Collins. The Handbook of Contemporary Syntactic Theory, 2000: 45-61.

Costa J. The emergence of the unmarked word order[M]// G. Legendre, J. Grimshaw & S. Vikner.Optimality-theoretic Syntax.Cambridge, MA: MIT Press, 2001: 171-204.

Culicover P. & R. Jackendoff. Control is not movement [J]. Linguistic Inquiry, 2001, 32: 493-512.

Culicover P. & R. Jackendoff. Turn over control to the semantics [J]. Syntax, 2006, 9(2): 131-152.

Davies W. & S. Dubinsky. The Grammar of Raising and Control: A Course in Syntactic Argumentation[M]. Oxford: Blackwell, 2004.

Di Sciullo & C. Boeckx. The Biolinguistic Enterprise: New Perspectives on the Evolution and Nature of the Human Language Faculty[M]. Oxford: Oxford University Press, 2011.

Dik S.Functional Grammar[M]. Dordrecht: Foris, 1978.

Emond J.The verbal complex v'-v in French[J]. Linguistic Inquiry, 1978, 9(2): 151-175.

Epstein S., A. Pires & T. Seely. EPP in T: More controversial subjects[J]. Syntax, 2005, 8(1): 65-80.

Ernst T. The Syntax of Adjuncts [M]. Cambridge: Cambridge University Press, 2004.

Ernst T. & C. Wang. Object preposing in Mandarin Chinese[J]. Journal of East Asian Linguistics. 1995, 4: 235-260.

Fanselow G. The MLC and derivational economy [M]// A. Stepanov, G. Fanselow & R. Vogel. Minimality Effects in Syntax. Berlin: Mouton de Gruyter, 2004:73-124.

Ferreira M. Hyperraising and null subjects in Brazilian Portuguese [J]. MIT Working Papers in Linguistics, 2004, 47: 57-85.

Ferreira M. Null subjects and finite control in Brazilian Portuguese[M]// J. Nunes. Minimalist Essays on Brazilian Portuguese Syntax. Amsterdam: John Benjamins, 2009: 17-49.

Fitzpatrick J. On minimalist approaches to the locality of movement [J]. Linguistic Inquiry, 2002, 33(3): 443-463.

Fox D. & D. Pesetsky. Cyclic linearization of syntactic structure [J]. Theoretical Linguistics, 2005, 31: 1-45.

Frampton J. & S. Gutmann. Crash-proof syntax [M]// S. Epstein & T. Seely. Derivation and Explanation in the Minimalist Program. Oxford: Blackwell, 2002: 90-105.

Fujii T. Some Theoretical Issues in Japanese Control [D]. University of Maryland, 2006.

Fujita K. & C. Boeckx. Advances in Biolinguistics: The Human Language Faculty and Its Biological Basis [M]. London: Routledge, 2016.

Gasde H. Topic, foci and sentence structure in Mandarin Chinese [J]. Language Typology and Universal, 1998, 51(1): 43–94.

Gelderen E. Syntax: An Introduction to Minimalism [M]. Amsterdam: John Benjamins, 2017.

Grimshaw J. Projection, heads, and optimality [J]. Linguistic Inquiry, 1997, 28(3): 373–422.

Grimshaw J. & V. Samek–Lodovici. Optimal subjects and subject universals [M]// P. Barbosa, D. Fox, P. Hagstrom, et al. Is the Best Good Enough? Optimality and Competition in Syntax. Cambridge, MA: MIT Press, 1998: 193–219.

Grohmann K. Prolific Peripheries: A Radical View from the Left [D]. University of Maryland, College Park, 2000.

Grohmann K. Successive cyclicity under (anti–)local considerations [J]. Syntax, 2003, 6: 260–312.

Grohmann K. Prolific Domains: On the Anti–locality of Movement Dependencies [M]. Amsterdam: John Benjamins, 2003.

Grohmann K. Anti–locality: Too–close relations in grammar [M]// C. Boeckx. The Oxford Handbook of Linguistic Minimalism. Oxford: Oxford University Pres, 2011: 260–290.

Haegeman L. Introduction to Government and Binding Theory [M]. Oxford: Blackwell, 1994.

Halle Morris, & A. Marantz. Distributed morphology and the pieces of inflection [M]// K. Hale & S. Keyser. The View from Building 20: Essays in Linguistics in Honor of Sylvain Bromberger. Cambridge, MA: MIT Press, 1993:

111–176.

Hauser M., N. Chomsky & W. Fitch. The faculty of language: What is it, who has it, and how did it evolve?[J]. Science, 2002, 298: 1569–1579.

Hornstein N. Movement and control[J]. Linguistic Inquiry, 1999, 30: 69–96.

Hornstein N. Move! A Minimalist Theory of Construal. Oxford: Blackwell, 2001.

Hornstein N. On control [M]// R. Hendrick. Minimalist Syntax. Oxford: Blackwell, 2003: 6–81.

Hornstein N. The virtues of control as movement, Syntax, 2006, 9: 118–130.

Hornstein N. A Theory of Syntax: Minimal Operations and Universal Grammar, 2009.

Hornstein N., J. Nunes & K. Grohmann. Understanding Minimalism[M]. Cambridge: Cambridge University Press, 2005.

Hu J. & H. Pan. Decomposing the aboutness condition for Chinese topic constructions[J]. The Linguistic Review, 2009, 26: 371–384.

Hu J., P. H. & Xu L. Is there a finite vs. nonfinite distinction in Chinese?[J]. Linguistics, 2001, 39: 1117–1148.

Huang J. Logical Relations in Chinese and the Theory of Grammar[D]. MIT, 1982.

Huang J. On the distribution and reference of empty pronouns [J]. Linguistic Inquiry, 1984, 15: 531–574.

Huang J. 'wo pao de kuai' and Chinese phrase structure[J]. Language, 1988, 64: 274–311.

Huang J.Pro–drop in Chinese: A generalized control theory[M]// O. Jaeggli & K. Safir . The Null Subject Parameter.Dordrecht: Kluwer, 1989, 185–214.

Huang J. Reconstruction and the structure of VP: Some theoretical consequences[J]. 1993, 24:103-138.

Huang J. More on Chinese word order and parametric theory[M]// B. Lust, J. Whitman & J. Kornfilt. Syntactic Theory and First Language Acquisition: Cross-Linguistic Perspectives—Volume 1: Phrase Structure. Hillsdale, New Jersey: Lawrence Erlbaum Associates, 1994: 15-35.

Huang J. & T. Jane. The local nature of the long-distance reflexive in Chinese [M]//K. Koster & E. Reuland. Long-distance Anaphora. Cambridge: Cambridge University Press, 1991: 262-282.

Huang R. & J. Ting. Are there dangling topics in Mandarin Chinese? Concentric: Studies in Linguistics, 2006, 32 (1): 119-146.

Huang Y. The Syntax and Pragmatics of Anaphora: A Study with Special Reference to Chinese.Cambridge: Cambridge University Press, 1994.

Jackendoff R. X-bar Syntax: A Study of Phrase Structure[M]. Cambridge, MA: MIT Press, 1977.

Jenkins L. Biolinguistics: Exploring the Biology of Language [M]. Cambridge: Cambridge University Press, 2000.

Kager R. Optimality Theory[M]. Cambridge: Cambridge University Press, 1999.

Kayne R. The Antisymmetry of Syntax[M]. Cambridge, MA: MIT Press, 1994.

Keenan E. Toward a niversal definition of "subject"[M]//C. Li. Subject and Topic. New York: Academic Press, 1976:303-333.

Kiss K. Indentificational focus versus information focus [J]. Language, 1998, 71: 245-273.

Ko H. Syntax of why-in-situ: Merge into [Spec., CP] in the overt syntax [J]. Natural Language and Linguistic Theory, 2005, 23: 867-916.

Koizumi M. Layered specifiers [J]. Proceedings of the North Eastern Linguistic Society, 1994, 24: 255-269.

Krifka M. & R. Musan. Information structure: Overview and linguistic issues [M]// M. Krifka & R. Musan, The Expression of Information Structure. Berlin: De Gruyter Mouton, 2012: 1-43.

Krifka M., F. Pelletier, G. Carlson, et al. Genericity: An Introduction[M]// G. Carlson & F. Pelletier. The Generic Book. Chicago: University of Chicago Press, 1995: 1-124.

Kuno S. Functional Syntax: Anaphora, Discourse and Empathy. Chicago: The University of Chicago Press, 1987.

Landau I. Elements of Control[D]. MIT, 1999.

Landau I. Elcmcnts of Control: Structure and Meaning in Infinitival Constructions. Dordrecht: Kluwer: 2000.

Landau I. Movement out of control[J]. Linguistic Inquiry, 2003, 34: 471-498.

Landau I. The scale of finiteness and the calculus of control[J]. Natural Language and Linguistic Theory, 2004, 22: 811-877.

Landau I. Control in Generative Grammar: A Research Companion [M]. Cambridge: Cambridge University Press, 2013.

Legendre G. M. Putnam, H. Swart. Optimality-theoretic Syntax, Semantics, and Pragmatics[M] Oxford: Oxford University Press, 2016.

Legendre G., J. Grimshaw & S. Vikner, Optimality-theoretic Syntax[M]. Cambridge, MA: MIT Press, 2001.

Legendre G., P. Smolensky & C. Wilson. When is less more? Faithfulness and minimal links in wh-chains [M]// P. Barbosa, D. Fox, P. Hagstrom, M. McGinnis et al. Is the Best Good Enough? Optimality and Competition in Syntax. Cambridge, MA: MIT Press, 1998:249-289.

Lenneberg E. Biological Foundations of Language [M]. New York: John Wiley and Sons, 1967.

Li A. Order and Constituency in Mandarin Chinese, Dordrecht: Kluwer, 1990.

Li A. Chinese ba [M]// M. Everaert and H. Riemsdijk. The Blackwell Companion to Syntax, Oxford: Blackwell, 2006: 374–468.

Li C.Subject and Topic[M]. New York: Academic Press, 1976.

Li C. & S. Thompson. Subject and topic: A new typology of language[M]// C. Li, Subject and Topic. New York: Academic Press, 1976: 457–498.

Li C. & S. Thompson. Mandarin Chinese: A Functional Reference Grammar [M]. Los Angeles: University of California Press, 1981.

Lin J.The syntax of zenmeyang ‘how’ and weishenme ‘why’ in Mandarin Chinese[J]. Journal of East Asian Linguistics, 1992, 1: 293–331.

Martin R. Null case and the distribution of PRO [J]. Linguistic Inquiry. 2001, 32(1): 141–166.

Martins A. & J. Nunes. Apparent hyper–raising in Brazilian Portuguese: Agreement with topics across a finite CP[M]//E. Panagiotidis. The Complementizer Phase: Subjects and Operators. 2010: 143–163.

Matushansky O. Going through a phase[M]// M. McGinis & N. Richards. Proceedings of the MIT Workshop on EPP and Phases, MA: MIT Press, 2005: 157–181.

McCarthy J. A Thematic Guide to Optimality Theory [M]. Cambridge: Cambridge University Press, 2002.

McCarthy J. What is optimality theory? [J]. Language and Linguistic Compass, 2007, 1: 260–291.

McCarthy J. Doing Optimality Theory: Applying Theory to Data [M]. Oxford: Blackwell, 2008.

McCarthy J. & A. Prince. Prosodic Morphology I: Constraint Interaction and Satisfaction, Cambridge, MA: MIT Press, 1993.

Müller G. Optionality in optimality–theoretic syntax[J]. GLOT International, 1999, 4(5): 3–8.

Müller G. Towards a relativized concept of cyclic linearization [M]// U.

Sauerland & H. Gärtner. Interface + Recursion = Language? Chomsky's Minimalism and the View from Syntax-Semantics, 2007:61-114.

Müller G. Constraints on Displacement: A Phase-Based Approach [M]. Amsterdam: John Benjamins, 2011.

Nunes J. Sideward movement[J]. Linguistic Inquiry, 2001, 32(2): 303-344.

Nunes J. Inherent case as a licensing condition for A-movement: The case of hyperraising constructions in Brazilian Portuguese.[J]. Journal of Portuguese Linguistics, 2008, 7: 83-108.

Pan H. & J. Hu. A semantic-pragmatic interface account of (dangling) topics in Mandarin Chinese[J]. Journal of Pragmatics, 2008, 40: 1966-1981.

Paris M. Some aspects of the syntax and semantics of the lian…ye/dou construction in Mandarin[J]. Cahiers de Linguistique - Asie Orientale, 1979, 51(1): 47-70.

Pesetsky D. Wh-in-siu: Movement and unselective binding [M]// E. Reuland & A. ter Meulen. The Representation of (In)definiteness. Cambridge, MA: MIT Press, 1987: 98-129.

Pesetsky D. Some optimality principles of sentence pronunciation [M]//P. Barbosa, D. Fox, P. Hagstrom, M. et al. Is the Best Good Enough? Optimality and Competition in Syntax. Cambridge, MA: MIT Press, 1988: 337-383.

Piattelli-Palmarini M., J. Uriagereka & P. Salaburu. Of Minds and Language: A Dialogue with Noam Chomsky in the Basque Country[M]. Oxford: Oxford University Press, 2009.

Polinsky M. Raising and control [M]//M. den Dikken. The Cambridge Handbook of Generative Syntax. Cambridge: Cambridge University Press, 2013: 577-606.

Polinsky M. & E. Potsdam. Backward control[J] Linguistic Inquiry, 2002, 33:245-282.

Pollock J.-Y. Verb movement, universal grammar, and the structure of IP

[J]. Linguistic Inquiry, 1989, 20: 365–424.

Prince A. Arguing optimality [J]. University of Massachusetts Occasional Papers, 2002, 26: 269–304.

Prince A. & P. Smolensky. Optimality Theory: Constraint Interaction in Generative Grammar. [M]. Oxford: Blackwell, 1993/2004.

Putnam M. Scrambling and the Survive Principle [M]. Amsterdam: John Benjamins, 2007.

Putnam M. Towards a Derivational Syntax: Survive–Minimalism. Amsterdam: John Benjamins, 2009.

Putnam M, Exploring Crash–proof Grammars [M]. Amsterdam: John Benjamins, 2010.

Putnam M. & T. Stroik. Traveling without moving: The conceptual necessity of Survive–minimalism [M]// M. Putnam. Towards a Derivational Syntax: Survive–Minimalism. Amsterdam: John Benjamins, 2009: 3–19.

Putnam M. & T. Stroik. Syntactic relations in Survive–Minimalism [M]//M. Putnam. Exploring Crash–Proof Grammars. Amsterdam: John Benjamins, 2010: 143–165.

Radford A. Minimalist Syntax: Exploring the Structure of English [M]. Cambridge: Cambridge University Press, 2004.

Radford A. Analysing English Sentences: A Minimalist Approach [M]. Cambridge: Cambridge University Press, 2009.

Radford A. Analysing English Sentences: A Minimalist Approach [M]. Cambridge: Cambridge University Press, 2016.

Richards N. What Moves Where When in Which Language? [D]. MIT, 1997.

Rizzi L. Relativized Minimality, Cambridge, MA: MIT Press, 1990.

Rizzi L. The fine structure of the left periphery [M]//L. Haegeman, Elements of Grammar. Dordrecht: Kluwer, 1997: 281–337.

Rizzi L. On the position "Int(errogative)" in the left periphery of the clause [M]// G. Cinque and G. Salvi. Current Studies in Italian Syntax. Amsterdam: Elsevier, 2001: 287–296.

Rizzi L. Locality and left periphery [M]// A. Belletti. Structures and Beyond: The Cartography of Syntactic Structures. Oxford: Oxford University Press, 2004: 223–251.

Rizzi L. Locality [J]. Lingua, 2013, 130: 169–186.

Rizzi L. Locality and the functional sequence in the left periphery [M]// A. Haeberli & G. Puskás. Elements of Comparative Grammar. Boston: Walter de Gruyter, 2017: 319–348.

Rosenbaum P. The Grammar of English Predicate Complement Constructions. Cambridge, MA: MIT Press, 1967.

Ross J. Constraints on Variables in Syntax [D]. MIT, 1967.

Schmid T. OT accounts of optionality: A comparison of global ties and neutralization [M]// G. Müller & W. Sternefeld. Competition in Syntax. New York: Mouton de Gruyter, 2001: 283–320.

Shi D. Topic and topic-comment constructions in Mandarin Chinese [J]. Language, 2000, 76(2): 283–408.

Shyu S. The Syntax of Focus and Topic in Mandarin Chinese [D]. University of Southern California, 1995.

Stroik T. The SURVIVE Principle [J]. Linguistic Analysis, 1999, 29: 278–303.

Stroik T. Locality in Minimalist Syntax [M]. Cambridge, MA: MIT Press, 2009.

Stroik T. The numeration in Survive-Minimalism [M]// M. Putnam. Towards a Derivational Syntax: Survive-Minimalism. Amsterdam: John Benjamins, 2009: 21–37.

Stroik T. & M. Putnam. Surviving reconstruction [M]//K. Grohmann.

Explorations of Phase Theory: Interpretation at the Interfaces. Berlin: Mouton de Gruyter, 2009: 161–179.

Stroik T. & M. Putnam. The Structural Design of Language[M]. Cambridge: Cambridge University Press, 2013.

Sybesma R. The Mandarin VP[M]. Dordrecht: Kluwer, 1999.

Sybesma R. Whether we tense-agree overtly or not[J]. Linguistic Inquiry, 2007, 38(3): 580–587.

Tallerman M. The uniform case-licensing of subjects in Welsh[J]. The Linguistic Review, 1998, 15: 69–133.

Taylor J. Linguistic Categorization: Prototypes in Linguistic Theory[M]. Oxford: Oxford University Press, 1995.

Tesar B. & P. Smolensky. Learnability in Optimality Theory. Cambridge, MA: MIT Press, 2000.

Trask R. A Dictionary of Grammatical Terms in Linguistics. New York: Routledge, 1995.

Travis L. Parameters and Effects of Word Order Variation[D]. MIT, 1984.

Tsai D. On lexical courtesy[J]. Journal of East Asian Linguistics, 1999, 8: 39–73.

Tsao F. Sentence and Clause Structure in Chinese: A Functional Perspective[M]. Taipei: Student Books, 1990.

Vikner S. V-to-I movement and do-insertion in Optimality Theory[M]// G. Legendre, J. Grimshaw & S. Vikner. Optimality-theoretic Syntax, Cambridge, MA: MIT Press, 2001: 427–464.

de Vries M. On multidominance and linearization[J]. Biolinguistics, 2009, 3(4): 344–403.

Watanabe A. Wh-in-situ languages [M]// Baltin and C. Collins. The Handbook of Contemporary Syntactic Theory, 2000: 203–225.

Williams E. Predication[J].Linguistic Inquiry, 1980, 11: 203–238.

Williams E. Adjunct control[M]// R. Larson, S. Iatridou, U. Lahiri et al. Control and Grammar. Dordrecht: Kluwer, 1992: 297–322.

Wurmbrand S. Infinitives: Restructuring and Clause Structure[M]. Berlin: Mouton de Gruyter, 2001.

Wurmbrand S. Syntactic vs. semantic control [M]//J. Zwart and W. Abraham. Studies in Comparative Germanic Syntax: Proceedings of the 15th Workshop on Comparative Germanic Syntax, Amsterdam: John Benjamins, 2002: 93–127.

Wurmbrand S. Infinitives are tenseless[J]. U. Penn Working Papers in Linguistics, 2007, 13: 407–420.

Xu L. & D. Langendoen. Topic structures in Chinese[J]. Language, 1985, 61(1): 1–27.

Zhang N. Object shift in Mandarin Chinese [J]. Journal of Chinese Linguistics, 2000, 28: 201–246.

Zhang N. Move is Remerge[J]. Language and Linguistics, 2002, 5(1): 189–209.

蔡维天.谈“只”与“连”的形式语义[J].中国语文,2004(2):99–111

蔡维天.从微观到宏观——汉语语法的生成视野[M].北京:商务印书馆,2015.

曹逢甫.汉语的句子与子句结构[M].北京:北京语言大学出版社,2005.

成镇权.再谈“兼语式”[J].语言教学与研究,2007(6):10–14.

戴曼纯.最简方案框架下的句法新理论[J].外国语言文学,2007,24(2):73–82.

邓思颖.自然语言的词序和短语结构理论[J].当代语言学,2000(3):138–154.

邓思颖.阶段式的句法推导[J].当代语言学,2009,11(3):207–215.

丁声树,吕叔湘,李荣,等.现代汉语语法讲话[M].北京:商务印书馆,1961.

董秀芳."都"与其他成分的语序及相关问题[J].世界汉语教学,2003(1):40-47.

范晓.复动"V得"句[J].语言教学与研究,1993(4):57-73.

范晓.汉语句子的多角度研究[M].北京:商务印书馆,2009.

高更生,王红旗.汉语教学语法研究[M].北京:语文出版社,1996.

何晓炜.语段及语段的句法推导——Chomsky近期思想述解[J].外语教学与研究,2007(5):345-351.

何元建.现代汉语生成语法[M].北京:北京大学出版社,2011.

胡波,文卫平.A+I结构主动词后名词短语的句法分析[J].现代外语,2007(1):11-18.

胡建华.英、汉语空语类的分类、分布与所指比较研究[J].外国语,1997(5):38-44.

胡建华.题元、论元和语法功能项—格标效应与语言差异[J].外语教学与研究,2007(3):163-168.

胡建华,潘海华.孤岛条件与主题化中名词短语的允准[M]//徐烈炯、邵敬敏.汉语语法研究的新拓展.杭州:浙江教育出版社,2002:92-99.

黄伯荣,廖序东.现代汉语[M].北京:高等教育出版社,2002.

蒋平.优选论与汉语音系研究[M]//刘丹青.语言学前沿与汉语研究.上海:上海教育出版社,2005:292-311.

黎锦熙.新著国语文法[M].上海:商务印书馆,1924.

黎锦熙.新著国文语法[M].北京:商务印书馆,1992.

李京廉,刘娟.汉语的限定与非限定研究[J].汉语学习,2005(1):19-24.

李京廉,朱玉山.最简方案框架下的控制与移位[J].外国语,2006(1):35-44.

李讷,石毓智.汉语动词拷贝结构的演化过程[J].当代语言学,1997(3):32-38.

刘存伟，黄鹂．英语多元 Wh-问句优先效应的优选句法学解释[J]．外国语言文学，2007，24(3)：156-160.

刘丹青．作为典型构式句的非典型“连”字句[J]．语言教学与研究，2005(4)：1-12.

刘丹青，徐烈炯．焦点与背景、话题及汉语“连”字句[J]．中国语文，1998(4)：243-252.

刘复．中国文法通论[M]．上海：群益书社，1924.

刘街生．兼语式是一种句法连动式[J]．汉语学习，2011(1)：22-27.

刘维群．论重动句的特点[J]．南开学报，1986(3)：32-40.

陆俭明，沈阳．汉语和汉语研究十五讲[M]．北京：北京大学出版社，2003.

陆志军，何晓炜．Chomsky 标符理论及其原则解释力分析[J]．外国语，2017，(2)：2-10.

吕叔湘．中国文法要略[M]．北京：商务印书馆，1982.

吕叔湘．语法学习[M]．北京：中国青年出版社，1953.

吕叔湘．现代汉语八百词[M]．北京：商务印书馆，1980.

吕叔湘．汉语语法论文集[M]．北京：商务印书馆，1984.

马秋武．OT 语法的可学性研究[J]．外国语，2003(5)：18-26.

马秋武．优选论[M]．上海：上海教育出版社，2008.

沈家煊．不对称和标记论[M]．南昌：江西教育出版社，1999.

沈家煊．“糅合”和“截搭”[J]．世界汉语教学，2006(4)：5-12.

沈阳．现代汉语空语类研究[M]．济南：山东教育出版社，1994.

施春宏．动词拷贝句句式构造和句式意义的互动关系[J]．中国语文，2010(2)：99-113.

石定栩．生成转换语法的理论基础[J]．外国语，2007，30(4)：6-13.

石毓智．语法的形式和理据[M]．南昌：江西教育出版社，2001.

石毓智．语法的形式和理据[M]．南昌：江西教育出版社，2001.

石毓智．汉语的限定动词和非限定动词之别[J]．世界汉语教学，2001

(2):23-27.

石毓智.论语言的基本语序对其语法系统的影响[J].外国语,2002(1):17-27.

石毓智.汉语语法[M].北京:商务印书馆,2010.

司富珍.句法制图研究[M].北京:中国社会科学出版社,2017.

王丹丹.汉语中的两种控制从句[J].语言科学,2010(6):561-571.

王力.中国现代语法[M].北京:商务印书馆,1943.

王力.中国语法理论[M].北京:商务印书馆,1944.

温宾利.当代句法学导论[M].北京:外语教学与研究出版社,2002.

温宾利,田启林.基于语段的领有话题结构移位分析[J].现代外语,2009,34(4):331-338.

温宾利,袁芳.论汉语兼语式的推导[J].外国语.2009,32(5):2-10.

吴益民,谢建华.合并与控制[J].解放军外国语学院学报.2009(4):7-11.

邢欣.论"递系式"[D].上海:复旦大学,1990.

邢欣.现代汉语兼语式[M].北京:北京广播学院出版社,2004.

熊仲儒.以"的"为核心的DP结构[J].当代语言学,2005(2):148-165.

熊仲儒.汉语式话题句的结构分析[J].安徽师范大学学报(人文社会科学版),2007(2):202-207.

徐杰.普遍语法原则与汉语语法现象[M].北京:北京大学出版社,2001.

徐烈炯.与空语类有关的一些汉语语法现象[J].中国语文.1994(5):321-329.

徐烈炯.共性与个性——汉语语言学中的争议[M].北京:北京语言文化大学出版社,1999.

徐烈炯.汉语是话题概念结构化语言吗?[J].中国语文2002(5):400-410.

徐烈炯.生成语法理论:标准理论到最简方案[M].上海:上海教育出

版社,2009.

徐烈炯,刘丹青.话题的结构与功能[M].上海:上海教育出版社,2007.

徐烈炯,沈阳.题元理论与汉语配价问题[J].当代语言学,1998(3):1-21.

杨大然.优选论与英语方位倒装句研究[J].解放军外国语学院学报,2003(6):14-18.

杨大然.兼语句的语义分类及其空语类的句法分布[J].解放军外国语学院学报,2006(1):23-28.

杨大然,程工.线性对应定理与汉语重动句的词项融合[M].2013,36(4):37-46.

杨寿勋."得"的生成语法研究[J].现代外语,1998(1):51-73.

杨寿勋.再论汉语中的动词复制[J].现代外语,2000(4):394-400.

喻浩朋.优选论框架下的汉英提升动词对比研究[J].河南师范大学学报,2012(3):243-245.

袁毓林.话题化及相关的语法过程[J].中国语文,1996(4):241-254.

袁毓林."都"的加合性语义功能及其分配性效应[J].当代语言学,2005(4):289-304.

袁毓林.试析"连"字句的信息结构特点[J].语言科学,2006(2):14-28.

张伯江,方梅.汉语功能语法研究[M].南昌:江西教育出版社,1996.

张伯江,方梅.汉语功能语法研究[M].北京:商务印书馆,2014.

张孝荣.话语因素影响下SVO基本语序的优选分析[J].外国语言文学,2007(3):151-155.

张孝荣.汉语话题结构及其优选分析[J].安徽师范大学学报(人文社会科学版),2009(3):328-332.

张孝荣.汉语话题结构中的移位研究[J].安徽理工大学学报(社会科学版),2009(2):69-72.

张孝荣.可选性现象的优选方案研究[J].北京第二外国语学院学报，2009(4):24-29

张孝荣.悬垂话题句的线性化研究[J].南京理工大学学报(社会科学版),2009(3):41-44.

张孝荣.最简方案下“连”字句的结构和推导[J].暨南大学华文学院学报,2009(3):62-67.

张孝荣.OT语法下多元疑问算子移位的类型学视野[J].北京第二外国语学院学报,2010(10):24-29.

张孝荣.宾语前置结构的句法分析[J].南开语言学刊,2010(2):111-119.

张孝荣.英汉语部分控制句的移位分析[J].解放军外国语学院学报，2013,36(5):6-10.

张孝荣.控制的合并式分析法[J].外国语,2014,40(2):14-23.

张孝荣.重动句的句法结构及其生成研究[J].解放军外国语学院学报,2017(2):33-41.

张孝荣.英汉语话题结构中的阻隔效应[J].安徽师范大学学报(人文社会科学版),2018,46(3):48-55.

张孝荣,何晓炜.英汉疑问词不定式结构中的控制分析[J].解放军外国语学院学报,2014(3):66-74.

张孝荣,张庆文.现代汉语兼语句中的控制再研究[J].外语教学与研究,2014(5):643-655.

张豫峰.现代汉语句子研究[M].上海:学林出版社,2016.

赵元任.北京口语语法[M].北京:开明书店,1952.

郑继正.英语存现句的优选论分析[J].外语教学理论与实践,2016(1):25-33.

朱德熙.语法讲义[M].北京:商务印书馆,1982.

朱德熙.语法答问[M].北京:商务印书馆,1985.

后　记

在外国语言文学专业的多个研究方向中，语言学较为特殊。因为它不仅是一门学科，也是一门科学。采用科学的研究方法研究语言，特别是采用形式化的方法研究英汉语中的句法结构一直是我致力去探索的学术路径。

我在安徽师范大学获得学士学位，奠定了我的外语基本功和语言学的基础功底。我在南开大学攻读硕士学位，系统学习生成语法理论以及优选理论。我在广东外语外贸大学攻读博士学位，深入研究生成语法理论及其在自然语言中的应用。我一直致力于使用生成语法理论比较研究英汉语中的句法结构，特别是关注英汉相关句法结构的异同，通过原则和参数理论的应用，发现英汉句法结构的相同点和不同点，解释相关结构的句法特征。

移位操作是生成语法理论中的一个重要操作，移位可以为非论元移位，也可以为论元移位，还可以为中心语移位。在英汉两种语言中，话题结构和控制结构分别可以通过非论元移位和论元移位加以分析。这两种结构在英汉语中都普遍存在，在推导一致性的基础上，同时存在一定的差异和不同。我的研究兴趣从话题结构起步，然后过渡到控制结构，再到自然语言中的阻隔效应。上述研究对象的确定和课题的圈定，得到了安徽省教育厅人文社会科学研究项目、安徽省哲学社会科学规划项目以及国家社科基金项目的资助，从而保证我有充分的信心和资源来完成上述课题的研究。

优选论是我非常喜欢的一个理论，虽然它脱胎于音系研究，但是我发现在分析和讨论基本词序，话题结构，算子移位，可选性等句法现象时，这一理论都体现出较好的解释力。这说明语言理论只要运用得当，均可以展现其良好的应用效果。同时语言学理论不应该拘泥于某个具体的研究领域和方向，当我们进行嫁接和借鉴时，它们有时候可能焕发出更大的魅力。

我的学术之路从祖国的中部，到北方，再到南方，从国内的求学到国外的访学，所迈出的每一步都得到了诸多先贤、师友的鼓励和帮助。感谢程先富先生和欧阳俊林先生奠定我语言学的基本功，让我在语言学的不同领域都具备了较好的专业基础。感谢苏立昌先生把我引入生成语法学的大门，并给我充分的空间发挥我当时比较稚嫩的想象，开展生成语法领域的初步研究。感谢马秋武先生教授我优选理论，并鼓励我在优选句法理论不断进行探索。感谢张迈曾先生给予我严格的学术训练，教会我科学的研究方法。感谢温宾利先生将我带入广东外语外贸大学外国语言学及应用语言学研究中心，鼓励我不断探索。感谢何晓炜先生对我悉心的培养和教导，让我不断取得进步。感谢张庆文先生对我细致的指导和严格的要求，让我始终保持对学术的严谨态度。感谢韩景泉先生，多次为我的论文提出具体而又翔实的建议。在广东外语外贸大学的求学之路上，我与马志刚老师共同探讨彼此热爱的学术课题和研究内容，同马军军、田启林、王和玉、陆志军等同门一起参加读书报告会，共同研讨，相互鼓励，不断进行思想交锋，持续切磋成长。

本书所收录的文章均已发表，感谢编辑部老师所付出的艰辛劳动，感谢匿名评审专家所提出的宝贵修改意见和建议。该书的出版得到了安徽师范大学学术著作出版基金项目的资助（项目编号2020XJ55）。安徽师范大学出版社对于本书的出版给予了大力支持，特别是出版社的责任编辑吴琼为本书的校对和出版付出了大量的劳动和心血。衷心感谢你们。

希望本书能够对形式语言学研究所有启发，能够为进行形式语言学研究的学者们和同学们带来一定的借鉴。也希望这一阶段性的总结能够给予我更大的动力，在形式语言学研究的道路上继续披荆斩棘，不断进步。

学术之路漫漫又长远，吾将持续不断而求索！

张孝荣

二〇二二年四月